Le But

Textes politiques

Spartacus

Le texte manuscrit en polonais sur la réunification du parti, conservé par les Archives d'État russes de l'histoire sociale et politique (RGASPI), a été traduit par Maja Zoltowska.

Les traductions des autres textes ont été revues d'après leur édition allemande dans les *Gesammelte Werke* (volumes 1 et 4) publiés par Dietz Verlag Berlin, 1974.

Couverture : Jean-Luc Hinsinger/Cicero
Illustration de couverture : le numéro 100 du *Czerwony Sztandar* (le drapeau rouge), journal du SDKPiL, août 1906. Sur l'oriflamme, on lit : « Ce drapeau est rouge car il est de sang. »

Imprimé en France en janvier 2016 par l'Imprimerie Maury S.A.S. à Millau (12)
N° d'impression : L15/53450L – Dépôt légal : janvier 2016

Rosa Luxemburg

Le But final

Textes politiques

SPARTACUS

Sommaire

Présentation

De son vivant, Rosa Luxemburg n'a publié qu'une demi-douzaine de livres; mais elle a écrit des dizaines de brochures et des centaines d'articles, en polonais ou en allemand ainsi qu'en russe et en français, et d'innombrables lettres, cette correspondance étant une pièce maîtresse de son activité militante quotidienne aussi bien dans la social-démocratie allemande que dans la social-démocratie polonaise. Jusqu'aux années 1960, très peu de ces textes avaient été traduits en français et ce n'est qu'au cours de ces toutes dernières années qu'a été entreprise une édition systématique en français de ses écrits[1]. Pourtant, à l'exception d'un seul, tous les textes qu'on trouve réunis dans le présent recueil ont été publiés en français pour la première fois dans les années 1920 ou 1930. Dans tous les cas, ce sont des militants qui ont été à l'origine de ces publications, car ils les ont jugés utiles, chacun à sa façon, pour les combats qu'ils menaient à cette époque. Dans l'abondance de la production de Rosa Luxemburg, et même s'ils ne l'épuisent pas, ces écrits conservent encore un siècle plus tard un intérêt de premier plan par l'éclairage qu'ils apportent sur les facteurs qui ont conditionné les succès et surtout les échecs du mouvement socialiste qui ont marqué si durement l'histoire du XXe siècle. Et dans tous ces textes on trouvera cette combinaison d'analyse historique et économique, cette conviction profonde, ces formules marquantes qui laissent apercevoir l'acuité intellectuelle et la force de la personnalité de Rosa Luxemburg.

Nécessité de la révolution

Rosa Luxemburg n'a que 28 ans quand, pouvant légalement militer en Allemagne, elle vient se mettre au service du SPD, le parti social-démocrate d'Allemagne. Mais elle n'y est pas une inconnue,

1. Le collectif Smolny et les éditions Agone ont entrepris depuis 2008, dans le cadre d'un projet international, de publier tous les écrits de Rosa Luxemburg en volumes thématiques.

car elle a déjà eu l'occasion de s'exprimer sur un ton hautement polémique dans la *Neue Zeit*, la revue d'analyse et de débat du parti[2]. En 1898, elle se lance résolument dans ce qu'on appelle la controverse du révisionnisme ; en effet, Eduard Bernstein, une des figures intellectuelles du parti, vient de tenter de justifier dans une série d'articles une pratique de conciliation avec les pouvoirs en place que des députés du parti – dans les parlements de certains États ou au parlement de l'Empire – veulent promouvoir. La politique officielle du parti, qui doit faire face à l'hostilité sans borne de l'empereur Guillaume II et au harcèlement continu de sa police, et qui se veut conforme aux intérêts historiques de la classe ouvrière, est résumée dans la formule d'August Bebel : « *Pas un homme, pas un sou pour ce système !* » Pourtant, depuis que l'activité du parti est devenue plus libre avec l'expiration des lois antisocialistes de Bismarck, des représentants social-démocrates, parfois aguerris par des années de lutte, considèrent qu'il est possible, qu'il est nécessaire, de consolider les positions du parti en participant davantage aux institutions : Rosa Luxemburg cite Vollmar, député au parlement de Bavière, qui cherche à obtenir des mesures favorables à la paysannerie et vote dans ce but le budget du royaume ; Wolfgang Heine, député au Reichstag, prêt à voter les crédits militaires « en compensation » de mesures favorables aux ouvriers ; Max Schippel, un temps gagné par l'antiparlementarisme, qui voyait des avantages dans la politique douanière protectionniste et renonçait à réclamer le remplacement de l'armée impériale par une milice populaire. Révisionnisme de leur part, car abandonnant les principes politiques élaborés par Marx et Engels dont le programme d'Erfurt, adopté en 1891 par le SPD, était l'expression concrète. Dans des articles rassemblés sous le titre *Réforme sociale ou révolution ?*, elle s'attache à démontrer que la formule de Bernstein, « *le but final, quel qu'il soit, n'est rien, c'est le mouvement qui est tout* », ne signifie rien d'autre que l'abandon d'une politique de classe dont l'impérieuse nécessité avait non seulement été affirmée, entre autres, par Marx et Engels,

2. On trouvera plus loin une courte esquisse biographique ; pour replacer l'action et la réflexion de Rosa Luxemburg dans leur contexte, on se rapportera au *Rosa Luxemburg* de John Peter Nettl (édition abrégée par l'auteur), Spartacus, 2012.

mais aussi confirmée par des décennies d'âpres luttes sociales. Le «but final» dont Bernstein fait si peu de cas, c'est «*la transformation de l'ordre existant*» : le socialisme. Bernstein soutient que la démocratisation de la société, le progrès économique, en garantissent l'avènement sans que la classe ouvrière ait besoin de conquérir pour elle-même le pouvoir politique. Rosa Luxemburg n'est pas la seule à entrer en lice, mais elle le fait avec une concision, une verve, une sûreté – et aussi quelques formules marquantes qui l'accompagneront pendant des années – qui impressionnent ses lecteurs. Ce qu'elle écrit à l'époque, en particulier sur le rôle du crédit dans la formation et le déroulement des crises économiques, sur la mort et la renaissance constantes des petites entreprises, sur la fragilité et les limites des réformes sociales, n'a rien perdu de son actualité – si ce n'est qu'aujourd'hui le «but final», qui permettait d'en tirer des conclusions pratiques sur le terrain politique, semble avoir disparu derrière l'horizon. La lutte contre le révisionnisme, contre ceux qui furent dans toute l'Internationale socialiste qualifiés d'«opportunistes», occupa largement Rosa Luxemburg dans les années qui suivirent[3] ; on trouvera dans ce recueil un autre de ses écrits, *Les lunettes anglaises*, également consacré à Bernstein : celui-ci, vivant depuis de longues années en exil en Angleterre, ne nie pas être influencé par son contexte politique et social. Rosa Luxemburg y déploie ses facultés d'analyse sociale pour démontrer que les perspectives de l'action syndicale sur lesquelles Bernstein fonde une partie de son argumentation ont déjà profondément changé au Royaume-Uni à l'époque même où il les formule.

Pour la direction de la social-démocratie allemande, Rosa Luxemburg, désormais reconnue comme une disciple de premier plan de Marx et d'Engels, participera à sa façon dans les années suivantes à la défense de l'orthodoxie : ses campagnes contre les compromissions des opportunistes en limitent l'extension et permettent à la direction

3. *Le socialisme en France*, tome III des Œuvres complètes de Rosa Luxemburg publié en 2013 par le collectif Smolny et Agone, est composé pour l'essentiel d'articles écrits entre 1898 et 1904, consacrés en particulier à l'expérience «ministérialiste» de certains socialistes français.

de préserver la singularité du parti social-démocrate allemand, «forteresse assiégée» exclue de toute participation au pouvoir au niveau de l'Empire, tout en conservant dans ses rangs ceux qui trouvaient dans certains länder des arrangements avec les institutions locales. Cet équilibre obtenu par la direction, pour laquelle la croissance des effectifs des organisations créées par la social-démocratie (syndicats et coopératives en particulier), la survie de celles-ci face au zèle policier de l'Empire et l'augmentation du nombre des voix et des sièges obtenus aux élections générales étaient le signe d'une progression qu'elle espérait continue et pacifique, inquiéta bientôt Rosa Luxemburg. En 1904, par exemple, elle en venait à écrire: «*Ce qui compte avant tout, c'est l'organisation générale de notre agitation et de notre presse afin d'amener les masses laborieuses à compter de plus en plus sur leurs propres forces et sur leur action autonome et à ne plus considérer les luttes parlementaires comme l'axe central de la vie politique*[4].»

Le parti, maison commune

Ce thème de «l'action autonome», elle l'a abordé plus tôt, la même année, dans un contexte bien différent. Elle s'est en effet laissé convaincre par des social-démocrates russes d'exprimer son point de vue sur des questions d'organisation de leur parti, le Parti ouvrier social-démocrate de Russie (POSDR), qui le divisent profondément depuis un an. On fait appel à son autorité en tant que figure reconnue de l'Internationale socialiste, au Bureau de laquelle elle représente la social-démocratie de Pologne et de Lituanie (SDKPiL[5]) dont elle a été l'une des fondatrices en 1893 et dont elle est l'une des voix les plus autorisées. En outre, malgré son opposition à l'indépendance de la Pologne, le SDKPiL n'est pas membre du POSDR. Celui-ci est né en 1898 à Minsk, grâce à la capacité d'organisation du Bund[6], à

4. Social-démocratie et parlementarisme, *in Sächsische Arbeiterzeitung*, 5 et 7 décembre 1904. Traduction dans *L'État bourgeois et la révolution*, La Brèche, 1978, p. 34.

5. Nous choisissons de désigner ce parti par «il»; les historiens préfèrent généralement y faire référence par «elle».

6. *Algemeyner Yidisher Arbeter Bund in Lyte, Poyln un Rusland*: Union générale des travailleurs juifs de Lituanie, de Pologne et de Russie, fondée en 1897.

l'époque la plus importante des organisations ouvrières socialistes de l'empire russe. Ne participent à ce congrès de fondation que quelques représentants de groupes et cercles ouvriers. Immédiatement, la répression s'abat sur ses membres, emprisonnés, envoyés en Sibérie ou contraints à l'exil en Europe occidentale. Certains de ces exilés, dont Plekhanov, Martov et Lénine, créent un journal, l'*Iskra* (l'étincelle), qu'ils considèrent bientôt comme le véritable centre de direction du POSDR. C'est à ce titre qu'ils convoquent en 1903 un congrès du parti, un parti dont ils veulent faire une organisation centralisée pour combattre l'éparpillement et l'hétérogénéité qui caractérisent les cercles et groupes social-démocrates de Russie ; mais aussi pour que s'en retire le Bund, qui demande une structure fédérale dans laquelle il pourra représenter tous les ouvriers socialistes juifs de l'empire russe. C'est ce même refus de voir remise en cause son indépendance qui amènera à cette époque le SDKPiL à ne pas faire les concessions nécessaires pour adhérer au POSDR.

À ce congrès, Lénine a obtenu une majorité pour sa conception de l'adhésion au parti et du fonctionnement de celui-ci qu'il avait exposée dans un livre, *Un pas en avant, deux pas en arrière* ; c'est pour cette raison que ses partisans furent dès lors appelés « bolcheviks » (majoritaires) tandis que ses opposants, dont le principal porte-parole au congrès fut Jules Martov, reçurent celui de « mencheviks », bien que les contours de ces regroupements, eux-mêmes traversés par d'importantes divergences, restèrent longtemps imprécis. La polémique entre les deux camps faisait rage, l'organisation du parti n'étant pas ressortie clairement renforcée du congrès, et chacun tentait d'obtenir en sa faveur l'intervention de l'Internationale socialiste, voire de sa principale composante, le SPD. Dans *Questions d'organisation de la social-démocratie russe*, Rosa Luxemburg prend nettement parti contre les conceptions qu'y expose Lénine. Le statut qu'acquerra ce texte quelques dizaines d'années plus tard est reflété dans les titres qu'on lui donnera : la première édition française, de Lucien Laurat, prend celui de *Centralisme et démocratie* ; plus tard, des traducteurs anglophones lui donneront celui de *Leninism or marxism ?* On verra que Rosa Luxemburg ne s'attache pas aux difficultés bien réelles de l'organisation matérielle du parti en Russie, fait de quelques dizaines de groupes sans possibilités d'activité légale ; elle les connaît pourtant bien, puisque ce sont celles qui prévalent en Pologne, où le SDKPiL a lui aussi subi arrestations et démantèlement. Elle y exprime plutôt une double préoccupation, paradoxalement née des progrès des partis socialistes en Europe occidentale : celle du développement de la capacité des « masses » et, en premier lieu, de celle des militants, qui forment les premiers rangs de son audience, à agir et réagir aux événements de façon autonome ; et celle de la préservation d'une large liberté de débat, sans remise en cause des principes fondamentaux qu'elle défend depuis des années, car un tel débat est nécessaire à l'adaptation permanente de la tactique à l'évolution de la situation politique et sociale, à la lutte contre l'opportunisme et l'immobilisme.

Lénine, dans une réponse très pointilleuse que Rosa Luxemburg refusera de faire publier dans la *Neue Zeit*, lui reprochera d'ailleurs ses « *lieux communs* » et ses « *abstractions banales* ». Mais ils n'ont pas les mêmes préoccupations : Lénine est engagé dans des luttes à court terme à l'intérieur du POSDR, Rosa Luxemburg est à la recherche des moyens qui permettront aux partis de l'Internationale, et en premier lieu au SPD, le plus puissant et, semble-t-il, le mieux équipé doctrinalement d'entre eux, d'accentuer le caractère révolutionnaire de la lutte de classe.

Rosa Luxemburg n'était d'ailleurs pas la seule à s'inquiéter des conceptions de Lénine ; on trouve aussi cette méfiance chez Trotski, dans le rapport qu'il a rédigé pour le groupe qui l'avait délégué au congrès. Il y établit une analogie entre Lénine et Robespierre : « *Nous parlons de "lutte pour le pouvoir". Nous n'introduisons dans ces mots aucun contenu personnel… L'"état de siège" sur lequel Lénine a insisté avec une telle énergie exige un "pouvoir fort". La pratique de la méfiance organisée* [envers les membres du parti ou ceux qui voudraient le devenir] *exige une main de fer… Le camarade Lénine a mentalement passé en revue les membres du Parti, et en est arrivé à la conclusion que cette main de fer ne pouvait être que lui*[7]. »

Que les réflexions de Rosa Luxemburg et Lénine ne se situaient pas au même niveau fut clairement illustré l'année suivante, quand

7. Léon Trotski, *Rapport de la délégation sibérienne*, Spartacus, 1970, p. 73.

éclata la révolution en Russie. Lénine, de Suisse, admonesta alors les responsables des comités bolcheviks en Russie pour qu'ils ouvrent largement leurs portes, par exemple dans cette lettre de février 1905[8] : «*Secouez toutes les vieilles habitudes d'immobilité, de respect hiérarchique, etc.!*.... Triplez *le comité en y faisant entrer les jeunes, créez cinq sous-comités ou une dizaine, "cooptez" toute personne énergique et honnête... Ne craignez pas leur manque de préparation, ne tremblez pas devant leur inexpérience et leur manque de culture. D'abord, si vous ne savez pas les organiser et les stimuler, ils suivront les mencheviks et les Gapone et leur inexpérience nous fera cinq fois plus de mal.*» En décembre 1905, les bolcheviks adopteront lors d'une conférence de nouvelles règles en accord avec cette orientation : pour nombre de postes, la désignation par la direction est remplacée par l'élection par les membres, et le droit de tendance est reconnu.

La révolution de 1905 va également entraîner un changement d'attitude de Rosa Luxemburg vis-à-vis des dirigeants mencheviks – qu'elle voit prêts à mettre le mouvement populaire à la remorque d'une bourgeoisie libérale veule et impuissante – et des bolcheviks dont elle apprécie la détermination, semblable à celle du SDKPiL en Pologne russe. Elle prend même leur défense dans le journal de grande diffusion du parti. En effet, au lendemain de cette révolution, Georges Plekhanov avait qualifié les bolcheviks de «blanquistes» c'est-à-dire, selon Engels auquel il se référait, de partisans d'une révolution «*coup de main d'une petite minorité...* [dont] *découle, après le succès de celle-ci, la nécessité de la dictature : bien entendu de la dictature non pas de toute la classe révolutionnaire, le prolétariat, mais du petit nombre de ceux qui ont fait le coup de main et qui sont déjà eux-mêmes organisés sous la dictature d'un seul ou de quelques-uns*». Rosa Luxemburg s'oppose à cette interprétation : «*Nous contestons que les camarades russes de l'actuelle "majorité" aient été victimes d'errements blanquistes au cours de la révolution, comme le leur reproche le camarade Plekhanov. Il se peut qu'il y en ait eu des traces dans le projet organisationnel que le camarade Lénine avait rédigé en 1902, mais c'est une chose qui appartient au passé, à un passé lointain car aujourd'hui la vie va vite, vertigineusement*

8. Lettre à A. A. Bogdanov et S.I. Goussiev.

vite... Si aujourd'hui les camarades bolcheviks parlent de dictature du prolétariat, ils ne lui ont jamais donné l'ancienne signification blanquiste... Au contraire, ils ont affirmé que l'actuelle révolution peut trouver son terme quand le prolétariat, toute *la classe révolutionnaire, se sera emparée de la machine d'État. Le prolétariat, en tant qu'il est l'élément le plus révolutionnaire, assumera peut-être son rôle de liquidateur de l'ancien régime en "prenant pour soi le pouvoir" pour s'opposer à la contre-révolution, pour empêcher que la révolution ne soit dévoyée par une bourgeoisie réactionnaire dans sa nature même. Aucune révolution ne s'est achevée autrement que par la dictature d'une classe, et tous les signes indiquent qu'à l'heure actuelle le prolétariat peut devenir ce liquidateur. Apparemment, aucun social-démocrate ne se laisse aller à l'illusion que le prolétariat puisse se maintenir au pouvoir: s'il pouvait s'y maintenir, il amènerait alors la domination de ses idées de classe, il réaliserait le socialisme. Ses forces n'y suffisent pas à l'heure actuelle, car le prolétariat, au sens le plus strict de ce mot, constitue précisément dans l'empire russe la* minorité *de la société. Or la réalisation du socialisme par une minorité est inconditionnellement exclue, puisque justement l'idée du socialisme exclut la domination d'une minorité. Donc le jour de la victoire politique du prolétariat sur le tsarisme, la majorité lui retirera le pouvoir qu'il aura conquis. Pour parler concrètement: après la chute du tsarisme, le pouvoir passera dans les mains de la partie la plus révolutionnaire de la société, le prolétariat, parce que le prolétariat s'emparera de tous les postes et se tiendra sur ses gardes aussi longtemps que le pouvoir ne sera pas dans les mains légalement appelées à le détenir, dans les mains du nouveau gouvernement que la Constituante est seule à pouvoir déterminer en tant qu'organe législatif élu par toute la population. Or, c'est une simple évidence que dans la société ce n'est pas le prolétariat qui constitue la majorité, mais la petite-bourgeoisie et la paysannerie et que, par conséquent, dans la Constituante, ce ne seront pas les social-démocrates qui formeront la majorité, mais les démocrates paysans et petits-bourgeois. Nous pouvons le déplorer, mais nous n'y pourrons rien changer*[9]*.*» L'intérêt de ce texte, qui exprime la doctrine politique du SDKPiL, n'est pas tant dans le soutien qu'il paraît apporter aux bolcheviks, mais dans sa vision du rôle

9. «Blanquisme et social-démocratie», *in Czerwony Sztandar* n° 82, juin 1906, *in* Rosa Luxemburg, *L'État bourgeois et la révolution*, *op. cit.*, p. 57 et 58-59.

révolutionnaire du prolétariat dans l'empire russe et de son inscription dans un processus de très long terme : la prise du pouvoir n'a de sens que si elle permet au prolétariat d'engager la construction du socialisme. Tant que sa faiblesse relative dans la société ne lui permet pas de le faire, il ne peut que participer à la construction de la démocratie. Ce n'est déjà plus, à cette époque, ni la conception de Lénine[10], ni celle de Trotski.

En avril 1906, dans la dynamique de la Révolution, le POSDR s'est réunifié et a accueilli, outre le Bund, le parti letton et le SDKPiL. Celui-ci se trouvait donc, dans une certaine mesure, engagé dans les débats et les conflits entre bolcheviks et mencheviks ; ces derniers avaient d'ailleurs acquis une majorité dans l'organe dirigeant à l'occasion du congrès. Mais à partir de 1908, l'ampleur de la répression dans l'empire russe entraîna de nouveau une perte considérable de membres et l'exil des dirigeants. De nouvelles alliances, de nouveaux conflits, sur fond de désarroi intellectuel, de divergences politiques ou tactiques profondes, de concurrence pour l'accès aux sources de financement et de rivalités personnelles déchirèrent le POSDR, dont le dernier congrès se tint à Londres en mai 1907. Si, sur le plan personnel, Rosa Luxemburg s'était éloignée de Léo Jogichès, le dirigeant incontesté du SDKPiL, elle restait l'une des principales élaboratrices de la doctrine du parti et de sa propagande ainsi que sa représentante au Bureau de l'Internationale socialiste. En 1911, face à la multiplication des signes de scission dans le POSDR, Léo Jogichès prit des initiatives pour que les membres du parti dans l'empire russe lui-même puissent trancher les conflits insolubles qui opposaient les membres de la direction à l'étranger. Rosa Luxemburg devait en rendre compte, pour les justifier aussi bien auprès des membres du SDKPiL qu'auprès des autres partis de l'Internationale socialiste. Le

10. Par exemple : « *La révolution démocratique faite* [c'est-à-dire, dans la conception bolchevique de l'époque, une fois la « dictature démocratique révolutionnaire du prolétariat et de la paysannerie » instaurée], *nous aborderons aussitôt – dans la mesure précise de nos forces, des forces du prolétariat conscient et organisé – la voie de la révolution socialiste. Nous sommes pour la révolution ininterrompue. Nous ne nous arrêterons pas à moitié chemin.* » Lénine, « La social-démocratie et le mouvement paysan », *in Proletari* n° 16, 1er septembre 1905.

texte qu'on trouvera dans ce recueil sous le titre *Pour la réunification du Parti* est resté inédit jusqu'en 1991. Quand Rosa Luxemburg l'acheva, à la fin de 1911 ou au début de 1912, les événements l'avaient rendu caduc : non seulement les bolcheviks, lors d'une conférence à Prague en janvier 1912, prétendirent être désormais le POSDR à eux-seuls, mais une scission s'était produite à la fin de 1911 au sein du SDKPiL, en partie due à l'autoritarisme de Jogichès. Une telle scission était à elle seule une réfutation des efforts qu'il avait déployés pour éviter celle du parti commun, et qui lui avaient valu de nombreuses attaques qui expliquent le ton défensif qu'emploie Rosa Luxemburg, extrêmement rare dans ses écrits. Mais, sur le fond, la scission lui paraissait inconcevable : que ceux qui n'étaient plus en accord avec les principes fondamentaux du parti le quittent, c'était normal et même souhaitable ; les divergences tactiques, elles, devaient être débattues et résolues dans la maison commune. Depuis le départ en 1891 des « Jeunes », opposés au parlementarisme du SPD redevenu légal, celui-ci n'avait pas connu de scission et bien que son opposition à la politique de la direction soit devenue de plus en plus affirmée au cours des dernières années, elle n'envisageait pas un instant de le quitter. Elle poursuivra au sein de l'Internationale le combat pour la réunification du POSDR jusqu'en juillet 1914.

La révolution

Le déclenchement de la guerre en août 1914 représente pour Rosa Luxemburg un double effondrement : celui de ce qu'on pouvait considérer comme la civilisation bourgeoise, dans le carnage insensé des années qui allaient suivre et dont elle avait identifié des prémisses dans les massacres perpétrés dans les colonies ; et celui de l'Internationale socialiste, malgré les engagements solennels et répétés de ses principaux partis. Dans le livre qu'elle écrit en prison en 1915, elle tire de ces effondrements trois enseignements principaux : qu'à l'époque de l'impérialisme, il n'y plus de guerre de défense nationale ; ceci ne signifie évidemment pas qu'un peuple dont le sol est envahi ne doit pas se défendre, mais qu'aucun État ne peut durablement rester à l'écart des impérialismes qui s'affrontent. La deuxième perspective, c'est celle de la reconstruction d'une Internationale à laquelle les partis locaux seraient véritablement subordonnés. Enfin, l'alternative est désormais la suivante: «*passage au socialisme ou rechute dans la barbarie*[11]». L'optimisme du début du siècle, alors que les organisations socialistes se développaient, confiantes dans la «nécessité historique» du socialisme, laisse la place à une vision beaucoup plus sombre, à l'urgence: le seul objectif que peuvent se fixer les prolétariats des pays développés s'ils veulent échapper au cycle infernal des crises et des guerres, c'est le socialisme. Cette perspective de la transformation socialiste de la société n'avait jamais été évoquée qu'en termes très généraux par les théoriciens du socialisme; les conditions de la prise du pouvoir politique par le prolétariat, ainsi que les tâches qu'il aurait à accomplir, semblaient trop dépendantes de circonstances imprévisibles pour qu'il puisse en être autrement. Le premier texte dans lequel Rosa Luxemburg aborde ces sujets, *La révolution russe*, même s'il est probablement le plus connu de tous ses écrits principaux, est, paradoxalement, celui qui fut publié le dernier, et les conditions de sa publication en ont peut-être obscurci la signification. Alors qu'elle en avait fait parvenir le manuscrit à Paul Levi pour son édification personnelle en septembre 1918, celui-ci le publia à la fin de 1921, quelques mois après avoir été exclu du Parti communiste d'Allemagne (KPD) à cause des critiques publiques qu'il lui adressait. La direction du parti et celle de l'Internationale communiste mobilisèrent les moyens de propagande à leur disposition pour tenter de discréditer Levi et réduire la portée des critiques adressées par Rosa Luxemburg aux mesures prises par le pouvoir bolchevik en 1917 et 1918. L'Internationale amena deux des plus incontestables compagnons de Rosa Luxemburg – Adolf Warszawski, l'un des cofondateurs de la social-démocratie de Pologne, et Clara Zetkin, figure de premier plan du SPD et amie très proche de Rosa Luxemburg – à écrire l'un et

11. Rosa Luxemburg, *La crise de la social-démocratie*, Spartacus, 1994, p. 38. Elle attribue cette formule à Engels. Selon Michael Lowy (*Dialectique et révolution*, Anthropos, 1973, p. 120), elle s'appuie sur la deuxième partie, Économie politique, de l'*Anti-Dühring*. Engels y évoque cette perspective à deux reprises, par exemple ainsi: «*Ses propres forces de production* [celles de la bourgeoisie capitaliste] *sont devenues trop puissantes pour obéir à sa direction et poussent, comme sous l'effet d'une nécessité naturelle, toute la société bourgeoise au-devant de la ruine ou de la révolution.*»

l'autre des livres dans ce but. Leur argumentation, qui fut reprise dans la presse des partis de l'Internationale, pouvait se résumer ainsi: «*Isolée du monde extérieur, Rosa Luxemburg pouvait-elle être bien renseignée sur ce qui se passait en Russie?....la lecture de la brochure laisse l'impression très nette que Rosa n'était renseignée que d'une façon sommaire*»; «*Reste à savoir si, après avoir quitté la prison, elle a maintenu les jugements qu'elle portait avant le mois de septembre 1918 sur la Révolution russe. Nous avons donné dans l'*Humanité *les témoignages de Radek, de Clara Zetkin et de Louise Kautsky qui prouvent manifestement le contraire*[12].»

Sur le premier point, il ne semble pas que des erreurs factuelles au sujet des décisions prises par le pouvoir bolchevik aient été relevées dans le texte de Rosa Luxemburg. Bien sûr, l'appréciation de la situation et de ces décisions pouvait faire l'objet de divergences au sein même du camp révolutionnaire: les socialistes-révolutionnaires de gauche, seuls alliés des bolcheviks après octobre 1917, allèrent jusqu'à tenter une insurrection contre eux en juillet 1918, telle était la profondeur de leurs divergences sur le traité de Brest-Litovsk et ses suites et sur la politique menée à l'égard des paysans[13]; l'unanimité était loin de régner à l'intérieur même de la direction bolchevique[14]. Quant à l'évolution des convictions de Rosa Luxemburg après sa sortie de prison, il est utile de rappeler dans quelles conditions, dans quels buts, elle avait été amenée à rédiger ce manuscrit. En septembre 1918, un texte d'elle, *La tragédie russe*, dans laquelle elle tirait une nouvelle fois les conséquences du traité de Brest-Litovsk, parut dans les *Lettres de Spartacus*[15] avec, ce qui était totalement inédit, un avertissement de la rédaction qui, clairement, n'approuvait pas l'appréciation critique qu'elle portait sur le cours pris par la révolution en Russie. Un nouvel

---

12. Alix Guillain, «Une brochure de Rosa Luxembourg», *in Bulletin communiste*, 5 janvier 1922, p. 10-11.

13. On trouvera les explications qu'ils donnèrent à l'époque de leur action dans *Les socialistes-révolutionnaires de gauche dans la Révolution russe*, Spartacus, 1983.

14. Voir par exemple *La revue* Kommunist, *les communistes de gauche contre le capitalisme d'État*, Smolny, 2011.

15. On trouvera une traduction de ce texte notamment dans Guy Sabatier, *Traité de Brest-Litovsk 1918, coup d'arrêt à la révolution*, Spartacus, 1977.

article qu'elle proposa alors fut refusé. Pour Rosa Luxemburg, l'enjeu était loin d'être une simple question d'amour propre. En arrière plan de ce refus des animateurs du Groupe Spartacus de publier des analyses critiques du régime bolchevik se jouait une lutte d'influence dans l'extrême-gauche en Allemagne. Depuis avril 1918, l'ambassade de Russie – désormais de Russie soviétique – avait rouvert à Berlin et avait les moyens de soutenir les militants révolutionnaires allemands séduits par les bolcheviks (c'était par exemple le cas des Communistes internationaux de Brême) et d'en gagner de nouveaux à leur cause, jusque dans le Groupe Spartacus; ceci d'autant plus facilement que Léo Jogichès, qui, rompu à l'art de l'action clandestine, dirigeait de fait le Groupe Spartacus depuis 1915, était en prison depuis mars 1918. Rosa Luxemburg, comme d'ailleurs tous les révolutionnaires russes, était persuadée que la Révolution russe était vouée à l'échec si la révolution – la révolution socialiste – n'éclatait pas en Allemagne. Mais elle était tout autant convaincue que cette révolution aurait à trouver son propre chemin et qu'en aucun cas elle ne devait chercher à se calquer sur un quelconque schéma «bolchevik[16]». Deux documents – les plus importants qu'elle ait rédigés entre sa libération en novembre 1918 et son assassinat en janvier 1919 – permettent d'apprécier dans quelle mesure elle aurait «évolué», non pas tant dans sa critique de certains aspects de la Révolution russe, qui n'était pas sa préoccupation principale, que dans les principes qu'elle souhaitait ardemment voir triompher dans la révolution allemande: *Que veut Spartacus?*, le programme de la Ligue Spartacus publié à la mi-décembre 1918, et le *Discours* qu'elle prononça au sujet de ce programme au congrès de fondation du Parti communiste d'Allemagne à la fin du même mois. Pris ensemble, ces trois textes permettent d'entrevoir la conception que Rosa Luxemburg avait forgée de la révolution socialiste dans un grand pays d'Europe occidentale,

16. Poursuivant un but similaire, Karl Kautsky publia à l'automne de 1918 une brochure, *La dictature du prolétariat*, dans laquelle il mettait en doute la portée «universelle» de l'«expérience» bolchevique. On en trouvera l'essentiel, ainsi que des extraits de la réponse qu'y apporta Lénine et une mise en contexte de celle-ci, dans Jean Michel Kay, *L'épreuve du pouvoir, Russie 1918*, Spartacus, 2005.

non pas à froid, en philosophant, mais au cœur de la guerre et de la révolution.

Dans les dernières pages de *La crise de la social-démocratie*, faisant référence aux effets qu'avaient eus sur le mouvement ouvrier français les carnages de juin 1848 et de la Commune de 1871, Rosa Luxemburg évoque une sombre perspective ouverte par la guerre en cours : «*Ce qui a lieu maintenant est un massacre massif sans précédent… C'est une saignée qui risque d'épuiser mortellement le mouvement ouvrier européen. Encore une guerre de ce genre, et les perspectives du socialisme sont enterrées sous les ruines entassées par la barbarie impérialiste*[17].»

Une guerre de ce genre… À l'issue des contre-révolutions des années 1920 et 1930 et de la Deuxième Guerre mondiale, les organisations de masse du mouvement socialiste ou bien avaient été anéanties, ou bien se retrouvaient sous des formes diverses intégrées aux appareils d'État. Le développement gigantesque de la productivité depuis cette époque, qui s'accompagne du tout aussi gigantesque gaspillage des existences et des ressources et d'innombrables manifestations de la barbarie, semble mettre le «but final» à portée de main tout en faisant prendre conscience de son angoissante urgence. Mais les chemins pour l'atteindre restent à défricher. Les leçons du passé, toutes relatives et contingentes soient-elles, n'en restent pas moins l'un des outils pour y parvenir.

Jean Michel Kay

17. *Op. cit.*, p. 154.

La vie héroïque de Rosa Luxemburg

Berthe Fouchère[1]

C'est en 1948 que les Cahiers Spartacus publièrent pour la première fois cette esquisse biographique afin de faire connaître Rosa Luxemburg à un large public. En effet, on ne trouvait à l'époque pratiquement aucune biographie de Rosa Luxemburg en français. Quelques corrections de détail, ainsi que les notes, ont été apportées pour la présente édition.

Rosa Luxemburg est née à Zamość, le 5 mars 1871, d'une famille juive polonaise. Elle était la plus jeune de cinq enfants. Une affection de la hanche mal diagnostiquée la retint toute une année au lit. Toute sa famille la chérissait, et non seulement à cause de son infirmité, mais parce qu'elle était enjouée, rieuse et affectueuse. À cinq ans, elle savait lire et écrire et adressait déjà des essais littéraires à un journal d'enfant. Des dispositions pédagogiques se faisaient également jour en elle et elle jouait à l'institutrice avec les bonnes de la maison. L'enfant prodige faisait la joie et l'admiration de son père. Elle avait trois ans lorsque sa famille partit pour Varsovie. Le père voulait donner à ses enfants une solide culture qu'ils ne pouvaient acquérir à Zamość. Mais dans la Pologne opprimée, le régime scolaire était soumis à des restrictions dont rapidement la jeune Rosa ressentit profondément l'injustice. Dans le lycée qu'elle fréquenta, les Juifs n'étaient pas admis; quelques exceptions seulement étaient faites en faveur des Juives. L'emploi de la langue polonaise y était interdit. Et Rosa, qui

1. Institutrice, Berthe Fouchère (1899-1979) s'engagea au lendemain de la Première Guerre mondiale dans un militantisme syndical et politique, féministe et pacifiste qu'elle n'abandonnera jamais. S'étant opposée par des articles à la loi de 1921 interdisant la propagande anticonceptionnelle, elle fut exclue de l'enseignement, ce qui l'amena à travailler à l'étranger et notamment à approfondir sa connaissance de l'allemand. Militante communiste de la première heure, elle rejoint par la suite la SFIO; elle sera l'une des figures marquantes de la Gauche révolutionnaire dirigée par Marceau Pivert. Après la deuxième guerre mondiale, elle organisera des rencontres internationales des femmes socialistes. Rompant avec la SFIO en 1958, elle sera membre du PSA, puis du PSU et rejoindra le PS en 1971.

avait appris dans sa famille la haine de l'absolutisme russe, fut naturellement acquise au mouvement d'opposition universitaire. Elle fut même à la pointe de ce mouvement. Et dans ses dernières années d'étude à Varsovie, il est à peu près certain qu'elle fut en liaison avec le mouvement révolutionnaire organisé. La médaille d'or, qui devait lui être attribuée à sa sortie du lycée, en récompense de ses excellentes études, lui fut refusée à cause de son attitude d'opposition aux autorités. Aussitôt après avoir quitté le lycée, en 1887, – elle avait seize ans – elle entrait au parti socialiste révolutionnaire, et collaborait avec le chef du groupe de Varsovie, l'ouvrier Martin Kasprzak.

En 1889, elle quitta la Pologne. La police avait découvert son activité dans les cercles révolutionnaires, et il pouvait en résulter pour elle la prison et même la déportation en Sibérie. Elle était évidemment prête à accepter toutes les conséquences de son activité révolutionnaire. Mais ses amis insistèrent pour qu'elle partît continuer ses études à l'étranger d'où elle pourrait servir utilement le mouvement. Martin Kasprzak organisa sa fuite. Elle passa la frontière russo-allemande dans une voiture de paysan remplie de paille. Sans difficulté, elle arriva à Zurich.

Études en Suisse

Zurich était le lieu de rassemblement de l'émigration russe et polonaise; son université, une école supérieure pour les jeunes révolutionnaires. Là, des jeunes gens et des jeunes filles, qui avaient déjà connu la prison tsariste et les persécutions, vivaient ensemble en colonie.

De mœurs très pures, enthousiastes, désintéressés, profondément idéalistes, ils consacraient leurs loisirs à la politique et à la philosophie. C'étaient, entre eux, des discussions animées et interminables sur le darwinisme, sur l'émancipation de la femme, sur Marx, Tolstoï, Bakounine, Blanqui, sur les méthodes de la lutte de classe, la chute de Bismarck, la libération de la Pologne, les luttes de la social-démocratie allemande, sur Tourgueniev, Zola, et surtout sur le thème capital de la révolution.

Rosa Luxemburg riait un peu de ces discussions qui ne conduisaient à aucun travail effectif. Elle avait soif d'action, et se préparait à prendre une part active aux luttes sociales. Elle se lia avec la famille de l'écrivain socialiste allemand Lübeck qu'elle aidait parfois dans ses travaux littéraires.

À l'université, elle étudia l'histoire naturelle. C'était plus que de l'intérêt, une vraie passion que suscitait en elle le monde des oiseaux et des plantes qui resta dans sa vie agitée et tourmentée l'oasis où, pendant les heures sombres de la prison, sa pensée aima se réfugier. Mais la politique restait sa préoccupation dominante, et elle se mit à étudier avec ardeur l'économie politique. Elle se pencha en particulier sur les classiques, Smith, Ricardo, Marx. Le titulaire de la chaire d'économie politique, Wolf, était le type accompli du professeur. Érudit, éclectique, consciencieux, mais timoré, il ne s'éleva jamais à des vues générales sur le monde. Rosa, qui, aspirait à la synthèse et à l'unité, se plaignait «*qu'il déchiquetât en lambeaux la substance vivante de la réalité sociale*». Après chacun de ses cours, elle critiquait son point de vue étroit et «*bureaucratique*». Point par point, elle en démontrait l'insuffisance. Ce qui n'empêcha pas le professeur Wolf, dans une autobiographie écrite plus tard, d'évoquer avec une grande impartialité l'étonnante personnalité de celle qui fut sa meilleure élève.

À côté de sa vie d'étudiante, elle mena une vie ardente de militante dans le mouvement ouvrier de Zurich. Elle était en liaison avec les marxistes russes, Paul Axelrod, Véra Zassoulitch et Georges Plékhanov qu'elle admirait profondément. Ce fut Léo Jogichès qui eut la plus grande influence sur son développement intellectuel et son évolution politique. On sait le rôle de premier plan joué par cet homme extraordinairement intelligent dans le mouvement polonais et le mouvement russe, et qui fut, finalement, à la pointe du mouvement spartakiste allemand. C'est lui qui fonda le mouvement ouvrier à Vilnius d'où sont sortis de nombreux chefs socialistes parmi lesquels Charles Rappoport[2], théoricien socialiste apprécié. Il créa également des cercles d'officiers afin de gagner les militaires au mou-

---

2. Charles Rappoport (1865-1941) fut l'un des tout premiers communistes français, publiant dès 1920 une *Revue communiste*, militant ardemment pour le soutien à la révolution russe et l'adhésion des socialistes à la IIIe Internationale, malgré les critiques qu'il pouvait adresser aux bolcheviks avec qui il avait collaboré (on lui doit la qualification du bolchevisme de «*blanquisme à la sauce tartare*»). Voir Marc Lagana, *Une vie révolutionnaire, 1883-1940: les mémoires de Charles Rappoport*, Éditions de la Maison des sciences de l'homme, 1991. (NdE)

vement révolutionnaire. Il fut arrêté en 1889 et enfermé dans la forteresse de Vilnius. Dès qu'il eut recouvré la liberté il s'enfuit en Suisse. Il entra immédiatement en relations avec Rosa Luxemburg et entre ces deux êtres d'élite il se noua une amitié dont les aléas n'entamèrent pas la collaboration très étroite qui les lia jusqu'à la fin. Lorsqu'ils se rencontrèrent, une révision des bases théoriques et des méthodes d'action socialistes s'imposait. L'Internationale socialiste se trouvait au seuil d'une phase nouvelle de développement. Le mouvement polonais était entré, lui aussi, dans une période de crise. En 1882, les divers cercles et les comités ouvriers s'étaient groupés pour former le parti Proletariat socialiste-révolutionnaire qui se lia avec le Narodnaïa Volia de Saint-Pétersbourg, mouvement d'intellectuels sans liaison avec les masses ouvrières, sans perspectives, sans programme précis, mais dont les méthodes terroristes étaient profondément inefficaces et dangereuses. Le parti Proletariat finit par rompre avec la Narodnaïa Volia et il fut réorganisé en 1888. Au congrès international de Zurich, en 1893, Rosa Luxemburg précisa dans un rapport les conditions d'une tactique marxiste du mouvement socialiste polonais qui devait répudier et l'anarchisme et le réformisme. Ce sont les masses elles-mêmes qui doivent mener leur propre combat et un parti socialiste qui s'appuie sur les masses, doit défendre, certes, leurs conditions d'existence, mais il ne doit pas perdre de vue dans la lutte quotidienne le but révolutionnaire à atteindre. Les réformes ne sont que des étapes et des points d'appui dans la voie qui conduit à la révolution sociale, c'est-à-dire d'abord à la conquête politique de l'État.

À ce congrès international de Zurich se posa aussi avec force le problème de l'attitude du mouvement socialiste polonais dans la question nationale.

La Pologne, on le sait, était sous le joug russe. Et la bourgeoisie polonaise, dont l'existence était liée à l'important développement du capitalisme sous le tsarisme, considérait que l'indépendance nationale de la Pologne était son propre arrêt de mort. Quelle devait être, alors, l'attitude de la classe ouvrière? Avec Marx et Engels, Rosa Luxemburg pensait qu'aucune nation ne pouvait être vraiment libre dans ses institutions si elle était opprimée par une autre nation. Mais elle pensait aussi que l'indépendance polonaise était subordonnée à l'instauration d'une république démocratique en Russie. Le premier but à atteindre était donc la chute de l'absolutisme russe. Et à l'union de la bourgeoisie polonaise avec le tsarisme devait correspondre l'union du prolétariat polonais et du prolétariat russe. Cette stratégie politique fut admise plus tard par les théoriciens marxistes les plus éminents.

En Allemagne, dans la lutte

Après avoir vécu quelques mois en France où elle se lia avec les chefs du mouvement ouvrier, Jules Guesde, Vaillant, Allemane, elle se rendit en 1898 en Allemagne qui était alors le foyer du mouvement ouvrier international, le centre de gravité de la politique mondiale, le pays où l'intérêt pour les problèmes théoriques et pratiques du socialisme était le plus vif. Un mariage blanc avec Gustav Lübeck, le fils de son vieil ami, lui fit acquérir la nationalité allemande.

Alors, commença pour elle une vie tourmentée et agitée, la mieux remplie et la plus bouleversante, la plus riche, la plus variée qui se pût imaginer : l'action militante de propagande, d'éducation et d'agitation, les discours, les articles de journaux et de revues, les ouvrages d'économie politique et de politique marxiste dont plusieurs furent écrits en prison, la participation active à la vie du socialisme international et à tous les mouvements révolutionnaires dans le monde, les persécutions, la prison. C'est de tout cela que fut faite son existence.

En peu de temps, elle acquit une place importante dans les cadres de la social-démocratie allemande. Avec Kautsky, le « pape du marxisme », elle avait déjà correspondu ; elle pénétra vite dans l'intimité d'August Bebel, de Paul Singer, de Franz Mehring, de Clara Zetkin, qui avait fondé l'Internationale des femmes prolétariennes et dirigeait le journal féminin *Die Gleichheit* (*L'Égalité*). Elle collabora à la presse du parti où ses connaissances doctrinales et son tempérament combatif furent vivement appréciés. Elle exerça une influence notoire sur les principaux leaders du parti : Mehring modifia plus d'une fois son jugement politique après que Rosa

Luxemburg eut exprimé son point de vue. Elle poussa Kautsky à défendre dans l'arène politique les principes fondamentaux du parti. Son jugement politique était toujours très juste, et elle avait, pour déceler les perfidies et les arrière-pensées de l'adversaire, l'habileté et la perspicacité que ne possèdent habituellement que ceux qui ont déjà une longue expérience politique. Rosa ne faisait que débuter dans la vie militante, mais son intuition politique était remarquable

C'est à ce moment qu'elle prit contact avec les masses. Chacun de ses discours fut un triomphe. Cette petite femme si mince, si menue étonnait ses auditeurs par son talent, sa flamme sa force de persuasion, la volonté indomptable qui émanait d'elle. Elle enflammait et elle convainquait.

À Berlin, elle donna une collaboration brillante à la revue économique *Neue Zeit.* Elle collabora également au journal socialiste de Leipzig auquel elle donna une orientation marxiste et dont elle créa la renommée dans toute la presse socialiste. C'est dans ce journal que fut publiée en 1898 et 1899, sous le titre *Réforme sociale ou révolution?*[3], sa remarquable réponse à Bernstein, qui remettait en question, dans un article de la *Neue Zeit* et dans son livre *Les conditions du socialisme et les tâches de la social-démocratie*, les principes fondamentaux du marxisme.

La phrase fameuse de Bernstein, «*le but final n'est rien, c'est le mouvement qui est tout*», avait été le signal d'une large controverse dans l'Internationale à laquelle participèrent tous les grands penseurs socialistes de l'époque: en Allemagne, Parvus, Kautsky, Bebel, Clara Zetkin; en Russie, Plékhanov; en Italie, Labriola; en France, Jules Guesde et Jean Jaurès. Rosa était à la tête des adversaires des révisionnistes. Elle était aussi la plus jeune, la plus ardente. Elle surpassa Kautsky, qui était depuis la mort d'Engels la figure la plus autorisée, la plus représentative du mouvement ouvrier international. Par sa logique, sa dialectique, elle forçait l'admiration de ses adversaires.

«*Ou les réformes, ou la révolution*», disaient les réformistes. «*À la fois les réformes et la révolution*», répondait Rosa Luxemburg. La lutte pour

3. On trouvera ce texte p. 47.

les réformes, c'est la lutte pour l'amélioration des conditions d'existence de la classe ouvrière, la protection du travail, l'élargissement des droits démocratiques à l'intérieur de l'État bourgeois, la lutte pour créer le climat favorable à l'organisation et l'éducation de la classe ouvrière.

Mais pour elle, ainsi qu'elle l'avait déjà affirmé au congrès de Zurich en 1893, la lutte quotidienne était liée au but final. Et l'objectif devait être la conquête de la puissance politique par le socialisme.

Elle s'éleva avec force contre le parlementarisme, tel qu'à l'époque il était conçu par certains socialistes, avec toutes ses erreurs et ses illusions. Les élections au parlement ne devaient être, selon elle, que l'occasion de développer la propagande socialiste et d'apprécier l'influence du socialisme sur les masses. Mais il fallait, d'un autre côté, éviter de tomber dans un abstentionnisme stérile et sectaire. C'est-à-dire que la social-démocratie, tout en demeurant un parti d'opposition, devait participer toutes les fois que cela était possible à une action législative positive et fonder sa force au parlement sur l'action des masses ouvrières. La conception réformiste de l'action socialiste au parlement triomphait en France: Millerand entrait en 1899 dans le cabinet Waldeck-Rousseau. Rosa critiqua vigoureusement cette participation qui, disait-elle en substance, paralyse la classe ouvrière, la trouble, la déçoit, et risque de l'entraîner dans l'illusion d'un syndicalisme anarchiste négateur de l'efficacité de toute action politique et prétendant suffire à tout.

Au congrès international d'Amsterdam en 1904, il y eut entre elle et Jaurès une controverse particulièrement vive au sujet du ministérialisme et de la collaboration des classes. Cette controverse resta cependant très amicale, car Rosa Luxemburg admirait le prestigieux orateur, le penseur génial, l'humaniste émouvant qu'était Jaurès.

La révolution russe de 1905 créa un grand enthousiasme dans la classe ouvrière allemande. Rosa en analysa les péripéties et en tira les enseignements utiles pour la classe ouvrière allemande et l'Internationale dans des meetings vibrants où elle s'efforçait d'éveiller le sentiment de la solidarité de classe dans la conscience ouvrière allemande.

L'humanité de Rosa

Les caricaturistes de l'époque la représentaient comme une furie, une mégère excitée; pour ses adversaires elle était «la sanguinaire Rosa».

Il n'y avait cependant pas de femme plus tendre, plus sensible, plus humaine. Elle adorait les enfants, elle aimait passionnément les fleurs, les plantes, les oiseaux, les bêtes qui lui inspirèrent des pages si touchantes. Un brin d'herbe qu'elle apercevait de la fenêtre étroite de sa prison, un chant d'oiseau la réjouissaient. Et ses lettres de prison révèlent la sensibilité la plus délicate, la plus raffinée qui ait vibré dans un cœur humain. Elle possédait une âme d'artiste, aimait la musique et les poètes, elle chantait et peignait. Dans toutes les merveilles de la nature, les œuvres de l'esprit humain, les trésors de la science, de la musique et de la poésie, elle jouissait de la vie universelle dont elles sont le rayonnement.

Elle était indulgente pour les faiblesses des hommes. Mais elle exigeait de ses amis une loyauté absolue de caractère et de sentiments. Bebel, Mehring, Hans Diefenbach, Karl et Sonia Liebknecht, Karl et Louise Kautsky la chérissaient. «*Les dons incomparables de son cœur et de son esprit, et sa volonté d'action unis dans l'harmonie la plus parfaite, faisaient d'elle une créature exceptionnelle comme le siècle n'en produisit pas de semblable.*»

Elle avait, comme Victor Hugo, écrit son compagnon de lutte, Paul Frölich,

> «Dans sa tête, un orchestre
> Et dans l'âme, une lyre.»

Son courage était indomptable. Elle domina le destin qui ne l'abattit jamais. Quand, enfermée dans une cellule humide et sombre, la maladie affaiblissait son corps, exaspérait ses nerfs, elle gardait son magnifique optimisme. «*Il faut accepter tout ce qui se passe dans la société, ainsi que dans la vie privée, d'un esprit tranquille, voir les choses en grand et les prendre en souriant*[4].» Et, en effet, devant les plus dures

4. Lettre à Sonia Liebknecht, mi-novembre 1917.

épreuves, elle demeura stoïque. Sa volonté ne faiblit jamais. Elle conserva toujours cet équilibre, cette harmonie intérieure qui n'abandonnent pas les âmes fortes, les êtres d'élite qui ont l'habitude d'accomplir dans n'importe quelle circonstance tout leur devoir.

Elle ne parlait pas de ses souffrances, mais elle se penchait sur celles des autres. Et aux heures les plus noires, elle trouvait encore le courage de réconforter ses amis inquiets sur son sort, ou atteints eux mêmes par les événements. À Sonia Liebknecht, l'épouse de Karl, jeune femme dont la vie s'écoulait dans les soucis, l'anxiété, le chagrin, elle écrivait: «*Loin de moi l'idée de vous offrir des joies imaginaires et de prêcher l'ascétisme. Je vous souhaite des joies réelles et sensibles. Je voudrais seulement vous communiquer aussi mon inépuisable joie intérieure, afin que je sois tranquille à votre sujet, et que vous puissiez traverser la vie envelopée d'un manteau brodé d'étoiles*[5]. »

En 1917, lorsque la Révolution russe éclata, elle était en prison. Après le premier mouvement d'enthousiasme que suscita en elle le grand phénomène historique qui était le triomphe de la politique qu'elle préconisait pour le socialisme, en cas de guerre, c'est encore à ses amis qu'elle pensa, à ses vieux amis qui, à Saint-Pétersbourg, à Moscou ou à Riga étaient emprisonnés depuis de longues années. Elle écrivait à Diefenbach: « *Tant de vieux amis, emprisonnés pour des années à Moscou, Pétersbourg, Orel ou Riga se promènent maintenant en liberté!... j'en suis contente même si mes chances sont devenues plus minces*[6]. »

Dans chaque lettre qu'elle recevait en prison, elle s'efforçait de deviner l'état d'âme de son correspondant, afin de pouvoir lui répondre le mot qui console ou encourage.

Sa pitié était sans bornes, sa bonté infinie. Ainsi, pendant la révolution allemande, elle recommandait à ses partisans «*l'action révolutionnaire la plus énergique, mais aussi la plus grande humanité... Un monde doit être bouleversé, mais chaque larme qui aura coulé inutilement est une accusation, et l'homme pressé qui en courant vers sa tâche broie un pauvre vermisseau par pure inattention commet un crime*[7].»

---

5. Lettre de mi-décembre 1917.
6. Lettre du 27 mars 1917.
7. *Eine Ehrenpflicht* (Un devoir d'honneur), in *Rote Fahne*, 18 novembre 1918.

«*Son œuvre est une longue suite d'efforts héroïques dirigés vers un seul et même but*», a écrit d'elle Clara Zetkin. «*Ses vertus personnelles brillent et s'enflamment, elles réchauffent et rafraîchissent, engendrent la vie et apportent la mort, elles sont animées par une seule volonté, dirigées inébranlablement vers un seul et même but: éveiller chez les ouvriers la volonté de puissance et leur donner la capacité de mettre à exécution le verdict de l'Histoire: contre le capitalisme*[8].»

Sa culture socialiste, son sens profond des réalités sociales, ses sentiments généreux en firent l'internationaliste la plus fervente, la plus convaincue de tous les socialistes du mouvement ouvrier mondial.

L'internationalisme demeura le leitmotiv de toute son activité socialiste: «*La fraternisation mondiale des ouvriers est mon devoir le plus saint et le plus haut sur cette terre, elle est mon étoile, mon idéal, ma patrie. Je préfère mourir que d'être infidèle à cet idéal*[9].»

Le prolétariat international doit être un corps unique, agissant. Développer, renforcer son unité, ce fut un des objectifs les plus importants de sa vie.

Les socialistes de droite de la social-démocratie allemande attribuèrent souvent cette tendance aux origines juives de Rosa. Certes, les persécutions que subirent les Juifs dans la Pologne opprimée, les pogroms russes que, pendant son enfance, elle avait entendu maudire dans la maison paternelle, avaient contribué à faire naître dans son esprit la grande et généreuse idée d'une «patrie humaine». Mais ses convictions internationalistes reposaient surtout sur la raison, la certitude scientifique que «*l'intérêt des travailleurs est partout le même en face des intérêts capitalistes*».

La lutte contre l'impérialisme dont elle fit une analyse si profonde, si logique, elle ne la conçut qu'internationale. «*La seule défense de toute liberté nationale effective est la lutte de classe révolutionnaire contre l'impérialisme. La patrie des prolétaires dont la défense prime tout, c'est l'Internationale*

8. Clara Zetkin, *Les batailles révolutionnaires de l'Allemagne*, Bibliothèque communiste, 1920, p. 36.

9. Tract de Spartakus, *Entweder… oder* (Soit l'un, soit l'autre), 1916. Les textes de ces tracts clandestins n'étaient naturellement pas signés, et celui-ci n'est pas attribué à Rosa Luxemburg. (NdE)

socialiste[10].» C'est pendant la guerre, quand l'Internationale socialiste avait démissionné, que son internationalisme se manifesta avec le plus d'ardeur et de courage. En dépit de tous les dangers, avec une ténacité et une foi admirables, elle ne cessa de faire appel à la solidarité internationale des peuples.

«*L'Allemagne, l'Allemagne au-dessus de tout!* écrivait-elle en 1916. *Vive la démocratie! Vive le tsar et le panslavisme!... Cent mille kilos de lard, d'ersatz de café livrables immédiatement! Les dividendes grimpent et les prolétaires tombent, et avec chacun d'eux c'est un combattant de l'avenir, un soldat de la révolution, un de ceux qui délivreront l'humanité du joug du capitalisme, qui descend au tombeau. Cette folie cessera le jour où les ouvriers d'Allemagne et de France, d'Angleterre et de Russie se réveilleront enfin de leur ivresse et se tendront une main fraternelle couvrant à la fois le chœur bestial des fauteurs de guerre impérialistes et le rauque hurlement des hyènes capitalistes, en poussant le vieux et puissant cri de guerre du Travail: prolétaires de tous les pays, unissez-vous!*[11]»

À cette parole de Marx, Rosa est restée fidèle de toute sa vie.

Rosa Luxemburg et Lénine

La révolution russe de 1905 avait été prévue par les marxistes russes. Elle était en marche depuis 1902. Rosa Luxemburg avait suivi avec passion tous les événements qui rendaient inévitable le soulèvement de la classe ouvrière. Elle avait pris parti dans les controverses entre mencheviks et bolcheviks; sur certains points importants elle était en désaccord avec Lénine.

Pour les mencheviks, le gouvernement révolutionnaire après la chute du tsarisme ne pouvait être qu'un gouvernement bourgeois. Et ils se référaient, pour justifier leur point de vue, à la résolution du congrès d'Amsterdam de 1904 qui condamnait le ministérialisme, l'exercice du pouvoir par les socialistes dans un État bourgeois. Lénine critiquait âprement la thèse menchevique qu'il considérait

10. Thèses sur les tâches de la social-démocratie, *in La crise de la social-démocratie, op. cit.*, p. 163.

11. *Ibid.*, p. 154-155.

comme utopique et réactionnaire. Et Rosa Luxemburg était d'accord avec lui. Mais ce qui séparait ces deux grands militants, c'était, examinés dans le cadre de la Russie de l'époque, le problème de la dictature et celui de l'action de la classe ouvrière au pouvoir. Lénine était pour une dictature révolutionnaire démocratique du prolétariat et des paysans. Rosa Luxemburg était pour la dictature révolutionnaire démocratique du prolétariat, appuyée sur la paysannerie.

Quelle était sa thèse ? La social-démocratie russe devait rechercher l'alliance des paysans, appuyer sur eux son action, afin de renverser l'absolutisme. Mais seule, elle devait occuper le pouvoir, armer immédiatement les masses populaires révolutionnaires, instituer les milices ouvrières et prendre le plus rapidement possible des initiatives pour la transformation politique et économique de la société. Ensuite, organiser l'élection de la Constituante sur la base du suffrage universel. Pendant que le parlement préparait la constitution, le gouvernement révolutionnaire devait continuer à exercer la dictature, les masses devaient rester armées afin de barrer la route à la contre-révolution. Sans aucun doute, le moment arriverait où la classe ouvrière prendrait des mesures qui briseraient les cadres de l'ordre social bourgeois. Le gouvernement entrerait alors en conflit avec les « possibilités » sociales. Les autres forces sociales se dresseraient contre sa politique et, finalement, la contre-révolution l'emporterait.

Mais vouloir éviter ce destin, c'était pour Rosa Luxemburg, renoncer à l'avance à une politique révolutionnaire. Elle savait que les conditions économiques et sociales où se trouvait la Russie en 1905 ne permettraient pas à la classe ouvrière de conserver longtemps le pouvoir politique. Mais, d'autre part, elle était convaincue que la chute de l'absolutisme n'était possible que par la victoire politique du prolétariat, qui se servirait ensuite du pouvoir pour essayer de réaliser ses objectifs de classe.

Pour Lénine, au contraire, l'action de la classe ouvrière au pouvoir après une révolution dont le but était la chute du despotisme devait se limiter à l'obtention des réformes démocratiques possibles dans une société bourgeoise.

Un autre problème, que l'imminence de la révolution russe mit à l'ordre du jour, avait déjà opposé la grande révolutionnaire à Lénine: c'était «*le problème de l'organisation de la social-démocratie russe*».

Pour Lénine, la social-démocratie – parti de l'avant-garde du prolétariat – devait être fortement centralisée et hiérarchisée, avec des comités, des cellules, des «noyaux» chargés tous d'une mission révolutionnaire spéciale, et, à sa tête, un comité directeur doté de tous les pouvoirs politiques, et responsable seulement devant un congrès annuel.

Rosa Luxemburg reconnaissait avec Lénine que le parti révolutionnaire était l'organisation d'avant-garde de la classe ouvrière, qu'il devait être centralisé et discipliné. Mais elle repoussait catégoriquement un centralisme autoritaire incompatible avec un mouvement démocratique, et dans lequel elle voyait un obstacle et un danger au développement même de la lutte de classes. Elle revendiquait le contrôle permanent de la tête du parti par la base, la liberté totale d'examen objectif et de critique à l'intérieur du parti. Pourvu que cette critique demeurât dans le cadre des principes généraux du marxisme, elle la considérait comme une nécessité vitale, le moyen le plus efficace de lutte contre l'opportunisme et le sectarisme, le remède contre les erreurs, les insuffisances, les déviations toujours possibles.

Chaque forme de lutte – et Rosa Luxemburg s'appuyait sur l'expérience de la Russie – n'était pas inventée par l'état-major du parti, mais naissait de l'initiative des masses. Elle reprochait à Lénine son dogmatisme dans les idées politiques et l'argumentation, une certaine tendance à ignorer le mouvement vivant des masses, à imposer à celles-ci une tactique fixée à l'avance.

Elle, au contraire, comptait sur la pression des masses pour orienter, corriger au besoin, la tactique de la direction du parti. Elle était liée beaucoup plus que Lénine au processus historique dont elle faisait, en définitive, découler la décision politique. Pour elle, l'élément déterminant était la masse. Pour Lénine, c'était le parti.

Après la scission de la social-démocratie russe (à la suite du congrès de 1903), Lénine publia un livre, *Un pas en avant, deux pas en arrière*, dans lequel il traitait, entre autres, de l'organisation du parti et affirmait défendre le principe de l'organisation révolutionnaire de la social-démocratie contre le principe de l'organisation opportuniste des mencheviks. Rosa Luxemburg lui répondit dans un article publié dans *l'Iskra* et la *Neue Zeit*, en juillet 1904, et intitulé *Questions d'organisation de la social-démocratie russe*[12]. Elle y défendait vigoureusement le principe du centralisme démocratique et insistait sur la nécessité pour le mouvement social-démocrate de tenir compte à tous moments de l'action autonome de la masse. Elle voyait dans les conceptions organiques de Lénine une survivance du blanquisme. Et ce qui différencie le blanquisme de la social-démocratie, écrivait-elle, c'est que le blanquisme n'est pas et ne peut pas être une organisation des masses. Il est, au contraire, fermé hermétiquement aux masses populaires. Les membres de l'organisation sont des instruments dociles d'un comité central auquel ils obéissent aveuglément. L'activité conspiratrice des blanquistes et la vie quotidienne des masses populaires ne sont pas liées. «*Radicalement différentes sont les conditions de l'activité de la social-démocratie. Elle surgit historiquement de la lutte des classes élémentaire... L'organisation, les progrès de la conscience et le combat...* [ne] *sont que des aspects divers d'un seul et même processus... En dehors des principes généraux de la lutte, il n'existe pas de tactique déjà élaborée dans tous ses détails qu'un comité central pourrait enseigner à ses troupes comme dans une caserne... Le centralisme social-démocrate ne saurait se fonder ni sur l'obéissance aveugle ni sur une subordination mécanique des militants vis-à-vis du centre du parti... Il faut donc que le centralisme de la social-démocratie soit d'une nature essentiellement différente du centralisme blanquiste. Il ne saurait être autre chose que la concentration impérieuse de la volonté de l'avant-garde consciente et militante de la classe ouvrière vis-à-vis de ses groupes et individus.*»

On retrouve là la conception que Rosa Luxemburg affirma tant de fois sur la nécessité, dans l'intérêt de la lutte de classes, d'élever le niveau de conscience des masses en les associant aux préoccupations, aux initiatives et aux perspectives de la social-démocratie.

---

12. On trouvera ce texte p. 139.

Combats et prison en Pologne

Fin décembre 1905, elle passa la frontière avec de faux passeports pour se rendre en Pologne et participer au mouvement révolutionnaire. Elle rejoignit Léo Jogichès qui dirigeait le parti social-démocrate polonais. Le 4 mars 1906, elle fut arrêtée, enfermée à la prison de police de Varsovie dans une cellule sans air, sans hygiène. Elle était malade et son état s'aggrava. Mais c'est quand son corps était le plus faible, quand ses forces physiques menaçaient de la lâcher totalement, que son courage moral atteignait le point culminant. Les lettres qu'elle écrivit à cette époque à Louise Kautsky étaient remplies d'anecdotes amusantes, empreintes de gaieté et d'optimisme. Un certificat d'une commission médicale la fit libérer. Elle se rendit alors en Finlande et après y avoir séjourné quelques mois au cours desquels elle écrivit *Grève générale, parti et syndicats,* elle retourna en Allemagne. Elle participa en 1907 au congrès international de Stuttgart où le problème de la guerre impérialiste était à l'ordre du jour. On sait que, à la suite de la révolution russe de 1905, les puissances européennes étaient divisées en deux camps hostiles, et, après le conflit du Maroc en 1906, le danger d'une guerre européenne semblait tellement menaçant que l'Internationale socialiste jugea indispensable de se réunir en congrès international.

Rosa Luxemburg y combattit vigoureusement la thèse des délégués français et anglais qui réclamaient que la grève générale et la grève militaire fussent proclamées en cas de guerre. Cette décision lui apparaissait comme inexécutable. Les partis socialistes devaient déterminer une politique de guerre qui exprimât la volonté révolutionnaire de la classe ouvrière et correspondit à sa force réelle. Avec Lénine et Martov, elle défendit et fit adopter un texte connu sous le nom de motion de Stuttgart qui fait «*un devoir de la classe ouvrière,... un devoir pour ses représentants dans les Parlements... au cas où la guerre éclaterait néanmoins... de s'entremettre pour la faire cesser promptement et d'utiliser de toute leur force la crise économique et politique crée par la guerre pour agiter les couches populaires les plus profondes et précipiter le fin de la domination capitaliste*». Rosa eut à d'autres reprises l'occasion de développer sa politique de guerre, notamment en 1913 dans la *Correspondance social-démocrate* et en février 1914 devant un tribunal qui la condamna à un an de prison pour propagande antimilitariste.

La lutte contre la guerre

La social-démocratie avait organisé une école socialiste que fréquentaient des ouvriers, des secrétaires de parti, des ménagères, des syndicalistes, des intellectuels. Rosa fut l'un des meilleurs professeurs. Dès le premier contact, elle conquérait ses élèves. Sa science, la puissance de son esprit, toute sa personnalité dominaient son auditoire. Elle créait comme une atmosphère chargée d'électricité, qui éveillait toutes les possibilités des cerveaux.

Elle rassembla ses cours en deux ouvrages : *Introduction à la critique l'économie politique* et *l'Accumulation du capital* qui contient une analyse remarquable des forces motrices de l'impérialisme. L'époque de l'impérialisme est le début de la révolution sociale et à *la coalition du capitalisme mondial doit correspondre l'unité du front prolétarien.*

La capitulation de la social-démocratie allemande, son passage dans le camp impérialiste, l'effondrement de l'Internationale, l'écroulement d'une civilisation, l'affectèrent profondément. Mais cette âme d'élite ne connaissait pas le découragement. Le 4 août, le jour où la social-démocratie votait les crédits de guerre, elle réunissait chez elle un petit groupe, parmi lequel Franz Mehring, qu'allaient rejoindre Clara Zetkin et Karl Liebknecht : c'était la naissance du mouvement spartakiste. De tous côtés ensuite, dans la Saxe, le Wurtemberg, la Ruhr, des femmes et des jeunes se groupèrent clandestinement pour lutter contre la guerre. Rosa Luxemburg considérait comme un devoir immédiat et impérieux d'organiser la résistance contre la politique de guerre de la social-démocratie. La censure militaire, celle du parti lui rendirent la tâche difficile. Mais aucune difficulté ne la rebuta. En 1915, elle publia *L'Internationale* dont elle assuma la direction avec Mehring et à laquelle collaborèrent Paul Lange, Ströbel, Clara Zetkin, Thalheimer. Après la publication du premier numéro, elle fut interdite, et avec Mehring et Clara Zetkin, Rosa fut inculpée du crime de haute trahison.

Mais, depuis le 19 février, Rosa était en prison. Elle avait été arrêtée au moment où elle se préparait à partir pour la Hollande où devait avoir lieu une conférence internationale des femmes. Elle était enfermée à la prison des femmes de Berlin, et elle y resta jusqu'à la fin janvier 1916. Les ouvrières de Berlin, quand elle fut libérée, lui firent une réception chaleureuse. Inlassablement, elle continua son action contre la guerre. Tout d'abord, elle songea à faire imprimer le manuscrit sur *La Crise de la social-démocratie* qu'elle avait écrit en prison. C'est la fameuse brochure appelée *Brochure de Junius* dirigée contre la politique de guerre de la social-démocratie et qui exalte l'internationalisme prolétarien contre l'impérialisme sanglant des grandes puissances.

En province, les ouvriers commençaient à être gagnés à l'idée de la lutte contre l'impérialisme allemand. Ils envoyaient des délégations; des principales régions industrielles parvenaient des messages de sympathie. Le 1er mai 1916, le groupe Spartakus appela la classe ouvrière de Berlin à manifester sur la place de Postdam. Ce fut un gros succès. Rosa Luxemburg et Liebknecht étaient au milieu des manifestants, salués par des cris enthousiastes. «*À bas la guerre! À bas le gouvernement!*» cria Liebknecht, revêtu de l'uniforme militaire. Il fut arrêté aussitôt. Mais le mouvement contre la guerre était en marche. Après son arrestation, le groupe Spartakus déploya, sous l'impulsion de Rosa, une activité considérable: des tracts inondèrent l'Allemagne qui exaltaient le geste courageux du député-soldat Liebknecht.

Le 28 juin 1916, celui-ci fut condamné à un an et demi de prison. Le jour du procès 55000 métallurgistes d'une fabrique de munitions à Berlin firent grève; à Stuttgart, dans le Brenner, de puissantes manifestations eurent lieu: l'influence de Spartakus sur les masses ouvrières ne cessait de grandir.

Le 19 juillet 1916, Rosa Luxemburg fut à nouveau arrêtée. Mehring, âgé de soixante-dix ans le fut également. Léo Jogichès prit la tête du mouvement à la disposition duquel il mit son expérience, son énergie, son désintéressement. Les *Lettres de Spartakus* paraissaient régulièrement. Rosa était leur plus fidèle collaboratrice.

Elle était à la prison de femmes à Berlin. Elle n'y resta que deux mois. Fin septembre, elle fut enfermée dans une salle de police, salle remplie de punaises, sans air et obscure, pendant cinq ou six heures de la journée. Elle ne pouvait y dormir même la nuit où des pas retentissaient dans le corridor, des clefs grinçaient, des portes s'ouvraient pour laisser entrer d'autres détenues. Fin octobre 1916, elle fut transférée à la prison de Wronke, dans un coin perdu de Posnanie. Elle pouvait se promener dans la cour de la prison où des fleurs et des oiseaux égayaient sa solitude. En juillet 1917, elle fut transférée à Breslau ; elle n'avait pas le droit de sortir de sa cellule : c'est la révolution de 1918 qui l'en tira.

Elle demeura là dans une solitude de tombeau. La misère croissante des masses, la mort des enfants sous-alimentés, la démission du socialisme dans le monde, la destruction de la culture la déchiraient. Mais la volonté et le courage n'abandonnèrent jamais son corps épuisé. À Mathilde Wurm, à Sonia Liebknecht, à Louise Kautsky, à Clara Zetkin elle écrivait des lettres qui sont des recueils magnifiques de souvenirs personnels et d'événements vécus, des témoignages impressionnants de sa foi inébranlable et de son inaltérable sérénité. Elle lisait les classiques et les modernes français, anglais, russes et allemands. Elle travaillait à son *Introduction à l'économie politique*, à l'histoire de la Pologne ; elle suivait avec passion le cours des événements dans le monde et dans le mouvement ouvrier international. Ses articles étaient prêts à chaque départ de courrier. Ils passaient tous en contrebande. C'est dans un de ces articles destinés aux *Lettres de Spartacus* qu'elle écrivait aux travailleurs : « *Ou bien ce sont les gouvernements bourgeois qui font la paix, comme ils ont fait la guerre, ensuite, comme après chaque guerre, l'impérialisme restera la force dominante et s'ensuivront fatalement un nouveau réarmement, des guerres, la ruine, la réaction et la barbarie. Ou bien vous rassemblez vos forces pour un soulèvement révolutionnaire, pour combattre afin d'obtenir le pouvoir politique et dicter* votre *paix à l'extérieur et à l'intérieur. Ou l'impérialisme avec à plus ou moins long terme le déclin de la société, ou le combat pour le socialisme, le seul salut. Il n'y a pas de troisième voie*[13]. »

La révolution russe était devenue le centre de ses préoccupations. Elle en analysait avec une pénétration, une lucidité remarquable, tous

13. Le socialisme de Wilson *in Lettre de Spartacus* n° 4, avril 1917.

les événements dans les *Lettres de Spartakus.* Avant les journées révolutionnaires et décisives d'Octobre, elle avait prévu que la dictature du prolétariat était inévitable. « *Ou la contre-révolution ou la dictature du prolétariat. Ou Kalédine ou Lénine* », avait-elle écrit[14].

Certes, elle reprochait à Lénine et à Trotski d'opposer la dictature à la démocratie. Car, pour elle, « *la dictature consiste dans* la manière d'appliquer la démocratie, *non dans son abolition, dans des interventions énergiques, résolues, dans les droits acquis et les rapports économiques de la société bourgeoise, sans lesquelles la transformation socialiste ne peut être réalisée. Mais cette dictature doit être l'œuvre de la classe et non d'une petite minorité dirigeante, au nom de la classe, autrement dit, elle doit sortir pas à pas de la participation active des masses, être sous leur influence directe, soumise au contrôle de l'opinion publique, produit de l'éducation politique croissante des masses populaires.* »

Néanmoins, elle proclamait que « *Lénine, Trotski et leurs amis ont été les* premiers *qui aient montré l'exemple au prolétariat mondial ; ils sont jusqu'ici encore les* seuls *qui puissent s'écrier avec Hutten :* « J'ai osé ! »... *En* ce *sens, il leur reste le mérite impérissable d'avoir, en conquérant le pouvoir et en posant pratiquement le problème de la réalisation du socialisme, montré l'exemple au prolétariat international*[15]... »

Elle était déçue que le grand exemple de cette révolution n'eût pas appelé le prolétariat international sur le champ de bataille de la lutte de classe. Et elle redoutait pour l'avenir de la révolution russe les dangers extérieurs et intérieurs nés de l'isolement auquel l'inertie de la classe ouvrière internationale condamnait la Russie.

La révolution allemande

Cependant la révolution grondait en Allemagne. Le 1er octobre 1918, Hindenburg et Ludendorff demandaient à l'Entente une paix immédiate. Le groupe Spartakus convoqua sur-le-champ une conférence nationale.

---

14. Cette formule se trouve en fait dans *La révolution russe.* (NdE)

15. In *La révolution russe.* Voir le texte p. 183.

L'agitation parmi les soldats se développait, des conseils de soldats et d'ouvriers se constituaient partout. L'agonie de la monarchie commençait. Un gouvernement parlementaire fut constitué : Scheidemann en fit partie. La démocratisation de toute la vie politique fut annoncée, la liberté de réunion fut proclamée. Le 28 octobre, une amnistie fut accordée à tous les prisonniers politiques. Karl Liebknecht fut libéré. Rosa Luxemburg, qui avait été incarcérée sans avoir subi de condamnation, resta trois semaines encore en prison. Le 9 novembre, elle était libre, le 10, elle était à Berlin où ses amis de Spartakus la reçurent avec le plus grand enthousiasme.

Elle était vieillie, ses beaux cheveux noirs étaient devenus blancs. Mais ses yeux – ses yeux bruns splendides – continuaient à refléter l'énergie et l'ardeur qui brûlaient en elle. Dans les mois qui suivirent, elle ne connut pas le repos.

Le 10 novembre, les conseils d'ouvriers et de soldats portèrent Ebert à la tête du gouvernement de la révolution. Le 18 novembre, dans le troisième numéro de la *Rote Fahne* dont Rosa prit la direction, et où elle fit preuve d'un sens aigu des réalités, d'une clairvoyance remarquable, d'une lucidité que justifia le développement ultérieur des événements révolutionnaires, elle traça dès le premier numéro tout le programme de la révolution dont voici quelques points essentiels :

« *Réélection et amélioration des conseils locaux d'ouvriers et de soldats afin de substituer à l'élan impulsif et chaotique qui les avaient fait naître la conscience claire du but, des tâches à accomplir et des méthodes de la révolution...*

Convocation immédiate du conseil national des ouvriers et des soldats pour ériger le prolétariat de toute l'Allemagne en classe, en puissance politique compacte, et d'en faire le défenseur et la force motrice de la révolution.

Organisation immédiate, non pas des "paysans", mais du prolétariat agricole et des petits cultivateurs, qui en tant que couches sont restées jusqu'à maintenant à l'écart de la révolution.

Mise en place d'une garde rouge prolétarienne pour la protection permanente de la révolution et formation d'une milice ouvrière pour que le prolétariat reste sur ses gardes.

Suppression des vieux organes d'administration, de la police et de l'armée de l'État policier militariste et absolutiste.

Confiscation immédiate des biens de l'ancienne dynastie et des grandes propriétés foncières comme premières mesures temporaires pour garantir le ravitaillement du peuple, car la faim est l'alliée la plus dangereuse de la contre-révolution.

Convocation immédiate en Allemagne d'un congrès ouvrier mondial pour faire ressortir le caractère socialiste et international de la révolution allemande, car ce n'est que dans l'Internationale, que dans la révolution mondiale du prolétariat que s'ancrera la révolution allemande.»

En même temps elle dénonçait l'attitude pusillanime du gouvernement Ebert, son respect de la propriété capitaliste, le maintien du vieil appareil d'État bourgeois, l'escamotage des buts socialistes de la révolution. Tout en spécifiant qu'il ne s'agissait nullement de copier servilement les méthodes de la révolution russe – car les conditions sociales et économiques de l'Allemagne n'étaient pas les mêmes qu'en Russie –, elle précisait à nouveau ce qu'elle avait déjà écrit dans les *Lettres de Spartakus,* à savoir que la guerre mondiale plaçait la société devant cette alternative, «*ou la continuation du capitalisme, c'est-à-dire de nouvelles guerres et la chute de la civilisation dans le chaos et l'anarchie, ou la suppression du capitalisme*[16]. » Mais le socialisme ne peut être réalisé que par l'action des masses laborieuses.

La contre-révolution s'organisait et se préparait à l'attaque. À Hambourg, en Rhénanie, des complots contre-révolutionnaires étaient découverts. À Berlin, le comité directeur des conseils d'ouvriers et de soldats ainsi que la rédaction de la *Rote Fahne* étaient arrêtés ; les soldats de Spartacus étaient tués dans la rue ; le 7 décembre, Karl Liebknecht était arrêté. La chasse aux chefs spartakistes était organisée. La maison où habitait Rosa Luxemburg fut cernée par la police. Chaque jour, elle changeait d'hôtel ; pendant des nuits, elle ne put dormir. Mais son énergie était telle qu'elle tenait malgré tout et que son extraordinaire lucidité ne faiblit pas une minute.

La révolution gagnait du terrain ; une vague de grèves déferla sur l'Allemagne, avec comme objectifs non plus seulement des augmen-

16. *Que veut Spartacus ?*, publié dans la *Rote Fahne* le 14 décembre 1918. Voir le texte p. 221.

tations de salaires mais l'instauration du pouvoir ouvrier dans les usines et la socialisation de la production.

Rosa était optimiste. L'antagonisme entre la ligne politique de la vieille social-démocratie et la volonté des masses apparut d'une façon évidente au premier congrès des conseils d'ouvriers et de soldats qui eut lieu à Berlin du 12 au 20 décembre. À cette occasion, des centaines de milliers d'ouvriers manifestèrent dans les rues de Berlin. Ce fut la plus grande manifestation que la capitale du Reich eût jamais vue.

Le groupe Spartacus se proposait de conquérir l'aile gauche du mouvement ouvrier. Mais pas de putsch, disait Rosa Luxemburg, pas d'attaque prématurée, pas de lutte pour des buts qui n'auraient pas été compris et admis par la majorité de la classe ouvrière.

Mais l'heure de la décision entre la révolution et la contre-révolution approchait. Spartakus convoqua un congrès national d'où sortit le parti communiste. La première et la plus importante question à résoudre fut de fixer l'attitude du parti communiste devant les élections à l'assemblée nationale qui devaient avoir lieu le 19 janvier 1919. Rosa Luxemburg démontra la nécessité d'utiliser dans un but socialiste et révolutionnaire la tribune de l'assemblée. Mais les adversaires de la participation l'emportèrent. Rosa Luxemburg prononça devant une assemblée empoignée par son talent, la force de volonté qui émanait de toute sa personne, un grand discours, le dernier[17]...

L'initiative du combat décisif appartint à la contre-révolution. Depuis le 27 décembre, sur l'ordre du gouvernement, des troupes étaient massées devant Berlin. Il fallait à tout prix écraser le mouvement Spartakus. Le 3 janvier, le président de police de Berlin, que l'on savait hostile au conflit entre la police et les ouvriers, fut révoqué par le ministre de l'Intérieur. La guerre civile devenait inévitable. Désarmement de la contre-révolution, armement du prolétariat, unité d'action de tous les révolutionnaires, élections pour le renouvellement des conseils de soldats et d'ouvriers : tels furent les mots d'ordre du mouvement défensif du prolétariat révolutionnaire, guidé par Rosa Luxemburg.

---

17. Voir ce texte p. 232.

La contre-révolution triompha... Le 1er janvier, Liebknecht et Rosa Luxemburg se réfugièrent dans une famille ouvrière dans un quartier de Berlin. C'est là qu'elle écrivit son dernier article : *L'ordre règne à Berlin.* Le 15, ils étaient cachés au 53 de la rue de Mannheim. C'est là que, à neuf heures du soir, une troupe de soldats les arrêta. Ils furent conduits à l'hôtel Eden où des officiers monarchistes avaient organisé leur assassinat. Liebknecht fut transporté dans une auto au jardin zoologique où il fut assassiné. Ce fut ensuite le tour de Rosa Luxemburg que le lieutenant Souchon tua d'une balle dans la tête. Son cadavre fut jeté dans un canal.

Ainsi disparaissait brutalement « *celle qui fut,* dit Franz Mehring, *le disciple le plus génial de Marx* ». « *"Sa belle carrière" était scellée par sa "belle et grande mort"*[18] », écrit Louise Kautsky, qui fut son amie la plus chère.

Mais la révolution avait perdu le meilleur de ses combattants ; le socialisme international, le plus pur, le plus héroïque, le plus prestigieux de ses militants.

18. Postface aux *Lettres à Karl et Louise Kautsky* ; Louise Kautsky cite Friedrich Schiller, *Don Carlos*, acte V, scène IV.

NÉCESSITÉ DE LA RÉVOLUTION

Réforme sociale ou révolution?

Ce texte est paru en deux parties, la première, en réponse à une série d'articles d'Eduard Bernstein parus dans la *Neue Zeit*, dans le *Leipziger Zeitung* en septembre 1898, la seconde, après la parution du livre de Bernstein, dans le *Leipziger Zeitung* en mars 1899; Rosa Luxemburg les a réunies dans un livre paru en avril 1899, dont elle a publié une nouvelle édition en 1908, en supprimant quelques brefs passages qu'elle jugeait alors superflus et avec quelques corrections ou ajouts de détail. C'est cette dernière version dont on trouvera ici la traduction par Bracke[1]. Sauf indication contraire, les notes sont de Rosa Luxemburg.

Le titre du présent ouvrage peut surprendre au premier abord. *Réforme sociale ou révolution?* La social-démocratie peut-elle donc être contre les réformes? Ou peut-elle opposer la révolution sociale, la transformation de l'ordre existant, qui constitue son but final, à la réforme sociale? Assurément non! Pour la social-démocratie la lutte quotidienne pour les réformes, pour l'amélioration de la situation du peuple travailleur sur le terrain même du régime existant, pour les institutions démocratiques, constitue au contraire la seule voie pour mener la lutte de classe prolétarienne et orienter son action dans le sens du but final, c'est-à-dire pour la conquête du pouvoir politique et la suppression du salariat. Entre les réformes sociales et la révolution, il existe pour la social-démocratie un lien indissoluble, la lutte pour les réformes étant pour elle le moyen, mais la révolution sociale le but.

C'est dans la théorie d'Eduard Bernstein, telle que ce dernier l'a exposée dans ses articles sur les «Problèmes du socialisme» parus dans la *Neue Zeit*, en 1897-1898, et notamment dans son livre intitulé *Die*

1. Alexandre-Marie Desrousseaux (1861-1955), se réclamant du marxisme, adhère au parti ouvrier français dans les années 1880 et devient très proche de Jules Guesde; par ailleurs helléniste de renom, il prend le nom de jeune fille de sa mère, Bracke, pour ses écrits militants. Participant à des réunions de l'Internationale socialiste, il noue des liens entre autres avec des membres de la social-démocratie allemande, dont Rosa Luxemburg dont il est l'un des tous premiers traducteurs en français. Au lendemain de la Deuxième guerre mondiale, toujours militant de premier plan de la SFIO, il apporte son soutien à René Lefeuvre pour la reparution des *Cahiers Spartacus*, notamment en lui donnant ses traductions. (NdE)

Voraussetzungen des Sozialismus und die Aufgaben der Sozial-demokratie[2], que nous trouvons pour la première fois cette mise en opposition de ces deux raisons d'être du mouvement ouvrier. Toute cette théorie ne tend, pratiquement, à rien d'autre qu'à nous conseiller de renoncer à la transformation sociale, au but final de la social-démocratie, et de faire, inversement, de la réforme sociale, simple moyen de la lutte de classe, son but. C'est Bernstein lui-même qui a formulé son point de vue de la façon la plus nette et la plus caractéristique, en écrivant : « *Le but final, quel qu'il soit, n'est rien, c'est le mouvement qui est tout.* »

Mais, étant donné que le but final du socialisme constitue le seul facteur décisif distinguant le mouvement social-démocrate de la démocratie bourgeoisie et du radicalisme bourgeois, le seul facteur transformant tout le mouvement ouvrier, d'un vain travail de rapiéçage en vue de sauver le régime capitaliste, en une lutte de classes contre ce régime, pour la suppression de ce régime, la question « réforme ou révolution ? » telle que la pose Bernstein, équivaut, pour la social-démocratie, à la question « être ou ne pas être ». Dans la controverse avec Bernstein et ses partisans, il s'agit non pas de telle ou telle méthode de lutte, non pas en définitive de l'emploi de telle ou telle *tactique*, mais de l'existence même du mouvement socialiste.

Il y a pour les travailleurs une double importance à s'en rendre compte parce que c'est précisément d'eux et de leur influence dans le mouvement qu'il s'agit ici, parce que c'est bien leur propre peau qu'on apporte ici sur le marché. Le courant opportuniste dans le parti, dont la théorie a été formulée par Bernstein, n'est rien d'autre qu'une tentative inconsciente d'assurer la prédominance aux éléments petits-bourgeois venus au parti et de transformer dans leur sens la pratique et les buts du parti. La question de la réforme et de la révolution, du but final et du mouvement c'est, sous un autre angle, la question du caractère du mouvement ouvrier, petit-bourgeois ou prolétarien ?

Rosa Luxemburg, Berlin, 18 avril 1899

2. Paru en français pour la première fois en 1900, chez Stock, sous le titre *Socialisme théorique et social-démocratie pratique*, dans une traduction peu soignée, puis sous le titre *Les présupposés du socialisme* (Le Seuil, 1974). Nouvelle édition sous le titre d'origine chez Les nuits rouges, 2010. (NdE)

Première partie

I. La méthode opportuniste

Si les théories ne sont que le reflet des phénomènes du monde extérieur dans le cerveau humain, il faut, en tout cas, ajouter au sujet de la théorie d'Eduard Bernstein que ce sont maintes fois des images renversées. Une théorie de l'instauration du socialisme au moyen de réformes sociales – à l'époque de Stumm-Posadowsky[3] –, du contrôle des syndicats sur la production – après la défaite des ouvriers anglais de la construction mécanique[4] – de la conquête de la majorité au parlement – après la révision de la Constitution de la Saxe et les attentats contre le suffrage universel[5] ! Mais le centre de gravité de la théorie de Bernstein ne réside pas, à notre avis, dans sa conception des tâches pratiques de la social-démocratie, mais dans ce qu'il dit du cours du développement objectif de la société capitaliste, qui est, d'ailleurs, en rapport étroit avec sa conception des tâches pratiques de la social-démocratie.

D'après Bernstein, du fait de ce développement, un effondrement général du capitalisme devient de plus en plus improbable, parce que le système capitaliste, d'une part, manifeste une capacité d'adaptation de plus en plus grande et que, d'autre part, la production se différencie de plus en plus. La capacité d'adaptation du capitalisme se manifeste, d'après Bernstein, premièrement dans la disparition des crises générales, grâce au développement du système de crédit et des

3. Carl Ferdinand Stumm, devenu von Stumm-Halberg (1836-1901), grand industriel sidérurgiste. Fondateur d'un parti conservateur prussien, député, adversaire des lois sociales de Bismarck, il devint très proche de Guillaume II. Arthur von Posadowsky-Wener (1845-1932) : ministre, puis vice-chancelier du Reich entre 1893 et 1907, il tente de faire adopter en 1899 des mesures restreignant l'appel à la grève et le soutien à celle-ci. Ayant échoué, il renforcera les dispositifs de protection sociale avec le même objectif: affaiblir la social-démocratie. (NdE)

4. Au Royaume Uni, 70 000 ouvriers de la construction mécanique firent grève sans succès de juillet 1897 à janvier 1898 pour la journée de 8 heures. (NdE)

5. Pour contrer la social-démocratie qui, malgré un mode de suffrage censitaire défavorable, avait remporté les élections au Landtag de Saxe en 1891, le royaume adopte en 1896 un mode de scrutin particulièrement inégalitaire, similaire à celui en vigueur en Prusse. (NdE)

ententes patronales, des communications et des services d'information; deuxièmement, dans la vitalité des classes moyennes, par suite de la différenciation croissante des branches de la production, et de l'élévation de grandes couches du prolétariat au niveau de la classe moyenne; troisièmement, enfin, dans l'amélioration de la situation économique et politique du prolétariat, par suite de l'action syndicale.

De ce qui précède il découle, pour la lutte pratique de la social-démocratie, cette conclusion générale qu'elle ne doit pas tendre son activité vers la conquête du pouvoir politique, mais vers l'amélioration de la situation de la classe ouvrière et vers l'institution du socialisme non à la faveur d'une crise sociale et politique, mais au moyen d'une extension progressive du contrôle social et d'une application graduelle du principe de la coopération.

Bernstein lui-même ne voit rien de neuf dans ses exposés. Il pense, tout au contraire, qu'ils sont conformes, tant à certaines déclarations de Marx et d'Engels, qu'à la direction généralement suivie jusqu'à présent par la social-démocratie. On peut cependant difficilement nier que la conception de Bernstein soit en contradiction absolue avec le raisonnement du socialisme scientifique.

Si tout le révisionnisme de Bernstein consistait à affirmer que la marche du développement capitaliste est beaucoup plus lente qu'on ne le pense ordinairement, cela n'aurait, en fait, d'autre conséquence que d'ajourner la conquête du pouvoir par le prolétariat, sur laquelle tout le monde était d'accord jusqu'à présent, cela aurait, tout au plus, comme résultat, un ralentissement du rythme de la lutte.

Mais ce n'est pas le cas. Ce que Bernstein met en question, ce n'est pas la *rapidité* du développement de la société capitaliste, mais la *marche* de ce développement lui-même et, par conséquent, le passage au régime socialiste.

Si la théorie socialiste affirmait jusqu'ici que le point de départ de la transformation socialiste serait une crise générale et catastrophique, il faut, à notre avis, distinguer à ce sujet deux choses : l'idée fondamentale qu'elle contient et sa forme extérieure. Cette idée consiste dans l'affirmation que le régime capitaliste, de par la force de ses propres contradictions, prépare lui-même le moment où il sera désaxé, où il deviendra tout simplement impossible. Que l'on ait considéré ce moment sous la forme d'une crise commerciale générale catastrophique, il y avait à cela de bonnes raisons, mais cela n'en est pas moins d'importance secondaire pour l'idée fondamentale. Le fondement scientifique du socialisme s'appuie, comme on le sait, sur trois principaux résultats du développement capitaliste; avant tout sur *l'anarchie* croissante de l'économie capitaliste, qui mène inévitablement à sa ruine, deuxièmement, sur la *socialisation* croissante du processus de production, qui crée les amorces de l'ordre social futur et, troisièmement, sur le renforcement croissant de l'*organisation* et de la *conscience* de classe du prolétariat, qui constitue le facteur actif de la prochaine révolution.

C'est le *premier* de ces trois pivots fondamentaux du socialisme scientifique qu'élimine Bernstein. Il prétend que le développement capitaliste ne va pas au devant d'un krach économique général.

Mais, par là, ce n'est pas seulement une certaine forme déterminée de l'effondrement du régime capitaliste qu'il rejette, c'est l'effondrement lui-même. Il dit textuellement: « *On pourrait objecter que, quand on parle de l'écroulement de la société actuelle, on a autre chose en vue qu'une crise commerciale générale et plus forte que les autres, à savoir un écroulement complet du système capitaliste par suite de ses propres contradictions.* » Et, à cela, il répond: « *Un écroulement complet et à peu près général du système de production actuel est, de par le développement croissant de la société, non pas plus probable, mais plus improbable, parce que celui-ci accroît, d'une part, la capacité d'adaptation, et de l'autre – c'est-à-dire par là même – la différenciation de l'industrie*[6]. »

Mais alors se pose la grande question: pourquoi et comment, dans ce cas, parviendrons-nous en général au but final de nos aspirations? Du point de vue du socialisme scientifique, la nécessité historique de la révolution socialiste se manifeste avant tout dans l'anarchie croissante du système capitaliste, anarchie qui le pousse dans une impasse. Mais si l'on admet avec Bernstein que le développement capitaliste ne va pas dans le sens de sa propre ruine, alors le socialisme cesse

6. *Neue Zeit*, 1897-1898, V. 18, p. 555.

d'être objectivement nécessaire. Il ne reste, dès lors, des pierres angulaires de l'explication scientifique du socialisme que les deux autres résultats du régime capitaliste : la socialisation du processus de production et la conscience de classe du prolétariat. C'est également ce que Bernstein a en vue lorsqu'il dit : « *La doctrine socialiste ne perd aucunement sa force de persuasion avec la suppression de la théorie de l'effondrement. Car si on les examine de près, que sont donc tous les facteurs, énumérés par nous, de suppression ou de modification des anciennes crises ? Rien d'autre, en fait, que des conditions, et même en partie des germes de la socialisation de la production et de l'échange*[7]. »

Il suffit cependant d'un bref examen pour comprendre qu'il s'agit là encore d'une conclusion fallacieuse. En quoi consiste l'importance des phénomènes caractérisés par Bernstein comme étant des moyens d'adaptation capitalistes, à savoir les cartels, le système de crédit, le perfectionnement des moyens de communication, l'amélioration de la situation de la classe ouvrière, etc. ? Manifestement en ce qu'ils suppriment ou du moins atténuent les contradictions internes de l'économie capitaliste et empêchent leur développement et leur aggravation. C'est ainsi que l'élimination des crises signifie la suppression de l'antagonisme entre production et échange sur la base capitaliste, et que l'amélioration de la situation de la classe ouvrière, en tant que telle ou par l'accession de certaines de ses fractions à la classe moyenne, signifie l'atténuation de l'antagonisme entre Capital et Travail. Mais s'ils suppriment ainsi les contradictions capitalistes, et si, par conséquent, ils sauvent de la ruine le système capitaliste, s'ils permettent au capitalisme de se maintenir en vie – c'est pourquoi Bernstein les appelle « moyens d'adaptation » –, comment les cartels, le système de crédit, les syndicats, etc., peuvent-ils être en même temps « *des conditions et même en partie, des germes* » du socialisme ? Manifestement, uniquement en ce sens qu'ils expriment plus nettement le caractère social de la production. Mais en la conservant sous sa forme *capitaliste*, ils rendent, inversement, superflue, dans cette même mesure, la transformation de cette production socialisée en production socialiste. C'est pourquoi ils ne peuvent représenter des amorces ou des conditions du régime socialiste que

7. *Ibid.*, p. 554.

dans un sens conceptuel et non dans un sens historique, c'est-à-dire des phénomènes dont nous *savons*, en raison de notre conception du socialisme, qu'ils sont apparentés avec lui, mais qui, en fait, non seulement ne mènent pas à la révolution socialiste, mais la rendent, au contraire, superflue. Reste donc uniquement comme fondement du socialisme la conscience de classe du prolétariat. Mais cette dernière, également, est, dans le cas donné, non pas le simple reflet intellectuel des contradictions croissantes du capitalisme et de sa chute imminente, car celle-ci est empêchée par les moyens d'adaptation, mais seulement un idéal dont la force de persuasion repose uniquement sur les perfections qu'on lui attribue.

En un mot, ce que nous obtenons ainsi, c'est une motivation du programme socialiste au moyen de la «connaissance pure», c'est-à-dire, en langage plus simple, une motivation idéaliste, tandis que la nécessité objective du socialisme, c'est-à-dire l'explication du socialisme par toute la marche du développement matériel de la société, tombe. La théorie révisionniste est placée devant un dilemme: *ou bien* la transformation socialiste est la conséquence, comme c'était généralement admis jusqu'ici, des contradictions internes du régime capitaliste, et alors, en même temps que ce régime, se développent également les contradictions qu'il contient, d'où il résulte qu'un écroulement de ce régime, sous telle ou telle forme, en est le résultat inévitable, à un moment quelconque, mais alors les «moyens d'adaptation» sont inefficaces, et la théorie de l'écroulement est juste. *Ou bien* les «moyens d'adaptation» sont réellement capables d'empêcher un écroulement du système capitaliste et de rendre, par conséquent, le capitalisme viable, donc de supprimer ses contradictions, mais alors le socialisme cesse d'être une nécessité historique, et il est alors tout ce qu'on veut, sauf le résultat du développement matériel de la société. Ce dilemme aboutit à cet autre: ou bien le révisionnisme a raison en ce qui concerne la marche du développement capitaliste, et alors la transformation socialiste de la société n'est plus qu'une utopie; *ou bien* le socialisme n'est pas une utopie, et alors la théorie des «moyens d'adaptation» n'est pas soutenable. *That is the question.* C'est ainsi que se pose la question.

2. L'adaptation du capitalisme

Les moyens les plus importants qui, d'après Bernstein, entraînent l'adaptation de l'économie capitaliste, sont le système du crédit, l'amélioration des moyens de communication perfectionnés et les ententes patronales.

Pour commencer par le *crédit,* il remplit, dans l'économie capitaliste, des fonctions multiples, mais la plus importante est, comme on le sait, d'accroître la capacité d'extension de la production et de faciliter l'échange. Là où la tendance interne de la production capitaliste à l'extension illimitée se heurte aux limites de la propriété privée, au volume restreint du capital privé, le crédit apparaît comme le moyen de surmonter ces limites d'une façon capitaliste, de fondre en un seul capital un grand nombre de capitaux privés – sociétés par actions – et d'assurer à un capitaliste la disposition de capitaux étrangers – crédit industriel. D'autre part, en qualité de crédit commercial, il accélère l'échange des marchandises, par conséquent le retour du capital dans la production et tout le cycle de la production. Il est facile de se rendre compte de l'influence qu'exercent ces deux fonctions principales du crédit sur la formation des crises. Si les crises naissent, comme l'on sait, comme conséquence de la contradiction existant entre la capacité d'extension, la tendance à l'extension de la production et la capacité de consommation restreinte du marché, le crédit est précisément, d'après ce qui a été dit plus haut, le moyen spécifique de faire éclater cette contradiction aussi souvent que possible. Avant tout, il accroît énormément la capacité d'extension de la production et constitue la force motrice interne qui la pousse constamment à dépasser les limites du marché. Mais il frappe des deux côtés. Après avoir, en tant que facteur du processus de la production, provoqué la surproduction, il n'en détruit pas moins sûrement, pendant la crise, en tant que facteur de l'échange, les forces productives qu'il a fait naître. Au premier symptôme de la crise, le crédit fond, abandonne le circuit des échanges, là où il serait, au contraire, indispensable, et là où il s'offre encore, apparaît sans effet et inutile, et réduit ainsi au minimum, pendant la crise, les capacités de consommation du marché.

Outre ces deux résultats principaux, le crédit agit encore diversement sur la formation des crises. Il ne constitue pas seulement le moyen technique de mettre à la disposition d'un capitaliste des capitaux étrangers, mais il est, en même temps, pour lui, le stimulant pour l'utilisation hardie et sans scrupules de la propriété d'autrui, y compris pour des spéculations hasardeuses. Il n'aggrave pas seulement la crise en qualité de moyen dissimulé d'échange des marchandises, mais il facilite sa formation et son extension, en transformant tout l'échange en un mécanisme extrêmement complexe et artificiel, avec un minimum d'argent métallique comme base réelle et provoque ainsi, à la moindre occasion, des troubles dans ce mécanisme.

C'est ainsi que le crédit, au lieu d'être un moyen de suppression ou d'atténuation des crises, n'est, tout au contraire, qu'un moyen particulièrement puissant de formation des crises. Et il ne peut d'ailleurs en être autrement. La fonction spécifique du crédit consiste, en fait – très généralement parlant – à éliminer ce qui reste de fixité de toutes les relations capitalistes, à introduire partout la plus grande élasticité possible, et à rendre toutes les forces capitalistes au plus haut point extensibles, relatives et fragiles. Il est évident qu'il ne fait ainsi que faciliter et aggraver les crises, qui ne sont autre chose que le heurt périodique entre les forces contradictoires de l'économie capitaliste.

Mais cela nous amène tout de suite à cette autre question: comment le crédit peut-il, en somme, apparaître comme un «moyen d'adaptation» du capitalisme? À quelqu'égard et sous quelque forme que l'on se figure l'«adaptation» à l'aide du crédit, la nature n'en peut consister qu'en ceci: un rapport d'antagonisme quelconque se verrait aplani dans l'économie capitaliste, une de ses contradictions serait supprimée ou atténuée, et ainsi serait assuré sur un point quelconque libre jeu aux forces entravées. S'il y a, cependant, dans l'économie capitaliste actuelle, un moyen d'accroître au plus haut degré toutes ses contradictions, c'est justement le crédit. Il accroît la contradiction entre mode de production et mode d'échange en tendant à l'extrême la production mais en paralysant à la moindre occasion l'échange. Il accroît la contradiction entre *mode de production* et *mode d'appropriation* en séparant la production de la propriété, en transformant dans la production le capital en capital social, mais en donnant, par ailleurs, à une portion du profit la forme d'intérêt du capital, ce qui la transforme en un simple titre de propriété. Il accroît la contradiction entre les rapports de *propriété* et les rapports de *production*, en rassemblant, par expropriation d'un grand nombre de petits capitalistes, d'énormes forces productives dans un petit nombre de mains. Il accroît la contradiction entre le caractère *social* de la production et la *propriété privée* capitaliste en rendant nécessaire l'immixtion de l'État dans la production (sociétés par actions).

En un mot, le crédit reproduit tous les antagonismes fondamentaux du monde capitaliste, il les accentue, il précipite l'allure à laquelle il le fait courir au-devant de son propre anéantissement, c'est-à-dire à l'écroulement. Le premier moyen d'adaptation pour le capitalisme en ce qui concerne le crédit devrait, par conséquent, consister à *supprimer* le crédit, à le faire rétrograder. Tel qu'il est, loin d'être un moyen d'adaptation du capitalisme, il constitue au contraire, un moyen de destruction d'un effet des plus révolutionnaires. Ce caractère révolutionnaire du crédit n'a-t-il pas été jusqu'à inspirer des plans de réformes d'inspiration socialiste et n'a-t-il pas fait apparaître de grands représentants du crédit tels qu'Isaac Pereire[8] en France, comme dit Marx, moitié comme des prophètes, moitié comme des filous?

Tout aussi fragile apparaît, à l'examen, le deuxième «moyen d'adaptation» de la production, à savoir *les ententes patronales.* D'après Bernstein, ces ententes patronales doivent, en réglementant la production, mettre fin à l'anarchie et empêcher l'apparition des crises. Le développement des cartels et des trusts est, certes, un phénomène dont on n'a pas encore étudié à fond toutes les multiples répercussions économiques. Il représente un problème qu'on ne peut résoudre qu'à l'aide de la doctrine marxiste. En tout cas, une chose est certaine: c'est qu'on ne pourrait parler d'un endiguement de l'anarchie capitaliste par les ententes patronales que dans la mesure où les cartels, les trusts, etc., deviendraient, ne fut-ce qu'approximativement,

8. Pionniers de la finance, des chemins de fer, de l'industrie et de la spéculation immobilière au XIXe siècle, Émile et Isaac Pereire fondèrent en 1852 une banque d'investissement, le Crédit mobilier, qui fit faillite en 1867. (NdE)

une forme de production générale, dominante. Mais cela est précisément exclu par la nature même des cartels. Le but final économique et le résultat des ententes patronales consistent, en excluant la concurrence à l'intérieur d'une branche quelconque de la production, à influer sur la répartition de la masse du profit réalisé sur le marché de telle façon qu'elle augmente la part de cette branche d'industrie. L'organisation ne peut augmenter le taux de profit dans une branche d'industrie qu'aux dépens des autres, et c'est précisément pourquoi elle ne peut être généralisée. Étendue à toutes les branches d'industrie importantes, elle supprime elle-même son effet.

Mais, même dans les limites de leur application pratique, les ententes patronales ont un résultat précisément contraire à la suppression de l'anarchie. Les cartels n'obtiennent ordinairement cette augmentation du profit sur le marché intérieur qu'en affectant à la production pour l'étranger, à un taux de profit bien moins élevé, le capital supplémentaire qu'ils ne peuvent utiliser pour les besoins intérieurs, c'est-à-dire en vendant leurs marchandises à l'étranger à meilleur marché qu'à l'intérieur du pays. Le résultat en est une aggravation de la concurrence à l'étranger, un renforcement de l'anarchie sur le marché mondial, c'est-à-dire précisément le contraire de ce qu'on se propose d'obtenir. C'est ce que prouve, entre autres, l'histoire de l'industrie mondiale du sucre.

Enfin, d'une façon générale, en tant que manifestation du mode de production capitaliste, les ententes patronales ne peuvent être considérées que comme un stade provisoire, comme une phase déterminée du développement capitaliste. Et, en effet, les cartels ne sont rien d'autre, au fond, qu'un moyen pour le mode de production capitaliste de retenir la chute fatale du taux de profit dans certaines branches de production. Mais quelle est la méthode qu'emploient dans ce but les cartels ? Ce n'est, au fond, que la mise en jachère d'une partie du capital accumulé, c'est-à-dire la même méthode employée sous une autre forme dans les crises. Mais un tel remède ressemble à la maladie comme une goutte d'eau ressemble à une autre et ne peut être considéré comme le moindre mal que pendant un certain temps. Que les débouchés commencent à se restreindre, le marché mondial étant étendu à l'extrême et épuisé par la concurrence des pays capitalistes – et l'on ne peut manifestement pas nier que ce moment arrivera, tôt ou tard –, alors la mise en jachère partielle forcée du capital prendra de telles dimensions que le remède se transformera en maladie, et que le capital, déjà fortement socialisé par l'organisation, se transformera de nouveau en capital privé. Devant les difficultés accrues de trouver des débouchés, chaque portion privée du capital préférera essayer seule sa chance. À ce moment-là, les organisations crèveront comme des bulles de savon et feront place à une concurrence aggravée[9].

D'une façon générale, les cartels, tout comme le crédit, paraissent, par conséquent, comme des phases déterminées du développement, qui ne font, en dernière analyse, qu'aggraver encore l'anarchie du monde capitaliste et exprimer et mûrir toutes ses contradictions internes. Ils aggravent l'antagonisme existant entre le mode de production et le mode d'échange, en aiguisant la lutte entre les producteurs et les consommateurs, comme c'est le cas particulièrement aux États-Unis d'Amérique. Ils aggravent, en outre, la contradiction existant entre le mode de production et le mode d'appropriation en opposant à la classe ouvrière, de la façon la plus brutale, la force supérieure du capital organisé, exaspérant ainsi à l'extrême l'antagonisme entre le Capital et le Travail.

9. Dans une note au livre III du *Capital*, F. Engels écrit en 1894 : « *Depuis que les lignes ci-dessus ont été écrites (1865) la concurrence a considérablement augmenté sur le marché mondial, par suite du développement rapide de l'industrie dans tous les pays civilisés, particulièrement en Amérique et en Allemagne. Le fait que, dans leur accroissement rapide et gigantesque, les forces productives modernes échappent chaque jour davantage aux lois de l'échange capitaliste des marchandises, où elles sont censées se mouvoir, s'impose aujourd'hui de plus en plus, même à la conscience des capitalistes. Deux symptômes le confirment particulièrement : I° la nouvelle manie protectionniste qui se généralise et qui diffère de l'ancien protectionnisme surtout en ce qu'elle protège particulièrement les articles les plus aptes à l'exportation ; II° les cartels (trusts) des industriels de sphères entières de production en vue de réglementer la production et, par suite, les prix et les profits. Il va de soi que ces expériences ne réussissent que si le climat économique est relativement favorable. La première tempête les réduira à néant et démontrera que, si la production a besoin d'être réglementée, ce n'est assurément pas la classe capitaliste qui est appelée à le faire. En attendant, ces trusts n'ont qu'un seul but : veiller à ce que les petits soient mangés par les gros plus rapidement encore que par le passé.* » (Karl Marx, *Le Capital*, III, première section, Œuvres, Économie, II, Gallimard, 1968, p. 931.)

Ils aggravent enfin la contradiction existant entre le caractère international de l'économie capitaliste mondiale et le caractère national de l'État capitaliste, du fait qu'ils s'accompagnent toujours d'une guerre douanière générale, aiguisant ainsi les antagonismes existant entre les différents États capitalistes. À cela, s'ajoutent les répercussions au plus haut point révolutionnaires qu'exercent les cartels sur la concentration de la production, son perfectionnement technique, etc.

C'est ainsi que, dans les répercussions finales qu'ils exercent sur l'économie capitaliste, non seulement les cartels et les trusts n'apparaissent pas comme un «moyen d'adaptation» de nature à atténuer les contradictions, mais bien plutôt comme l'un des moyens qu'elle crée elle-même en vue du renforcement de sa propre anarchie, du développement de ses contradictions internes, de l'accélération de sa propre décadence.

Mais si le système de crédit, si les cartels, etc., ne suppriment pas l'anarchie du monde capitaliste, comment se fait-il que, pendant deux décennies, depuis 1873, nous n'avons eu aucune grande crise commerciale? N'est-ce pas là un signe que le mode de production capitaliste s'est – tout au moins dans les grandes lignes – «adapté», en fait, aux besoins de la société, contrairement à l'analyse faite par Marx? La réponse ne s'est pas fait attendre. Bernstein avait, en 1898, à peine mis à la ferraille la théorie des crises de Marx, qu'une violente crise générale éclata en 1900, et, sept années plus tard, en 1907, une crise nouvelle, venant des États-Unis, s'étendit sur le marché mondial. Ainsi, la théorie de l'«adaptation» du capitalisme fut mise à terre par des faits qui parlaient d'eux-mêmes. En même temps, il fut ainsi prouvé que ceux qui abandonnaient la théorie des crises de Marx uniquement parce qu'aucune crise n'avait eu lieu au moment de deux «termes» successifs avaient confondu l'essence de cette théorie avec un de ses aspects extérieurs secondaires – avec le cycle de dix ans. Cependant, la formule du cycle de l'industrie capitaliste moderne, en tant que période décennale n'était, chez Marx et Engels, dans les années 60 et 70, qu'une simple constatation des faits, qui, de leur côté, n'étaient pas basés sur une loi naturelle, mais sur une série de circonstances historiques déterminées en liaison avec l'extension par bonds de l'activité du jeune capitalisme.

La crise de 1825 fut, en effet, le résultat des grands investissements dans la construction des routes, des canaux et des usines de production de gaz, auxquels on assista au cours de la décennie précédente, particulièrement en Angleterre, où éclata la crise. La crise suivante de 1836-1839 fut, de même, le résultat de placements colossaux dans la construction des moyens de transport. La crise de 1847 fut provoquée, comme l'on sait, par la construction fiévreuse de chemins de fer en Angleterre (de 1844 à 1847, c'est-à-dire en trois ans seulement, le parlement anglais concéda des lignes de chemins de fer pour une valeur d'environ 1,5 milliard de thalers). Dans ces trois cas, ce sont, par conséquent, différentes formes de *nouvelle constitution* de l'économie capitaliste, d'établissement de nouveaux fondements du développement capitaliste, qui entraînent les crises. En 1857, ce furent tout d'abord l'ouverture brusque de nouveaux débouchés pour l'industrie européenne en Amérique et en Australie, à la suite de la découverte des mines d'or puis, en France spécialement, les nombreuses constructions de lignes de chemins de fer, dans les pas de l'Angleterre (de 1852 à 1856, on construisit en France pour 1 250 millions de francs de nouvelles lignes de chemins de fer). Enfin, la grande crise de 1873, fut, comme l'on sait, une conséquence directe de la constitution et du premier essor de la grande industrie en Allemagne et en Autriche qui suivirent les événements politiques de 1866 et de 1871.

Ce fut, par conséquent, chaque fois, *l'extension* brusque du domaine de l'économie capitaliste qui fut jusqu'ici l'occasion des crises commerciales. Que ces crises internationales se soient précisément répétées tous les dix ans, c'est là un fait purement extérieur, un hasard. Le schéma marxiste de la formation des crises, tel qu'Engels et Marx l'ont exposé, le premier dans l'*Anti-Dühring,* le second, dans les volumes I et III du *Capital,* ne s'applique d'une façon juste à toutes les crises que dans la mesure où il découvre leur *mécanisme interne et leurs causes générales* profondes, que ces crises se répètent tous les cinq ou dix ans, ou encore alternativement tous les vingt et tous les huit ans. Mais ce qui prouve mieux que tout la fausseté de la théorie bernsteinienne, c'est le fait que c'est précisément dans le pays où les fameux « moyens d'adaptation » capitalistes, le crédit, les moyens d'information et les trusts sont les plus développés, que la dernière crise de 1907-1908 a été la plus violente.

L'idée que la production capitaliste pourrait «s'adapter» à l'échange suppose de deux choses l'une: ou bien que le marché mondial s'accroît sans limites, à l'infini, ou bien, au contraire, que le développement des forces productives est entravé, afin qu'il ne déborde pas les limites du marché. La première hypothèse constitue une impossibilité matérielle; à la seconde s'opposent les progrès incessants de la technique dans tous les domaines de la production, suscitant tous les jours de nouvelles forces productives.

Il reste encore un phénomène qui, d'après Bernstein, contredit la marche ci-dessus indiquée du développement capitaliste: c'est la «phalange tout à fait inébranlable» des entreprises moyennes. Il voit là un signe que le développement de la grande industrie n'agit pas dans un sens aussi révolutionnaire, n'exerce pas de tels effets du point de vue de la concentration des entreprises qu'on aurait dû l'attendre d'après la «théorie de l'effondrement». Mais il est, ici encore, uniquement victime de sa propre incompréhension. Cela serait, en effet, comprendre d'une façon tout à fait fausse le développement de la grande industrie que de s'imaginer qu'on doive en attendre la disparition progressive des entreprises moyennes du paysage.

Dans la marche générale du développement capitaliste, les petits capitaux jouent précisément, selon la conception de Marx, le rôle de pionnier de la révolution technique, et cela sous un double aspect, tant en ce qui concerne les nouvelles méthodes de production dans les anciennes branches fortement enracinées qu'en ce qui concerne la création de nouvelles branches de production, non encore exploitées par les gros capitaux. Il est complètement faux de s'imaginer que l'histoire des entreprises moyennes capitalistes se poursuit d'une façon rectiligne dans le sens de leur disparition progressive. Le cours réel du développement est bien plus, ici aussi, purement dialectique et se meut constamment entre les contradictions. Les classes moyennes capitalistes se trouvent, tout comme la classe ouvrière, sous l'influence de deux tendances antagonistes, l'une ascendante, l'autre descendante. La tendance descendante est, dans le cas donné, la progression continue de l'échelle de la production, qui excède périodiquement les capacités des capitaux moyens et les élimine à nouveau de la concurrence. La tendance ascendante est la dépréciation périodique du capital existant qui abaisse sans cesse pour un certain temps l'échelle de la production, c'est-à-dire de la *valeur* du capital minimum nécessaire, ainsi que la pénétration de la production capitaliste dans des sphères nouvelles. La lutte des entreprises moyennes contre le grand capital ne doit pas être considérée comme une bataille régulière, où les troupes de la partie la plus faible fondent de plus en plus directement et quantitativement, mais plutôt comme un fauchage périodique des petits capitaux qui repoussent toujours rapidement pour être fauchés de nouveau par la grande industrie. Des deux tendances qui jouent à la balle au prisonnier avec les classes moyennes capitalistes, c'est, en fin de compte, la tendance descendante qui l'emporte, contrairement au développement de la classe ouvrière. Mais il n'est pas indispensable que cela se manifeste dans la diminution numérique absolue des entreprises moyennes, mais, d'abord, dans l'augmentation progressive du capital minimum nécessaire à la survie des entreprises dans les anciennes branches de la production, et aussi dans la diminution constante de l'intervalle de temps pendant lequel les petits capitaux conservent l'exploitation des nouvelles branches de la production. Il en résulte pour le petit capital *individuel* une durée d'existence de plus en plus courte et un changement de plus en plus rapide des méthodes de production comme des types d'investissement, et, pour la classe moyenne dans son ensemble, un processus de transformation sociale de plus en plus rapide.

Bernstein le sait parfaitement, et il le constate d'ailleurs lui-même. Mais ce qu'il semble oublier, c'est que c'est là la loi même du mouvement des entreprises moyennes capitalistes. Si l'on admet que les petits capitaux sont les pionniers du progrès technique, et si ce dernier constitue le pouls vital de l'économie capitaliste, il en résulte manifestement que les petits capitaux constituent une partie intégrante du développement capitaliste, qui ne peut disparaître qu'avec lui. La disparition progressive des entreprises moyennes – au sens numérique absolu, dont parle Bernstein – signifierait, non pas comme le pense ce dernier, le cours révolutionnaire du développement capitaliste, mais précisément le contraire, c'est-à-dire un arrêt, un assoupissement de ce développement. «*Le taux du profit, c'est-à-dire l'accroissement proportionnel du capital*, dit Marx, *est important surtout pour tous les rejetons de capitaux qui cherchent à se grouper de façon indépendante. Et, dès que la formation de capital reviendrait à un petit nombre de gros capitaux bien établis pour qui la masse du profit en compenserait le taux décroissant, on verrait s'éteindre le feu vivifiant la production, laquelle tomberait en sommeil*[10].»

3. Réalisation du socialisme par des réformes sociales

Bernstein rejette la «théorie de l'effondrement» en tant que voie historique menant à la réalisation de la société socialiste. Quel est donc, du point de vue de la «théorie de l'adaptation du capitalisme», le chemin qui y conduit? Bernstein n'a répondu à cette question que par allusion. Mais Conrad Schmidt[11], par contre, a essayé de l'exposer en détail, dans le sens de Bernstein[12]. D'après lui, «*la lutte syndicale et la lutte politique pour les réformes entraîneront un contrôle social de plus en plus étendu sur les conditions de la production*» et réduiront de plus en plus, «*au moyen de la législation, le propriétaire du capital, par la diminution de ses droits, au rôle d'un simple administrateur*» jusqu'au jour où, finalement, «*on enlèvera au capitaliste rendu docile, voyant sa propriété perdre de plus en plus toute valeur pour lui, la direction et l'administration de l'exploitation*», et où l'on introduira, en fin de compte, l'exploitation collective.

Par conséquent, les syndicats, les réformes sociales et, ajoute Bernstein, la démocratisation politique de l'État, tels sont les moyens de la réalisation progressive du socialisme.

Pour commencer par les syndicats, leur fonction la plus importante – et personne ne l'a mieux exposée que Bernstein lui-même en 1891, dans la *Neue Zeit* – est d'être un moyen pour les ouvriers de

10. Karl Marx, *op. cit.*, livre III, troisième section, p. 1041-1042. (NdT)

11. Conrad Schmidt (1863-1932). Ayant approfondi certains aspects du marxisme, il s'en éloigna et s'efforça de donner une base théorique au révisionnisme à l'intérieur du SPD. (NdE)

12. *Vorwärts* du 20 février 1898, «Revue des livres».

réaliser la loi capitaliste des salaires, c'est-à-dire la vente de la force de travail à son prix de marché courant. Ce en quoi les syndicats servent le prolétariat, c'est qu'ils utilisent pour eux, à chaque instant, les conjonctures du marché. Mais ces conjonctures, c'est-à-dire, d'une part, la demande de force de travail déterminée par l'état de la production, et, d'autre part, l'offre de force de travail créée par la prolétarisation des classes moyennes et la reproduction naturelle de la classe ouvrière, et, enfin, le degré momentané de productivité du travail sont en dehors de la sphère d'influence des syndicats. C'est pourquoi ils ne peuvent pas supprimer la loi des salaires. Ils peuvent, dans le meilleur des cas, imposer à l'exploitation capitaliste les limites «normales» du moment, mais ils sont absolument hors d'état de supprimer l'exploitation elle-même, même progressivement.

Conrad Schmidt considère, il est vrai, le mouvement syndical actuel comme étant «*un faible stade de début*» et assure que, dans l'avenir, le «*mouvement syndical exercera une influence de jour en jour croissante sur la régulation de la production*». Mais, par régulation de la production, on ne peut comprendre que deux choses: l'intervention dans l'aspect technique du processus de production et d'autre part la fixation du volume de la production elle-même. De quelle nature peut être, dans ces deux domaines, l'influence des syndicats? Il est clair qu'en ce qui concerne la technique de la production, l'intérêt du capitaliste concorde, dans certaines limites, avec le progrès et le développement de l'économie capitaliste. C'est son propre besoin qui le pousse aux améliorations techniques. Mais la position de l'ouvrier isolé est tout juste à l'opposé: chaque transformation technique contredit les intérêts des ouvriers qu'elle touche directement et aggrave leur situation en dépréciant la force de travail, en rendant le travail plus intense, plus monotone, plus pénible. Dans la mesure où le syndicat peut s'immiscer dans l'aspect technique de la production, il ne peut évidemment intervenir que dans ce dernier sens, c'est-à-dire dans le sens de chaque groupe ouvrier directement intéressé, par conséquent s'opposer aux innovations. Mais, dans ce cas, il n'agit pas dans l'intérêt de l'ensemble de la classe ouvrière et de son émancipation, qui concorde plutôt avec le progrès technique, c'est-à-dire avec l'intérêt de chaque capitaliste, mais, tout au contraire, dans le sens de la réaction. Et, en effet, nous trouvons l'effort en vue d'agir sur les aspects techniques de la production, non pas dans l'avenir, où le cherche Conrad Schmidt, mais dans le passé du mouvement syndical. Il caractérise la plus ancienne phase du trade-unionisme anglais (jusque vers 1860), où il était encore lié aux survivances corporatives moyenâgeuses et s'inspirait d'une façon caractéristique du principe périmé du «droit acquis à un travail décent» selon l'expression des Webb[13]. L'effort des syndicats en vue de fixer le volume de la production et les prix des marchandises est, tout au contraire, un phénomène de date toute récente. Ce n'est que dans les tout derniers temps que nous voyons apparaître – encore une fois en Angleterre seulement – des tentatives en ce sens[14]. D'après leur caractère et leurs tendances, ces efforts ressemblent entièrement aux précédents. Car à quoi se réduit nécessairement la participation active des syndicats à la fixation du volume et du coût de la production des marchandises? À un cartel des ouvriers avec les entrepreneurs contre les consommateurs, notamment au moyen de mesures de contrainte contre les entrepreneurs concurrents, qui ne le cèdent en rien aux méthodes des ententes patronales ordinaires. Ce n'est plus, au fond, une lutte entre le Travail et le Capital, mais une lutte menée solidairement par le Capital et la force de travail contre la société consommatrice. D'après sa valeur sociale, c'est une entreprise réactionnaire qui ne peut pas constituer une étape dans la lutte pour l'émancipation du prolétariat, parce qu'elle est tout le contraire d'une lutte de classe. D'après sa valeur pratique, c'est une utopie, qui, comme le montre un examen rapide, ne peut pas s'étendre à de grandes branches de production travaillant pour le marché mondial.

L'activité des syndicats se réduit, par conséquent, essentiellement à la lutte pour l'augmentation des salaires et à la réduction du temps de

---

13. Sidney et Béatrice Webb, *Theorie und Praxis der Gewerkschaften,* tome II, p. 100 et suivantes (traduction en allemand d'*Industrial democracy*, 1897). Partisans d'un socialisme réformiste étatique, ils participèrent en tant que membres de la Fabian society à la fondation de la London School of Economics en 1895. En 1913, ils fondèrent l'hebdomadaire *New Statesman* et en 1914 adhérèrent au parti travailliste. (NdE)

14. *Ibid.*, t. II, p. 115 et suivantes.

travail, c'est-à-dire uniquement à la régulation de l'exploitation capitaliste d'après la situation momentanée du marché : conformément à la nature des choses, l'action sur le processus de production leur reste interdite. Bien plus, toute la marche du développement syndical cherche, contrairement à ce que Conrad Schmidt avance, à détacher complètement le marché du travail de toute relation directe avec le reste du marché. Ce qui le marque le mieux, c'est que même l'effort tendant à mettre le contrat de travail en relation directe, tout au moins passive, avec la situation générale de la production, par le système de l'échelle mobile des salaires[15], est dépassé par le développement historique, et que les trade-unions anglais s'en éloignent de plus en plus.

Mais même dans les limites effectives de son action, le mouvement syndical ne s'étend pas d'une façon illimitée, comme le suppose la théorie de l'adaptation du capital. Tout au contraire. Si l'on examine de larges secteurs du développement social, on ne peut pas se cacher que nous allons, d'une façon générale, non pas au-devant d'une époque de forte progression de ses forces, mais d'affaiblissement du mouvement syndical. Une fois que le développement de l'industrie aura atteint son apogée et que, sur le marché mondial, commencera pour le capital la phase descendante, la lutte syndicale deviendra doublement difficile : premièrement, parce que les conjonctures objectives du marché s'aggraveront pour la force de travail, la demande de force de travail augmentant plus lentement et l'offre plus rapidement que ce n'est maintenant le cas ; deuxièmement, parce que le capital lui-même, pour se dédommager des pertes subies sur le marché mondial, s'efforcera d'autant plus obstinément de réduire la part du produit revenant aux ouvriers. La réduction des salaires n'est-elle pas, en somme, selon Marx, l'un des principaux moyens d'arrêter la baisse des taux de profit[16] ? L'Angleterre nous offre déjà le tableau du début du deuxième stade du mouvement syndical. Ce dernier se réduit nécessairement de plus en plus à la simple défense des conquêtes déjà

15. Dans les cas auxquels fait référence Rosa Luxemburg, l'évolution des salaires des ouvriers n'était pas liée à un indice général des prix à la consommation, mais aux prix de vente pratiqués par leur entreprise. (NdE)

16. Voir Karl Marx, *op. cit.*, livre III, troisième section, p. 1018.

réalisées, et même celle-ci devient de plus en plus difficile. Telle est la marche générale des choses dont la contrepartie doit être le développement de la lutte de classe politique et sociale.

Conrad Schmidt commet la même erreur de perspective historique en ce qui concerne la réforme sociale, de laquelle il attend qu'elle «*octroie à la classe capitaliste, côte à côte avec les coalitions ouvrières syndicales, les seules conditions dans lesquelles elle peut employer les forces de travail*». C'est en comprenant ainsi la réforme sociale que Bernstein désigne la législation ouvrière comme un élément de «contrôle social» et, comme tel de socialisme. Partout où il parle des lois de protection ouvrière, le même Conrad Schmidt dit «contrôle social», et une fois qu'il a ainsi transformé heureusement l'État en société, il ajoute, plein de confiance, «*c'est-à-dire la classe ouvrière montante*», et, grâce à cette opération, les innocentes lois protectrices du travail du conseil fédéral allemand se transforment en mesures transitoires socialistes du prolétariat allemand.

La mystification saute aux yeux. L'État actuel n'est précisément pas une «société», dans le sens de la «classe ouvrière montante», mais le représentant de la société capitaliste, c'est-à-dire un État de classe. C'est pourquoi ses réformes sociales ne sont pas une application du «contrôle social», c'est-à-dire du contrôle de la société travaillant librement sur son propre processus de travail, mais un contrôle de l'organisation de classe du capital sur le processus de production du capital. C'est en cela également, c'est-à-dire dans les intérêts du capital, que les réformes trouvent leurs limites naturelles. Certes, Bernstein et Conrad Schmidt, de ce point de vue, ne voient également dans le présent que de «*faibles stades de début*», et attendent de l'avenir des réformes s'étendant à l'infini, en faveur de la classe ouvrière. Mais ils commettent en cela la même erreur que dans leur croyance en un développement illimité de forces du mouvement syndical.

La théorie de la réalisation progressive du socialisme au moyen des réformes sociales suppose comme condition (et c'est là leur fondement) un certain développement objectif tant de la propriété capitaliste que de l'État. En ce qui concerne la première, selon le schéma de Conrad Schmidt, le développement futur tendrait à rabaisser de plus en plus «*le propriétaire de capital, par la diminution de ses droits, au rôle d'un simple administrateur*». Compte tenu de la prétendue impossibilité de l'expropriation brusque, en une seule fois, des moyens de production, Conrad Schmidt se concocte une théorie de l'expropriation par étapes. Dans ce but, il établit, comme condition nécessaire, une division du droit de propriété en une «propriété suprême», qu'il attribue à la «société», et qu'il veut étendre de plus en plus, et en un simple droit de jouissance qui se réduit de plus en plus, aux mains du capitaliste, à la simple gestion de son entreprise. Ou bien cette construction n'est qu'un jeu de mot inoffensif sans conséquences importantes, et la théorie de l'expropriation progressive perd toute base; ou bien il s'agit d'un véritable schéma de développement juridique, et, dans ce cas, elle est complètement fausse. L'émiettement des différents droits contenus dans le droit de propriété, que Conrad Schmidt a adoptée pour construire sa théorie de l'«expropriation par étapes» du capital, caractérise la société féodale, fondée sur l'économie naturelle dans laquelle le produit était réparti en nature entre les différentes classes sociales sur la base des relations personnelles entre le seigneur féodal et ses sujets. L'éclatement de la propriété en différentes composantes correspondait à l'organisation préexistante de la distribution de la richesse sociale. Avec le passage à la production marchande et la dissolution de tous les liens personnels entre les participants individuels au processus de la production se consolide au contraire le lien entre l'homme et la chose, c'est-à-dire la propriété privée. La répartition ne se faisant plus sur la base des rapports personnels, mais au moyen de l'échange, les différents droits de participation à la richesse sociale ne se mesurent pas en fragments de droits sur la propriété d'un objet commun, mais selon la valeur apportée par chacun sur le marché. Le premier changement introduit dans les rapports juridiques, qui a accompagné les progrès de la production de marchandises dans les communes urbaines du Moyen Âge, fut également le développement de la propriété privée absolue, au sein même des rapports juridiques féodaux, avec leur propriété divisée. Mais, dans la production capitaliste, ce développement se poursuit. Plus le processus de production se socialise, plus le processus de répartition repose sur l'échange pur, et plus la propriété privée capitaliste devient inviolable et fermée, plus la propriété capitaliste se transforme, d'un droit sur le produit de son propre travail, en un simple droit d'appropriation du travail d'autrui. Tant que le capitaliste dirige lui-même son usine, la répartition est encore, jusqu'à un certain point, liée à la participation personnelle au processus de production. Dans la mesure où la direction personnelle du capitaliste devient superflue, ce qui est entièrement le cas dans les sociétés par actions, la propriété du capital, en tant que droit de participer à la répartition, se sépare complètement de toute relation personnelle avec la production et apparaît sous sa forme la plus pure, la plus fermée. Ce n'est que dans le capital-actionnariat et le capital-crédit industriel que le droit de propriété capitaliste arrive à son développement complet.

Le schéma historique de transformation du capitaliste, tel que l'expose Conrad Schmidt, « de propriétaire en simple administrateur », apparaît par conséquent comme une inversion du développement véritable, qui transforme, au contraire, le capitaliste, de propriétaire et administrateur en un simple propriétaire. Il arrive ici à Conrad Schmidt ce qui est arrivé à Goethe :

« *Ce que je possède, je le vois comme au lointain*
Et ce qui n'est plus devient pour moi une réalité. »

Et de même que son schéma historique ramène économiquement la société par actions moderne à la manufacture ou même à l'atelier d'artisans, de même, il veut, juridiquement, ramener le monde capitaliste dans la coquille féodale, moyenâgeuse.

De ce point de vue également, le « contrôle social » apparaît sous un autre aspect que celui sous lequel le voit Conrad Schmidt. Ce qui fonctionne aujourd'hui en tant que « contrôle social », à savoir la législation ouvrière, la surveillance des sociétés par actions, etc., n'a en fait absolument rien de commun avec une participation au droit de propriété, avec une prétendue « propriété suprême ». Il ne s'agit pas d'une limitation de la propriété capitaliste, mais, tout au contraire, de sa protection. Ou, économiquement parlant, ce n'est pas un empiètement sur l'exploitation capitaliste, mais simplement une normalisation, une réglementation de cette exploitation. Et quand Bernstein se demande s'il y a plus ou moins de socialisme dans une loi de protection ouvrière, nous pouvons l'assurer que dans la meilleure des lois de protection ouvrière, il y a exactement autant de «socialisme» que dans les ordonnances municipales sur le nettoyage des rues et l'allumage des becs de gaz, qui sont également du «contrôle social».

4. Politique douanière et militarisme

La deuxième condition de la réalisation progressive du socialisme, selon Eduard Bernstein, est l'évolution de l'État en société. C'est déjà devenu un lieu commun que de dire que l'État actuel est un État de classe. Cependant, cette affirmation, comme tout ce qui se rapporte à la société capitaliste, ne devrait pas, à notre avis, être comprise d'une façon figée, absolue, mais dans son évolution.

Avec la victoire politique de la bourgeoisie, l'État est devenu un État capitaliste. Certes, le développement capitaliste lui-même modifie essentiellement le caractère de l'État, en élargissant de plus en plus la sphère de son action, en lui imposant constamment de nouvelles fonctions, notamment en ce qui concerne la vie économique, en rendant de plus en plus nécessaire son intervention et son contrôle sur elle. Dans ce sens, il prépare peu à peu la fusion future de l'État et de la société, pour ainsi dire le retour des fonctions de l'État à la société. C'est pourquoi on peut parler également d'une évolution de l'État capitaliste en société, et c'est incontestablement dans ce sens que Marx dit que la législation ouvrière est la première immixtion consciente de la «société» dans son processus vital social, phrase à laquelle se réfère Bernstein.

Mais, d'autre part, ce même développement capitaliste réalise une autre transformation dans la nature de l'État. L'État actuel est, avant tout, une organisation de la classe capitaliste dominante. S'il se charge, dans l'intérêt du développement social, de diverses fonctions d'intérêt général, c'est uniquement dans la mesure où ces intérêts et le développement social coïncident, d'une façon générale, avec les intérêts de la classe dominante. La protection ouvrière, par exemple, est autant dans l'intérêt immédiat des capitalistes en tant que classe que de la société en général. Mais cette harmonie ne dure que jusqu'à un certain moment du développement capitaliste. Quand ce développement a atteint un certain niveau, les intérêts de la bourgeoisie, en tant que classe, et ceux du progrès économique, même dans le sens capitaliste, commencent à se séparer. Nous croyons que cette phase a déjà commencé. Cela se manifeste dans les deux phénomènes les plus importants de la vie sociale actuelle : la *politique douanière*, d'une part, et le *militarisme*, d'autre part. Les deux phénomènes – la politique douanière comme le militarisme – ont joué dans l'histoire du capitalisme leur rôle indispensable et, de ce fait, progressiste, révolutionnaire. Sans la protection douanière le développement de la grande industrie dans les différents pays eût été à peine possible. Mais, actuellement, la situation est autre. Aujourd'hui, la protection douanière ne sert pas au développement de jeunes industries mais à maintenir artificiellement des formes surannées de production. Du point de vue du *développement* capitaliste, c'est-à-dire du point de vue de l'économie mondiale, il est aujourd'hui tout à fait indifférent que l'Allemagne exporte plus de marchandises en Angleterre ou que l'Angleterre exporte plus de marchandises en Allemagne. Par conséquent, du point de vue du développement capitaliste, la protection douanière a joué le rôle du Maure qui, ayant rempli son office, n'a plus qu'à s'en aller[17]. Il *devrait* même le faire. Étant donné l'état de dépendance réciproque dans lequel se trouvent actuellement les différentes branches d'industrie, les droits de douane protectionnistes sur n'importe quelle marchandise doivent avoir nécessairement pour résultat de renchérir la production d'autres marchandises à l'intérieur du pays, c'est-à-dire d'entraver de nouveau le développement de l'industrie. Il n'en est pas de même du point de vue des intérêts de la *classe capitaliste*. L'industrie n'a pas besoin, pour son *développement*, de la protection douanière, mais les entrepreneurs en ont besoin, eux, pour protéger leurs débouchés. Cela signifie qu'actuellement les douanes ne servent plus de moyen de protection d'une production capitaliste en voie de développement contre une autre plus avancée, mais de moyen de lutte d'un groupe national de capitalistes contre un autre.

---

17. «*Le Maure a fait son travail, le Maure peut s'en aller.*» Friedrich Schiller, *La conjuration de Fiesque de Gênes*, acte III, scène IV. (NdE)

En outre, les douanes ne sont plus nécessaires comme moyen de protection de l'industrie pour créer et pour conquérir un marché intérieur, mais comme moyen indispensable pour la cartellisation de l'industrie, c'est-à-dire pour la lutte des producteurs capitalistes contre la société consommatrice. Enfin, ce qui démontre de la façon la plus éclatante le caractère spécifique de la politique douanière actuelle, c'est le fait qu'actuellement ce n'est nullement l'industrie, mais l'agriculture qui joue le rôle prédominant dans la politique douanière, ce qui signifie que celle-ci est devenue, en fait, un moyen de *fondre et d'exprimer des intérêts féodaux sous une forme capitaliste.*

Le même changement s'est produit avec le militarisme. Si nous considérons l'Histoire, non telle qu'elle aurait pu ou dû être, mais telle qu'elle a été réellement, nous devons constater que la guerre a constitué le facteur indispensable du développement capitaliste. Les États-Unis de l'Amérique du Nord et de l'Allemagne, l'Italie et les États balkaniques, la Russie et la Pologne, tous ces pays doivent les conditions ou l'éveil de leur développement capitaliste aux guerres, quelle qu'en fut l'issue, la victoire ou la défaite. Tant qu'il y eut des pays dont il fallut surmonter l'état de division intérieure ou l'isolement de leur économie naturelle, le militarisme joua un rôle révolutionnaire du point de vue capitaliste. Il en va autrement aujourd'hui. Si la politique mondiale est devenue le théâtre de conflits menaçants, il ne s'agit pas tant de l'ouverture de nouveaux pays au capitalisme que d'antagonismes *européens* déjà existants, qui ont été transplantés dans d'autres continents et y ont éclaté. Ce qui s'oppose aujourd'hui les armes à la main, que ce soit en Europe ou dans les autres parties du monde, ce ne sont pas, d'une part, les pays capitalistes, et, d'autre part, les pays d'économie naturelle, mais des États qui sont précisément poussés au conflit par un même niveau de développement capitaliste. Pour ce développement, le conflit, s'il éclate, ne peut, il est vrai, être que fatal, en ce sens qu'il provoquera un ébranlement et une transformation extrêmement profonds de la vie économique dans tous les pays capitalistes. Mais la chose apparaît tout à fait différente du point de vue de la *classe capitaliste*. Pour elle, le militarisme est actuellement devenu indispensable d'un triple point de vue : premièrement, comme moyen de lutte pour la défense des intérêts « nationaux » en concurrence avec d'autres groupes « nationaux » ; deuxièmement, comme le type d'investissement le plus important, tant pour le capital financier que pour le capital industriel ; troisièmement, comme instrument de la domination de classe à l'intérieur sur le peuple travailleur, tous intérêts qui n'ont, en soi, rien de commun avec le progrès du mode de production capitaliste. Et ce qui trahit le mieux, de nouveau, ce caractère spécifique du militarisme actuel, c'est, d'abord, son développement général à l'envi dans tous les pays, pour ainsi dire par l'effet d'une force motrice propre, interne, mécanique, phénomène qui était complètement inconnu il y a quelques décennies, et, en outre, le caractère inévitable, fatal, de l'explosion prochaine entre les États intéressés, malgré l'indétermination complète du motif, de l'objet du conflit et de toutes les autres circonstances. De moteur du développement capitaliste, le militarisme lui aussi est devenu une maladie capitaliste.

Dans ce conflit entre le développement capitaliste et les intérêts de la classe dominante, l'État se range du côté de cette dernière. Sa politique, de même que celle de la bourgeoisie, entre en conflit avec le développement social. Il *perd* ainsi de plus en plus son caractère de représentant de l'ensemble de la société et se transforme, dans la même mesure, de plus en plus en un pur *État de classe*. Ou, plus exactement, ces deux propriétés se distinguent l'une de l'autre et s'aiguisent en une contradiction dans la nature même de l'État. Et cette contradiction devient de jour en jour plus aiguë. Car, d'une part, croissent les fonctions d'intérêt général de l'État, ses interventions dans la vie sociale, son « contrôle » sur elle ; mais, d'autre part, son caractère de classe l'oblige de plus en plus à concentrer son activité et sa puissance dans des domaines qui ne sont utiles que pour la bourgeoisie, et n'ont, pour la société, qu'une importance négative, à savoir le militarisme et la politique douanière et coloniale. D'autre part, son « contrôle social » est également toujours plus dominé par un caractère de classe (voir la façon dont est appliquée la protection ouvrière dans tous les pays).

L'extension de la démocratie, dans laquelle Bernstein voit également le moyen de la réalisation par étapes du socialisme, ne contredit pas cette transformation réalisée dans la nature de l'État, mais au contraire lui correspond entièrement.

Comme l'explique Conrad Schmidt, la conquête d'une majorité social-démocrate au parlement doit même constituer une voie directe de cette socialisation par étapes de la société. Or les formes démocratiques de la vie politique sont incontestablement un phénomène qui exprime de la façon la plus nette l'évolution de l'État en société, et constitue, dans cette même mesure, une étape vers la transformation socialiste. Mais le conflit existant au sein de l'État capitaliste, que nous avons caractérisé plus haut, se manifeste d'une façon d'autant plus éclatante dans le parlementarisme moderne. Certes, d'après sa forme, le parlementarisme sert à exprimer dans l'organisation de l'État les intérêts de l'ensemble de la société. Mais ce que le parlementarisme exprime ici, c'est uniquement la société capitaliste, c'est-à-dire une société dans laquelle prédominent les intérêts *capitalistes*. Par conséquent, dans cette société, les institutions démocratiques dans leur forme ne sont, dans leur contenu, que les instruments des intérêts de la classe dominante. C'est ce qui se manifeste de façon tangible dès que la démocratie a tendance à nier son caractère de classe et à se transformer en instrument des véritables intérêts du peuple, car alors les formes démocratiques elles-mêmes sont sacrifiées par la bourgeoisie et par sa représentation d'État. C'est pourquoi l'idée de la conquête d'une majorité parlementaire apparaît comme un calcul, qui, tout à fait dans l'esprit du libéralisme bourgeois, se préoccupe uniquement d'un aspect, l'aspect formel, de la démocratie, mais ignore tout à fait l'autre aspect, celui de son contenu réel. Et le parlementarisme, dans son ensemble, n'apparaît pas du tout, comme le croit Bernstein, comme un élément directement socialiste, imprégnant peu à peu toute la société capitaliste, mais, tout au contraire, comme un moyen spécifique pour l'État de classe bourgeois de faire mûrir et développer les antagonismes capitalistes.

Étant donné ce développement objectif de l'État, la phrase de Bernstein et de Conrad Schmidt sur le «contrôle social» croissant ayant pour effet d'introduire directement le socialisme se transforme en phraséologie que contredit de jour en jour davantage la réalité.

La théorie de l'introduction graduelle du socialisme aboutit à une réforme de la propriété et de l'État capitalistes se faisant peu à peu dans le sens socialiste. Mais l'une et l'autre se développent, en vertu d'une marche objectivement saisissable de la société actuelle, dans un sens précisément opposé. Le processus de production se socialise de plus en plus et l'intervention, le contrôle de l'État sur ce processus de production s'étendent de plus en plus. Mais, en même temps, la propriété privée prend de plus en plus la forme de la franche exploitation capitaliste du travail d'autrui et le contrôle de l'État se pénètre de plus en plus d'intérêts exclusivement de classe. Par conséquent, dans la mesure où l'État, c'est-à-dire l'organisation *politique,* et les rapports de propriété, c'est-à-dire l'organisation *juridique* du capitalisme, deviennent de plus en plus *capitalistes* et non pas de plus en plus socialistes, ils opposent à la théorie de l'introduction progressive du socialisme deux difficultés insurmontables.

L'idée qu'avait Fourier de transformer, grâce au système des phalanstères, toute l'eau des mers du globe en limonade était, à coup sûr, très fantastique. Mais l'idée de Bernstein, de transformer, en y versant progressivement des bouteilles de limonade social-réformiste, la mer de l'amertume capitaliste en une mer de douceur socialiste n'est que plus fade, mais pas d'un cheveu moins fantasque.

Les rapports de production de la société capitaliste se rapprochent de plus en plus des rapports de production de la société socialiste, mais, par contre, ses rapports politiques et juridiques établissent entre la société capitaliste et la société socialiste un mur de plus en plus élevé. Ce mur, non seulement n'est pas battu en brèche, mais au contraire affermi, consolidé par le développement des réformes sociales et de la démocratie. Ce qui pourra par conséquent l'abattre, c'est uniquement le coup de marteau de la révolution, *c'est-à-dire la conquête du pouvoir politique par le prolétariat.*

5. Conséquences pratiques et caractère général du révisionnisme

Nous avons, dans notre premier chapitre, essayé de montrer que la théorie de Bernstein enlève le programme socialiste de son socle matériel pour le poser sur une base idéaliste. Cela sur le plan de la théorie. Mais comment apparaît la théorie traduite dans la pratique? Tout d'abord, dans la forme, elle ne se distingue en rien de la pratique actuelle de la lutte social-démocrate. Les syndicats, la lutte pour les réformes sociales et pour la démocratisation des institutions politiques, c'est bien ce qui constitue le contenu formel de l'activité du parti social démocrate. La différence ne réside donc pas ici dans le *quoi*, mais dans le *comment*. Dans l'état actuel des choses, la lutte syndicale et la lutte parlementaire sont comprises comme des moyens de conduire et d'éduquer peu à peu le prolétariat en vue de la prise du pouvoir politique. D'après la conception révisionniste, étant donné l'impossibilité et l'inutilité de cette conquête du pouvoir, la lutte syndicale et la lutte parlementaire doivent être menées uniquement en vue de résultats immédiats, c'est-à-dire de l'amélioration de la situation matérielle des ouvriers, et en vue de la réduction par étapes de l'exploitation capitaliste et de l'extension du contrôle social. Si nous laissons de côté le but de l'amélioration immédiate de la situation des ouvriers, étant donné qu'il est commun aux deux conceptions, celle du parti, jusqu'ici, et celle du révisionnisme, toute la différence entre les deux conceptions est, en quelques mots, la suivante: d'après la conception courante, l'importance socialiste de la lutte syndicale et politique consiste en ce qu'elle prépare le prolétariat, c'est-à-dire le facteur *subjectif* de la transformation socialiste, à la réalisation de cette dernière, tandis que, d'après Bernstein, elle consiste en ce que la lutte syndicale et politique doit réduire par étapes l'exploitation capitaliste elle-même, enlever de plus en plus à la société capitaliste son caractère capitaliste et lui donner un caractère socialiste, bref, réaliser *objectivement* la transformation socialiste. Quand on examine la chose de plus près, on s'aperçoit que ces deux conceptions sont précisément diamétralement opposées. Selon la conception courante du parti, le prolétariat parvient, par l'expérience acquise à travers la lutte syndicale et politique, à la conviction de l'impossibilité de transformer fondamentalement sa situation au moyen de cette lutte, et de l'inéluctabilité d'une conquête du pouvoir. Dans celle de Bernstein, on part de l'impossibilité de la conquête du pouvoir comme condition préalable pour instaurer le régime socialiste au moyen de la seule lutte syndicale et politique.

Par conséquent dans la conception bernsteinienne, le caractère socialiste de la lutte syndicale et parlementaire réside dans la croyance en son action socialisante progressive sur l'économie capitaliste. Mais cette action, comme nous avons essayé de l'exposer, est imagination pure. Les rapports de propriété et l'État capitaliste se développent dans une direction tout à fait opposée. Par là, la lutte quotidienne pratique de la social-démocratie perd en dernière analyse tout rapport avec le socialisme. La grande importance de la lutte syndicale et de la lutte politique réside en ce qu'elles socialisent la *connaissance*, la conscience du prolétariat, l'organisent en tant que classe. En les considérant comme un moyen de socialisation directe de l'économie capitaliste, elles perdent non seulement cet effet qu'on leur attribue, mais encore leur autre signification, c'est-à-dire qu'elles cessent d'être un moyen de préparation de la classe ouvrière à la conquête du pouvoir.

C'est pourquoi Eduard Bernstein et Conrad Schmidt sont victimes d'un malentendu complet quand ils se consolent en affirmant que, tout en réduisant la lutte aux réformes sociales et au mouvement syndical, le but final du mouvement ouvrier n'en disparaît pas pour cela, parce que chaque pas en avant dans cette voie déborde ses propres buts et qu'ainsi le but socialiste est impliqué en tant que tendance dans le mouvement lui-même. C'est, certes, tout à fait le cas pour la tactique actuelle de la social-démocratie allemande, c'est-à-dire quand l'effort conscient et ferme en vue de la conquête du pouvoir politique *imprègne* toute la lutte syndicale et le mouvement pour la conquête des réformes sociales. Mais si l'on sépare cet effort du mouvement lui-même, et que l'on fasse des réformes une fin en soi, non seulement elles ne mènent pas à la réalisation du but final socialiste, mais précisément à son contraire. Conrad Schmidt s'en remet simplement au mouvement, pour ainsi dire mécanique, qui, une fois engagé, ne peut plus s'arrêter de lui-même pour cette simple raison que l'appétit vient en mangeant et que la classe ouvrière ne peut se contenter des réformes tant que la transformation socialiste n'est pas achevée. La dernière condition est juste, certes, et nous en avons la garantie dans l'insuffisance même des réformes capitalistes. Mais la conclusion qu'on en tire ne pourrait être vraie que si l'on pouvait construire une chaîne ininterrompue de réformes sociales continues et croissantes menant du régime capitaliste actuel au régime socialiste. Mais c'est là de la fantaisie. La chaîne se rompt très rapidement, d'après la nature des choses, et les voies dans lesquelles le mouvement peut s'engager de ce point sont multiples et variées.

Le résultat le plus proche et le plus probable est un changement de tactique en vue d'obtenir par tous les moyens les résultats pratiques de la lutte, c'est-à-dire les réformes sociales. Le point de vue de classe net, irréconciliable, qui n'a de sens que si l'on se propose la prise du pouvoir, deviendra de plus en plus un pur obstacle à partir du moment où les résultats pratiques immédiats constitueront le but principal. La conséquence directe est l'adoption d'une «politique de compensation», plus crûment dit une «politique de maquignonnage», et une attitude conciliante intelligemment diplomatique. Mais le mouvement ne peut pas non plus s'arrêter longtemps. Car, étant donné que la réforme sociale en régime capitaliste est et reste toujours une noix vide, on peut employer la tactique que l'on veut, la conséquence logique en sera la déception envers la réforme sociale, ce havre paisible où sont parvenus actuellement les professeurs Schmoller et compagnie, qui ont également étudié à fond le grand et le petit monde sur les eaux social-réformistes, pour, finalement, laisser tout aller à la grâce de Dieu[18]. Le socialisme ne résulte donc pas nécessairement, d'une façon automatique, de la lutte quotidienne de la classe ouvrière. Il n'est que la conséquence des contradictions croissantes de l'écono-

18. En 1872, les professeurs Wagner, Schmoller, Brentano, etc., tinrent un congrès à Eisenach, où ils proclamèrent, à grand tapage et avec force réclame, que leur but était l'instauration des réformes sociales pour la protection de la classe ouvrière. Ces mêmes messieurs, que le libéral Oppenheim qualifie ironiquement de «socialistes de la chaire», fondèrent immédiatement l'Association pour les réformes sociales. Quelques années plus tard à peine, au moment où s'aggrava la lutte contre la social-démocratie, ces lumières du «socialisme de la chaire» votèrent, en tant que députés au Reichstag, pour la prolongation de la loi contre les socialistes. À part cela, toute l'activité de l'Association consiste en assemblées générales annuelles où l'on donne lecture de quelques rapports académiques sur différents thèmes. En outre, l'Association a publié plus de cent gros volumes sur différentes questions économiques. Mais quant aux réformes sociales, ces professeurs, qui d'ailleurs interviennent en faveur des droits protectionnistes, du militarisme, etc., n'ont pas bougé d'un iota. L'Association a même, en fin de compte, abandonné toutes les réformes sociales pour s'occuper exclusivement de la question des crises, des cartels, etc.

mie capitaliste et de la compréhension par la classe ouvrière de l'inéluctabilité de sa suppression au moyen d'une transformation sociale. Quand on nie l'un et que l'on rejette l'autre, comme le fait le révisionnisme, on réduit le mouvement ouvrier à un simple mouvement corporatif et réformateur, et l'on va, tout naturellement, en droite ligne, à l'abandon du point de vue de classe.

Ces conséquences sont également claires quand on considère la théorie révisionniste sous un autre angle et que l'on se pose cette question: quel est le caractère général de cette conception? Il est clair que le révisionnisme ne se situe pas sur le terrain du capitalisme et ne nie pas ses contradictions comme les économistes bourgeois. Au contraire, sa théorie suppose, tout comme la conception marxiste, l'existence de ces contradictions. Mais, et c'est là précisément l'essentiel de sa conception, et ce qui, d'une façon générale, le différencie fondamentalement de la conception jusqu'ici en vigueur de la social-démocratie – elle ne s'appuie pas sur la *suppression* de ces contradictions comme étant le résultat de leur propre développement logique.

La théorie révisionniste occupe une place intermédiaire entre les deux extrêmes. Elle ne veut pas amener à la maturité les contradictions capitalistes et les *supprimer* au moyen d'une transformation révolutionnaire, mais les atténuer, les *émousser*. Ainsi la contradiction existante entre la production et l'échange doit être atténuée par l'arrêt des crises et la formation des ententes patronales; celle entre le Capital et le Travail, par l'amélioration de la situation du prolétariat et la conservation des classes moyennes; celle entre l'État de classe et la société, par le contrôle croissant et le progrès de la démocratie.

Certes, la tactique social-démocrate consacrée ne consiste pas *à attendre* le développement des antagonismes capitalistes jusqu'à leurs plus extrêmes conséquences et à passer alors seulement à leur suppression. Au contraire l'essence de toute tactique révolutionnaire consiste à s'appuyer seulement sur *la direction*, une fois reconnue, du développement, et à en tirer jusqu'au bout les conséquences pour la lutte politique. C'est ainsi que, par exemple, la social-démocratie a toujours combattu la politique douanière et le militarisme, et n'a pas attendu pour cela que leur caractère réactionnaire se soit complètement manifesté. Mais Bernstein ne s'appuie pas du tout, dans sa tactique, sur le développement et l'aggravation, mais, au contraire, sur l'atténuation des contradictions capitalistes. Lui-même l'a caractérisée le mieux en parlant d'une «adaptation» de l'économie capitaliste. Quand une telle conception serait-elle juste? Toutes les contradictions de la société actuelle sont de simples résultats du mode de production capitaliste. Supposons que ce mode de production continue à se développer dans la direction actuelle, ses conséquences continueront inévitablement à se développer avec lui, les contradictions continueront à s'aiguiser et à s'aggraver au lieu de s'atténuer. Ce dernier cas supposerait, par conséquent, comme condition, que le mode de production capitaliste lui-même soit entravé dans son développement. En un mot, la condition la plus générale de la théorie de Bernstein, *c'est un arrêt du développement capitaliste.*

Mais, par là, la théorie se condamne elle-même, et doublement. Car, premièrement elle manifeste son caractère *utopique* en ce qui concerne le but final du socialisme – il est clair d'avance qu'un développement capitaliste défectueux ne peut mener à la transformation socialiste – et ici, nous avons la confirmation de notre exposé des conséquences pratiques de la théorie. Deuxièmement, elle révèle son caractère *réactionnaire* par rapport au développement capitaliste rapide, qui se poursuit effectivement. Maintenant, la question suivante se pose devant nous: étant donné ce développement capitaliste réel, comment peut-on expliquer ou plutôt caractériser la conception de Bernstein?

Nous croyons avoir montré, dans notre premier chapitre, que les conditions économiques sur lesquelles s'appuie Bernstein dans son analyse des rapports sociaux actuels – voir sa théorie de l'«adaptation» capitaliste – ne tiennent pas. Nous avons vu que ni le système du crédit ni les cartels ne peuvent être considérés comme des «moyens d'adaptation» de l'économie capitaliste, et que ni l'arrêt momentané des crises ni le maintien des classes moyennes ne peuvent être considérés comme des symptômes de l'adaptation capitaliste. Mais tous ces détails de la théorie de l'adaptation ont encore – sans tenir compte de leur caractère erroné – un trait caractéristique commun. Cette théorie ne saisit pas toutes les manifestations citées de la vie économique dans leurs rapports organiques avec l'ensemble du développement capitaliste et avec tout le mécanisme économique, mais comme arrachées de ces rapports, en tant que *disjecta membra* (parties éparses) d'une machine sans vie. Il en est ainsi, par exemple, de la conception de l'effet d'adaptation du *crédit*. Si l'on considère le crédit comme une étape supérieure naturelle de l'échange en relation avec toutes les contradictions inhérentes à l'échange capitaliste, on ne peut absolument pas voir en lui un «moyen quelconque d'adaptation» mécanique existant en dehors du processus d'échange, pas plus qu'on ne peut considérer l'argent lui-même, la marchandise, le capital, comme des «moyens d'adaptation» du capitalisme. Le crédit n'est pas moins que l'argent, que la marchandise et que le capital un chaînon organique de l'économie capitaliste à un certain stade de son développement, et, tout comme eux, constitue à ce stade tout autant un rouage indispensable de son mécanisme ainsi qu'un instrument de destruction, du fait qu'il a pour résultat d'aggraver et de reproduire ses contradictions internes.

Il en est exactement de même des cartels et des moyens de communication perfectionnés.

C'est cette même conception mécanique et antidialectique qui fonde la manière dont Bernstein regarde l'arrêt des crises comme un symptôme «d'adaptation» de l'économie capitaliste. Pour lui, les crises sont simplement des perturbations du mécanisme économique, et si elles cessent de se produire, le mécanisme peut évidemment fonctionner sans à-coups. Mais, en fait, les crises ne sont pas des «perturbations» au sens propre du mot, ou plutôt elles sont des «perturbations», mais sans lesquelles l'économie capitaliste ne peut pas du tout se développer. Si c'est bien un fait que les crises constituent, pour faire simple, la méthode seule possible sur la base capitaliste, et, par conséquent, tout à fait normale, de résolution périodique du conflit existant entre la capacité d'extension illimitée de la production et les limites étroites du marché, alors les crises sont, en même temps, des manifestations organiques inséparables de l'économie capitaliste.

C'est bien plutôt dans une marche «sans dérangements» de la production capitaliste que résident pour elle des dangers plus graves que les crises elles-mêmes. C'est la baisse constante du taux de profit, résultant, non pas de la contradiction entre la production et l'échange, mais du développement de la productivité du travail lui-même, qui présente la tendance extrêmement dangereuse de rendre la production impossible aux petits et aux moyens capitaux et de poser, par conséquent, des limites à la formation nouvelle, donc au renouvellement des investissements. Ce sont précisément les crises, lesquelles constituent l'autre conséquence de ce même processus, qui ont pour résultat, au moyen de la *dépréciation* périodique du capital, de la diminution des prix des moyens de production et de la paralysie d'une partie du capital actif, d'augmenter les profits, ouvrant ainsi des possibilités pour de nouveaux investissements, et, par conséquent, pour de nouveaux progrès de la production. C'est ainsi qu'elles apparaissent comme un moyen d'attiser et de déchaîner toujours à nouveau le feu du développement capitaliste. Leur cessation, non pas à certains moments du développement du marché mondial, comme nous l'admettons, mais leur cessation complète, loin d'avoir, comme le pense Bernstein, comme conséquence un reverdissement de l'économie capitaliste, aurait provoqué, au contraire, son enlisement. Étant donné la conception mécaniste qui caractérise toute la théorie de l'adaptation, Bernstein oublie tant la nécessité des crises que celle de nouveaux investissements de capitaux petits et moyens toujours renaissants, ce qui explique pourquoi, entre autres, la réapparition constante du petit capital lui apparaît comme un signe d'arrêt du développement capitaliste, au lieu d'être, comme c'est le cas effectivement, un signe de développement capitaliste normal.

Il existe, certes, un point de vue d'où tous les phénomènes ci-dessus apparaissent véritablement tels que les présente la théorie de l'adaptation, celui du capitaliste isolé, dans la conscience duquel les faits économiques, déformés par les lois de la concurrence, se reflètent ainsi. Le capitaliste isolé considère en effet chaque chaînon organique de l'ensemble de l'économie comme un composant indépendant. Il ne les voit que du côté d'où ils agissent sur lui, capitaliste isolé, et, par conséquent, comme de simples «perturbations» ou de simples «moyens d'adaptation». Pour le capitaliste isolé, les crises sont effectivement de simples «perturbations», et leur cessation lui accorde un surcroît d'existence; pour lui, le crédit est, de même, un moyen d'«adapter» ses moyens de production insuffisants aux besoins du marché; pour lui, le cartel dans lequel il entre supprime effectivement l'anarchie de la production.

En un mot, la théorie bernsteinienne de l'adaptation n'est rien d'autre qu'une généralisation théorique du point de vue du capitaliste isolé. Mais qu'est-ce que ce point de vue exprime théoriquement, sinon le caractère essentiel de l'économie bourgeoise vulgaire? Toutes les erreurs économiques de cette école reposent précisément sur le malentendu selon lequel les phénomènes de la concurrence, considérés du point de vue du capital isolé, sont pris pour des phénomènes de l'ensemble de l'économie capitaliste. Et de même que Bernstein le fait pour le crédit, l'économie vulgaire considère encore, par exemple, l'argent comme un ingénieux «moyen d'adaptation» aux besoins de l'échange; elle cherche également dans les phénomènes capitalistes eux-mêmes l'antidote contre les maux capitalistes; elle croit, en accord avec Bernstein, à la *possibilité* de réguler l'économie capitaliste. Elle aboutit toujours, en fin de compte, tout comme la théorie de Bernstein, à une atténuation des contradictions capitalistes et à un replâtrage des plaies capitalistes, c'est-à-dire, en d'autres termes, à un procédé réactionnaire au lieu d'un procédé révolutionnaire, et par conséquent à une utopie.

On peut donc caractériser ainsi d'une façon générale la théorie révisionniste: *c'est une théorie d'enlisement socialiste, fondée, à l'aide de l'économie vulgaire, sur une théorie d'enlisement capitaliste.*

Seconde partie

I. Le développement économique et le socialisme

La plus grande conquête de la lutte de classes prolétarienne, au cours de son développement, a été la découverte de points d'appui pour la réalisation du socialisme dans les *conditions économiques* de la société capitaliste. Par là, le socialisme s'est transformé d'«idéal», dont l'humanité a rêvé pendant des milliers d'années, en *nécessité historique*.

Bernstein conteste qu'existent dans la société actuelle ces conditions économiques du socialisme. À ce sujet, son argumentation a subi une évolution intéressante. Au début, dans la *Neue Zeit*, il contestait simplement la rapidité du processus de concentration qui se poursuit dans l'industrie, en se basant sur une comparaison des résultats des statistiques économiques en Allemagne de 1895 et de 1882. Pour pouvoir utiliser ces résultats dans le but qu'il se proposait, il était obligé de procéder d'une façon tout à fait sommaire et mécanique. Mais, même dans le cas le plus favorable, Bernstein ne pouvait, en montrant la persistance des moyennes entreprises, affaiblir en rien l'analyse marxiste. Car celle-ci ne suppose ni un certain *rythme* de la concentration de l'industrie, c'est-à-dire un *délai* déterminé pour la réalisation du but final du socialisme, ni, comme nous l'avons déjà montré, une *disparition absolue* des petits capitaux, autrement dit la disparition de la petite-bourgeoisie comme condition de la faisabilité du socialisme.

Au cours du développement ultérieur de ses conceptions, Bernstein fournit maintenant, dans son livre, une nouvelle source de preuves, la statistique des *sociétés par actions*, qui doit montrer que le nombre des actionnaires s'accroît constamment, que, par conséquent, la classe capitaliste ne fond pas, mais, au contraire, s'agrandit. C'est étonnant à quel point Bernstein connaît peu les documents existants et à quel point il sait peu les utiliser en sa faveur!

S'il voulait, au moyen des sociétés par actions, prouver quelque chose contre la loi marxiste du développement industriel, il aurait pu apporter de tous autres chiffres. Car quiconque connaît l'histoire des sociétés par actions en Allemagne sait que leur capital moyen lors de leur création est en *diminution* pratiquement régulière. C'est ainsi que, tandis qu'avant 1871 ce capital s'élevait à environ 10,8 millions de marks, il n'était plus, en 1871, que de 4,01 millions de marks ; en 1873, de 3,8 ; de 1883 à 1887, de moins de 1 million ; en 1891, de 0,52 million ; et, en 1892, de 0,62 million de marks seulement. Depuis, ces chiffres ont oscillé autour de 1 million de marks, et ils sont même retombés de nouveau de 1,78 million, en 1895, à 1,19 million de marks au cours du premier semestre 1897[19].

Chiffres étonnants ! Bernstein construirait probablement avec cela toute une tendance antimarxiste de retour des grandes entreprises aux petites. Mais, dans ce cas, chacun pourrait lui répondre : si vous voulez prouver quoi que ce soit à l'aide de ces statistiques, vous devez tout d'abord prouver qu'elles se rapportent aux mêmes branches d'industrie, que les petites entreprises prennent la place des grandes et n'apparaissent pas là où dominaient jusqu'ici les petites entreprises ou même l'industrie artisanale. Mais vous ne pourrez pas faire cette preuve, car le passage d'immenses sociétés par actions à des entreprises moyennes et petites ne peut s'expliquer précisément que par le fait que le système des sociétés par actions pénètre dans des branches toujours nouvelles de la production, et, s'il ne valait au début que pour un petit nombre d'entreprises géantes, il s'est adapté de plus en plus aux moyennes et même aux petites entreprises. (On constate même des fondations de sociétés par actions avec moins de 1 000 marks de capital !)

Mais que signifie, économiquement, l'extension de plus en plus grande du système des sociétés par actions ? Elle signifie la *socialisation croissante de la production* sous la forme capitaliste, la socialisation non seulement de la grande, mais même de la moyenne et de la petite production, par conséquent quelque chose qui ne contredit pas la théorie marxiste, mais la confirme au contraire de la façon la plus éclatante.

En effet, en quoi consiste le phénomène économique des fondations de sociétés par actions ? D'une part, dans le rassemblement d'un grand nombre de petits patrimoines en un capital de production, en une unité économique, d'autre part, dans la séparation entre la production et la propriété de capital, par conséquent dans une double façon de surmonter les obstacles du mode de production capitaliste, toujours sur une base capitaliste. Que signifie donc, en face de cela, la statistique citée par

19. Van der Borght, *Handwörterbuch der Staatswissenschaften*, I.

Bernstein du grand nombre des actionnaires participant à une entreprise? Rien d'autre, précisément, qu'actuellement à une entreprise capitaliste ne correspond pas, comme autrefois, un seul propriétaire du capital, mais un nombre de plus en plus considérable de capitalistes, et que, par conséquent, la notion économique de «capitaliste» ne signifie plus un individu isolé, que le capitaliste industriel d'aujourd'hui est une personne collective, composée de centaines et même de milliers d'individus, que la catégorie «capitaliste» elle-même est devenue, dans le cadre de l'économie capitaliste, une catégorie sociale, qu'elle s'est *socialisée.*

Mais alors comment expliquer que Bernstein considère, au contraire, le phénomène des sociétés par actions comme un émiettement et non comme une concentration du capital, et qu'il voie l'extension de la propriété capitaliste là où Marx voyait, tout au contraire, la «suppression de cette même propriété»? Cela s'explique par une erreur tout à fait simple de l'économie vulgaire: parce que Bernstein n'entend pas par capitaliste une catégorie de la production, mais du droit de propriété, non pas une unité économique, mais une unité fiscale, et par capital, non pas un facteur de la production, mais simplement une certaine quantité d'argent. C'est pourquoi, dans son trust anglais du fil à coudre, il ne voit pas la fusion en un tout de 12 300 personnes, mais 12 300 capitalistes différents, c'est pourquoi son ingénieur Schulze, qui a reçu en dot, pour sa femme, une grande quantité d'actions du rentier Müller, est également pour lui un capitaliste, c'est pourquoi le monde entier lui paraît fourmiller de «capitalistes[20]».

20. *Nota bene*: Bernstein voit manifestement dans la grande diffusion des petites actions une preuve que la richesse sociale commence à verser sa pluie d'actions sur de toutes petites gens. En effet, qui pourrait, sinon des petits-bourgeois ou même des ouvriers, acheter des actions pour la bagatelle de 1 livre sterling ou 20 marks! Malheureusement, cette supposition repose sur une simple erreur de calcul: on opère avec la valeur nominale des actions au lieu d'opérer avec leur valeur marchande, ce qui est tout différent. Un exemple: sur le marché minier, on a traité, entre autres, les mines sud-africaines du Rand; les actions sont, comme la plupart des valeurs minières, de 1 livre sterling, soit 20 marks papier. Mais elles coûtaient déjà, en 1899, 43 livres sterling (voir les cours de la fin du mois de mars) c'est-à-dire non pas 20, mais 860 marks! Et il en est à peu près de même partout. Par conséquent, en réalité, quoiqu'elles sonnent si démocratiquement, les petites actions sont, pour la plupart, des «bons sur la richesse sociale» tout à fait bourgeois, et nullement petits-bourgeois ou prolétariens, car ce n'est que par une toute petite minorité d'actionnaires qu'elles sont achetées à leur valeur nominale.

Mais ici comme ailleurs, l'erreur économique n'est chez Bernstein que la base théorique d'une «vulgarisation» du socialisme. En faisant passer la notion de capitaliste des rapports de production aux rapports de propriété, et «en parlant de simples individus au lieu de parler d'entrepreneurs», il fait passer également la question du socialisme du domaine de la production au domaine des rapports de fortune, du rapport entre le Capital et le Travail au rapport entre riches et pauvres.

Par là, nous sommes joyeusement ramenés de Marx et d'Engels à l'auteur de *L'Évangile du pauvre pécheur*, avec cette seule différence que Weitling[21], avec son sûr instinct prolétarien, reconnaissait dans cet antagonisme entre riches et pauvres les antagonismes de classes sous leur forme primitive, et voulait en faire un levier du mouvement socialiste, tandis que Bernstein, au contraire, voit la réalisation du socialisme dans la transformation des pauvres en riches, c'est-à-dire dans l'atténuation des antagonismes de classes, par conséquent dans une voie petite-bourgeoise.

Il est vrai que Bernstein ne se borne pas à la statistique des revenus. Il nous fournit également des statistiques d'entreprises, et notamment de plusieurs pays: d'Allemagne, de France, d'Angleterre, de Suisse, d'Autriche et des États-Unis. Mais que sont ces statistiques? Ce ne sont pas le moins du monde des chiffres comparés de *différentes périodes* dans chaque pays, mais de chaque période dans différents pays. Il ne compare pas par conséquent – à l'exception de l'Allemagne, où il répète sa vieille opposition de 1895 et de 1882 – la statistique des entreprises d'un pays déterminé à différentes époques, mais seulement les chiffres absolus pour différents pays (pour l'Angleterre en 1891, pour la France en 1894, pour les États-Unis en 1890, etc.). La conclusion à laquelle il aboutit est que, «*si la grande exploitation a déjà aujourd'hui effectivement la suprématie dans l'industrie,*

21. Wilhelm Weitling (1808-1871). Ouvrier tailleur, habité d'idées communistes, il organisa parmi les Allemands émigrés en Suisse la Ligue des Justes, dont les membres essaimèrent dans d'autres pays d'Europe. En 1847, à l'instigation de Marx et d'Engels, la Ligue des Justes devint la Ligue des communistes pour laquelle ils rédigèrent le *Manifeste du parti communiste*. (NdE)

elle ne représente cependant, y compris les entreprises dépendant d'elle, même dans un pays aussi développé que la Prusse, que la moitié, tout au plus, de la population occupée dans la production». De même pour l'Allemagne, l'Angleterre, la Belgique, etc.

Ce qu'il prouve ainsi, ce n'est manifestement pas *telle ou telle tendance du développement économique*, mais seulement le *rapport absolu des forces* des différentes formes d'entreprises, autrement dit, des différentes classes professionnelles. Si l'on prétend que cela prouverait l'impossibilité de réaliser le socialisme, cette argumentation repose sur une théorie selon laquelle ce qui décide de l'issue des affrontements sociaux, c'est le rapport des forces numériques matérielles, des éléments en lutte, par conséquent, le seul facteur de la *violence*. Ici, Bernstein qui, partout, tonne contre le blanquisme, tombe lui-même dans la plus grossière erreur blanquiste. Avec cette différence, toutefois, que les blanquistes, en tant que tendance socialiste et révolutionnaire, reconnaissaient comme toute naturelle la possibilité de la réalisation économique du socialisme et fondaient sur elle les chances de la révolution violente, même d'une petite minorité, tandis que Bernstein, au contraire, conclut, à partir de l'insuffisance numérique de la majorité du peuple, à l'impossibilité de la réalisation économique du socialisme. La social-démocratie fait aussi peu résulter son but final de la violence victorieuse de la minorité que de la supériorité numérique de la majorité ; il découle de la nécessité économique – et de la compréhension de cette nécessité –, qui mène à la suppression du capitalisme par les masses populaires, nécessité qui se manifeste avant tout dans l'*anarchie capitaliste*.

En ce qui concerne cette dernière question décisive de l'anarchie dans l'économie capitaliste, Bernstein lui-même ne nie que les grandes crises générales, mais non pas les crises partielles et nationales. Par là, il nie beaucoup d'anarchie et ne reconnaît qu'un petit peu d'anarchie seulement. Il en est de l'économie capitaliste chez Bernstein comme – pour parler encore une fois comme Marx – de cette vierge folle avec son enfant « qui n'était que tout petit ». Mais le malheur, dans cette affaire, c'est que, dans des choses telles que l'anarchie, peu et beaucoup sont également mauvais. Si Bernstein reconnaît l'existence d'un peu d'anarchie, le mécanisme de l'économie marchande veille lui-même à l'extension de cette anarchie dans des proportions inouïes, jusqu'à l'écroulement. Mais si Bernstein espère – tout en maintenant le régime de la production des marchandises – transformer graduellement ce peu d'anarchie en ordre et en harmonie, il retombe là, encore une fois, dans une des erreurs les plus fondamentales de l'économie politique bourgeoise, qui considère le mode d'échange comme étant indépendant du mode de production.

Ce n'est pas ici le lieu de montrer dans toute son ampleur la confusion surprenante concernant les principes les plus élémentaires de l'économie politique dont Bernstein fait preuve dans son livre. Mais il est un point auquel nous amène la question fondamentale de l'anarchie capitaliste que nous devons éclairer brièvement.

Bernstein déclare que la *loi de la valeur-travail* de Marx est une simple abstraction, ce qui, en économie politique, constitue manifestement pour lui une injure. Or, si la valeur-travail est une simple abstraction, «une vue de l'esprit», tout citoyen normal qui a fait son service militaire et paye régulièrement ses impôts a le même droit que Karl Marx de faire de n'importe quelle absurdité une telle «vue de l'esprit», à savoir la loi de la valeur. «*Marx a tout autant le droit de négliger les qualités des marchandises jusqu'à ce qu'elles ne soient plus que des incarnations de quantités de simple travail humain, que les économistes de l'école Boehm-Jevons celui de faire abstraction de toutes les qualités des marchandises en dehors de leur utilité.*»

Par conséquent, le travail social de Marx et l'utilité abstraite de Menger, c'est pour lui du pareil au même, tout n'est que pure abstraction. Mais Bernstein oublie complètement que l'abstraction de Marx n'est pas une invention, mais une découverte, qu'elle n'existe pas dans la tête de Marx, mais dans l'économie marchande, qu'elle n'a pas une existence imaginaire, mais une existence sociale réelle, si réelle qu'elle peut être coupée et martelée, pesée et monnayée. Le travail humain abstrait, découvert par Marx, n'est, sous sa forme développée, rien d'autre que *l'argent.* Et c'est précisément là l'une des découvertes économiques les plus géniales de Marx, tandis que, pour toute l'économie politique bourgeoise, du premier des mercantilistes jusqu'au dernier des classiques, l'essence mystique de l'argent est restée un livre aux sept sceaux.

Par contre, l'utilité abstraite de Boehm-Jevons[22] n'est effectivement qu'une «vue de l'esprit», ou plutôt une représentation de vide intellectuel, une absurdité individuelle, dont on ne peut rendre responsable ni la société capitaliste ni aucune autre société humaine, mais uniquement l'économie vulgaire bourgeoise elle-même. Avec cette «vue de l'esprit», Bernstein, Boehm et Jevons peuvent, avec toute la communauté subjective, rester, pendant vingt ans encore, placés devant le mystère de l'argent, sans qu'ils arrivent à une solution différente de celle à laquelle n'importe quel cordonnier est déjà arrivé sans eux, à savoir que l'argent est tout de même une chose «utile».

Bernstein a ainsi perdu complètement toute compréhension de la loi de la valeur de Marx. Pour quiconque tant soit peu familiarisé avec la doctrine économique de Marx, il est tout à fait évident que, sans la loi de la valeur, toute la doctrine reste complètement incompréhensible, ou, pour parler plus concrètement, si l'on ne comprend pas l'essence de la marchandise et de son échange, toute l'économie capitaliste, avec tous ses enchaînements, doit nécessairement rester un secret.

Mais quelle est la clé magique qui a précisément permis à Marx de pénétrer les secrets les plus intimes de tous les phénomènes capitalistes, de résoudre, comme en se jouant, des problèmes dont les plus grands esprits de l'économie politique bourgeoise, tels que Smith et Ricardo, ne soupçonnaient même pas l'existence? Rien d'autre que d'avoir conçu l'économie capitaliste tout entière comme étant un phénomène historique ayant une histoire non seulement derrière lui, comme le comprenait tout au plus l'économie classique, mais aussi devant lui, non seulement à l'égard du passé qu'était l'économie féo-

22. Vers la même époque, le Britannique Stanley Jevons (1835-1882), l'Autrichien Carl Menger (1840-1921) et le Français Léon Walras (1834-1910) introduisent chacun à leur manière les notions d'utilité marginale dans l'explication du fonctionnement économique, cherchant en particulier à éclairer le comportement des consommateurs. Eugen von Boehm-Bawerk (1851-1914), disciple de Menger, s'est notamment intéressé à l'investissement sous ses différentes formes en critiquant la théorie marxiste de la plus-value; il fut également à trois reprises ministre des Finances de l'Autriche-Hongrie. (NdE)

dale, mais notamment aussi à l'égard de *l'avenir socialiste.* Le secret de la théorie de la valeur de Marx, de son analyse de l'argent, de sa théorie du Capital, du taux du profit, et, par conséquent, de tout le système économique actuel, est le caractère périssable de l'économie capitaliste, son effondrement, et par conséquent – cela n'est que l'autre aspect – le but final socialiste. C'est précisément et uniquement parce que Marx considérait l'économie capitaliste tout d'abord en tant que socialiste, c'est-à-dire d'un *point de vue historique*, qu'il put déchiffrer ses hiéroglyphes, et c'est parce qu'il fit du point de vue socialiste le point de départ de l'analyse scientifique de la société bourgeoise qu'il put, à son tour, donner une base scientifique au socialisme.

C'est à cela qu'il faut mesurer les remarques faites par Bernstein à la fin de son livre, où il se plaint du «*dualisme*» qu'«*on peut suivre à travers toute l'œuvre monumentale de Marx*», «*dualisme qui consiste en ce que l'œuvre veut être une étude scientifique et prouver cependant une thèse toute faite longtemps avant sa rédaction, en ce qu'elle a pour base un schéma qui contenait d'avance le résultat auquel on voulait aboutir. Le retour au* Manifeste communiste [c'est-à-dire au but final du socialisme!] *montre ici l'existence d'un reste d'utopisme dans la doctrine de Marx*».

Mais le «dualisme» de Marx n'est autre chose que le dualisme de l'avenir socialiste et du présent capitaliste, du Capital et du Travail, de la bourgeoisie et du prolétariat, c'est le monumental reflet scientifique du dualisme existant en fait dans la société bourgeoise, des antagonismes de classes dans cette société.

Et si Bernstein voit dans ce dualisme théorique chez Marx «une survivance de l'utopisme», ce n'est là, de sa part, qu'un aveu naïf qu'il nie le dualisme historique existant dans la société bourgeoise, les antagonismes capitalistes de classes, et que le socialisme lui-même est devenu pour lui «une survivance de l'utopisme». Le «monisme», c'est-à-dire l'unité de Bernstein, c'est l'unité du régime capitaliste éternisé, l'unité du socialiste qui a renoncé à son but final pour voir dans la société bourgeoise une et immuable la fin de l'évolution humaine.

Mais si Bernstein ne voit pas dans la structure économique du capitalisme lui-même la division, le développement menant au socialisme, il est obligé, pour sauver, tout au moins dans la forme, le programme socialiste, de se réfugier dans une construction idéaliste, résidant en dehors du développement économique, et de transformer le socialisme lui-même d'une phase historique déterminée du développement social en un «principe» abstrait.

C'est pourquoi le «principe du coopératisme» dont Bernstein veut orner l'économie capitaliste, cette maigre décantation du but final du socialisme, apparaît comme une concession de sa théorie bourgeoise faite, non pas à l'avenir socialiste de la société, mais au passé socialiste de Bernstein lui-même.

2. Syndicats, coopératives et démocratie politique

Nous avons vu que le socialisme de Bernstein tend à faire participer les ouvriers à la richesse sociale, à transformer les pauvres en riches. Comment y arrivera-t-on? Dans ses articles parus dans la *Neue Zeit* et intitulés *Problèmes du socialisme*, il ne donnait que des indications à peine intelligibles. Dans son livre, par contre, il nous donne sur cette question tous les renseignements désirables: son socialisme doit être réalisé par deux moyens, au moyen des syndicats, ou, comme dit Bernstein, de la démocratie économique, et au moyen des coopératives. Grâce aux premiers, il veut supprimer le profit industriel, grâce aux dernières, le profit commercial.

En ce qui concerne les coopératives, et avant tout les coopératives de production, elles constituent, d'après leur essence, un hybride au milieu de l'économie capitaliste: une production socialisée en petit avec un échange capitaliste. Mais, dans l'économie capitaliste, l'échange domine la production et, étant donné la concurrence, une exploitation impitoyable, c'est-à-dire la domination complète du processus de production par les intérêts du Capital, est une condition d'existence de l'entreprise. Pratiquement, cela se manifeste dans la nécessité de rendre le travail le plus intensif possible, d'en raccourcir ou d'en prolonger la durée suivant la situation du marché, d'attirer ou de repousser, de mettre sur le pavé, la force de travail selon les besoins du marché, en un mot, de pratiquer toutes les méthodes bien connues qui la rendent concurrentielle. D'où, pour la coopérative de production, la nécessité contradictoire pour les ouvriers de se gouverner eux-mêmes avec tout l'absolutisme nécessaire, et de jouer vis-à-vis d'eux-mêmes le rôle de l'entrepreneur capitaliste. De cette contradiction, la coopérative de production meurt, en ce sens qu'elle retourne à l'entreprise capitaliste, ou bien, au cas où les intérêts des ouvriers sont les plus forts, qu'elle se dissout. Tels sont les faits que Bernstein constate lui-même, mais qu'il ne comprend manifestement pas lorsqu'il attribue, suivant en celà Mme Potter-Webb, au manque de «discipline», la cause de l'échec des coopératives de production en Angleterre. Ce qui reçoit ici la qualification superficielle et plate de «discipline» n'est autre chose que le régime absolu, qui est naturel au Capital, et que les ouvriers ne peuvent évidemment pas employer contre eux-mêmes[23].

Il en résulte que la coopérative de production ne peut assurer son existence au sein de l'économie capitaliste qu'en supprimant, au moyen d'un détour, la contradiction cachée en elle entre le mode de production et le mode d'échange, en se soustrayant artificiellement aux lois de la libre concurrence. Elle ne peut le faire qu'en s'assurant par avance un marché, un cercle constant de consommateurs. La *coopérative de consommation* lui en fournit justement le moyen. C'est là, encore une fois, et non pas dans la distinction entre coopératives d'achat et coopératives de vente, comme le prétend Oppenheimer, que réside le mystère, traité par Bernstein, de savoir pourquoi les coopératives de production indépendantes font faillite, et pourquoi seule la coopérative de consommation peut leur assurer l'existence.

Mais si, par là, les conditions d'existence des coopératives de production dans la société actuelle sont liées aux conditions d'existence des coopératives de consommation, il en résulte encore que les coopératives de production en sont réduites, dans le cas le plus favorable, au petit marché local et au petit nombre de produits de première nécessité, de préférence aux produits alimentaires. Toute les branches les plus importantes de la production capitaliste, les industries tex-

23. «*Pour ce qui est des coopératives ouvrières, elles représentent, à l'intérieur de l'ancien système, la première brèche faite dans celui-ci, bien qu'elles reproduisent nécessairement et partout, dans leur organisation réelle, tous les défauts du système existant.*» (Karl Marx, *op. cit.*, livre III, cinquième section, p. 1178.)

tile, minière, métallurgique, pétrolifère, ainsi que la construction mécanique, celle des locomotives, la construction navale, sont exclues d'avance de la coopérative de consommation et, par conséquent, des coopératives de production. C'est pourquoi, sans tenir compte de leur caractère hybride, les coopératives de production ne peuvent pas être considérées comme une réforme sociale générale, pour cette raison que leur réalisation générale suppose, avant tout, la suppression du marché mondial et la dissolution de l'économie mondiale actuelle en petits groupes de production et d'échange locaux, et constituerait, par conséquent, au fond, une rechute de l'économie du grand capitalisme dans l'économie marchande du Moyen Âge.

Mais, même dans les limites de leurs possibilités, sur le terrain de la société actuelle, les coopératives de production se réduisent nécessairement à de simples annexes des coopératives de consommation, qui, ainsi, apparaissent, au premier plan, comme étant la principale base de la réforme socialiste projetée. Mais, par là, toute la réforme socialiste au moyen de coopératives se réduit à une lutte contre le capital productif, c'est-à-dire contre le tronc principal de l'économie capitaliste, à une lutte contre le capital commercial et, plus exactement, contre le petit et le moyen capital commercial, c'est-à-dire seulement contre de *petites branches* du tronc capitaliste.

Quant aux syndicats, qui, d'après Bernstein, sont, de leur côté, un moyen de lutte contre l'exploitation du capital productif, nous avons déjà montré qu'ils ne sont pas en état d'assurer aux ouvriers une influence sur le processus de production, pas plus en ce qui concerne le *volume* de la production qu'en ce qui concerne ses procédés *techniques.*

Mais pour ce qui a trait au côté purement économique, à « la lutte du taux du salaire contre le taux du profit », ainsi que l'appelle Bernstein, cette lutte, comme nous l'avons également démontré, ne se poursuit pas dans l'air bleu du ciel, mais dans les cadres bien déterminés de la loi des salaires, qu'elle ne peut briser, mais seulement appliquer. Cela apparaît également d'une façon très claire quand on considère le problème sous un autre aspect et qu'on se pose la question des véritables fonctions des syndicats.

Les syndicats, auxquels Bernstein attribue la tâche de mener, dans la lutte émancipatrice de la classe ouvrière, le véritable assaut contre le taux du profit industriel et de le transformer par étapes en taux du salaire, ne sont pas le moins du monde en état de mener une politique d'offensive économique contre le profit, parce qu'ils ne sont rien d'autre, en réalité, que la *défense* organisée de la force de travail contre les attaques du profit, l'expression de la résistance de la classe ouvrière à la tendance de l'économie capitaliste à faire baisser les salaires. Cela pour deux raisons.

Premièrement, les syndicats ont pour rôle d'influencer, par leur organisation, la situation du marché de la marchandise force de travail; mais l'organisation est constamment débordée par le processus de prolétarisation des classes moyennes, qui amène continuellement sur le marché du travail de nouveaux approvisionnements. Deuxièmement, les syndicats se proposent l'amélioration des conditions d'existence, l'augmentation de la part de la classe ouvrière dans la richesse sociale, mais cette part est constamment réduite, avec la fatalité d'un processus de la nature, par l'accroissement de la productivité du travail. Pour s'en rendre compte, il n'est nullement nécessaire d'être un marxiste; il suffit d'avoir eu une fois en mains le livre de Rodbertus[24] intitulé *Pour éclairer la question sociale.*

Dans ces deux fonctions économiques principales, la lutte syndicale se transforme donc par conséquent, sous l'effet de ces facteurs matériels à l'œuvre dans la société capitaliste, en une sorte de travail de Sisyphe. Ce travail de Sisyphe est à la vérité indispensable, si l'on veut que l'ouvrier reçoive le taux de salaire qui lui revient selon la situation donnée du marché, que la loi capitaliste du salaire se réalise et que la tendance du développement économique à réduire celui-ci soit paralysée ou, plus exactement, atténuée dans son effet. Mais si l'on pense transformer les syndicats en un moyen de réduction progressive du profit à l'avantage du salaire, cela suppose avant tout, comme condition sociale, premièrement, un arrêt de la prolétarisation des classes moyennes et de l'accroissement de la classe ouvrière;

---

24. Karl Rodbertus (1805-1875). Critique du capitalisme et de l'exploitation, dans lesquels il ne voit que des phénomènes économiques, il était partisan d'un socialisme d'État. (NdE)

deuxièmement, un arrêt dans l'accroissement de la productivité du travail; par conséquent, dans les deux cas, tout comme pour la réalisation de l'économie coopérative de consommation, *un retour aux conditions d'avant le grand capitalisme.*

Les deux moyens grâce auxquels Bernstein se proposait de réaliser la réforme socialiste, à savoir les coopératives et les syndicats, s'avèrent, par conséquent, absolument incapables de transformer le mode de production capitaliste. Bernstein s'en rend d'ailleurs au fond lui-même confusément compte, et ne les considère que comme des moyens de réduire le profit capitaliste et d'enrichir ainsi les ouvriers. Mais, par là, il renonce lui-même à la lutte contre le *mode de production capitaliste* et oriente le mouvement socialiste vers la lutte contre *le mode de répartition capitaliste.* Bernstein lui-même appelle, à différentes reprises, son socialisme un effort vers un mode de répartition «juste», «plus juste», (page 51 de son livre) et même «encore plus juste» (*Vorwärts* du 26 mars 1899).

Il est vrai que l'impulsion première qui amène au mouvement social-démocrate, tout au moins les masses populaires, c'est le mode de répartition «injuste» du régime capitaliste. Et en luttant pour la socialisation de toute l'économie, la social-démocratie aspire par là naturellement aussi à une répartition «juste» de la richesse sociale. Mais, grâce à la compréhension acquise par Marx que le mode de répartition d'une époque déterminée n'est qu'une conséquence naturelle du mode de production de cette époque, la social-démocratie mène son combat non contre la répartition dans le cadre de la production capitaliste, mais pour la suppression de la production marchande capitaliste elle-même. En un mot, la social-démocratie veut établir le *mode de répartition socialiste* au moyen de la suppression du *mode de production capitaliste,* tandis que la méthode bernsteinienne consiste, tout au contraire, à combattre le *mode de répartition capitaliste,* dans l'espoir d'arriver à établir progressivement, par ce moyen, le *mode de production socialiste.*

Mais sur quoi peut-on, dans ce cas, faire reposer la réforme socialiste bernsteinienne? Sur certaines tendances déterminées de la production capitaliste? Aucunement, car, premièrement, il nie ces tendances, et, deuxièmement, d'après tout ce qui précède, la transformation socialiste de la production est pour lui l'effet et non la cause de la répartition. Son socialisme ne peut donc avoir une base économique. Après avoir complètement renversé les buts et les moyens du socialisme et, par conséquent, ses conditions économiques, il ne peut pas donner à son programme une base matérialiste, et il est obligé, par conséquent, de le construire une base idéaliste.

«*Pourquoi représenter le socialisme comme étant la conséquence de la contrainte économique?*», l'entendons-nous dire. «*Pourquoi dégrader la compréhension, le sentiment du droit, la volonté humaines?*» (*Vorwärts* du 26 mars 1899). La répartition plus juste de Bernstein doit, par conséquent, être réalisée grâce à la libre volonté humaine, n'agissant pas au service de la nécessité économique, ou plus exactement, étant donné que la volonté elle-même n'est qu'un instrument, grâce à la compréhension de la justice, bref, grâce à l'*idée de justice*.

Par là, nous sommes joyeusement arrivés au principe de la justice, à ce vieux dada chevauché depuis des millénaires par tous les réformateurs du monde entier, en l'absence de plus sûrs moyens de progrès historique, à cette Rossinante fourbue, sur laquelle tous les Don Quichotte de l'Histoire ont galopé vers la grande réforme du monde, pour ne rien rapporter finalement à la maison qu'un œil au beurre noir.

Le rapport de riche à pauvre, en tant que base sociale du socialisme, le principe de coopération comme son contenu, la «plus juste répartition» comme son but, et l'idée de justice comme sa seule légitimation historique, avec combien plus de force, combien plus d'esprit et de brio, Weitling n'a-t-il pas défendu, il y a plus de cinquante ans, *cette sorte* de socialisme! Assurément, le génial tailleur ne connaissait pas encore le socialisme scientifique. Et si, *aujourd'hui*, après un demi-siècle, sa conception, déchirée en petits morceaux par Marx et Engels, est heureusement rafistolée et présentée au prolétariat allemand comme dernier mot de la science, il y faut bien aussi en tout cas un tailleur... mais pas génial.

De même que les syndicats et les coopératives sont les points d'appui économiques, de même la principale condition *politique* préalable de la théorie révisionniste est un développement toujours croissant de la *démocratie*. Les explosions réactionnaires actuelles ne sont pour le révisionnisme que des «sursauts», qu'il tient pour fortuits et momentanés, et qu'il ne faut pas prendre en compte pour l'élaboration générale du fil conducteur de la lutte ouvrière.

D'après Bernstein, par exemple, la démocratie apparaît comme une étape inévitable dans le développement de la société moderne – que dis-je? – la démocratie est pour lui, comme pour le théoricien bourgeois du libéralisme, la grande loi fondamentale de l'évolution historique en général, à la réalisation de laquelle doivent servir toutes les forces actives de la vie politique. Mais, sous cette forme absolue, c'est complètement faux, et ce n'est qu'une façon petite-bourgeoise, superficielle, de généraliser les résultats d'un petit fragment du développement bourgeois, à peu près des vingt-cinq ou trente dernières années. Si l'on examine de près le développement de la démocratie dans l'Histoire et, en même temps, l'histoire politique du capitalisme, le résultat est tout autre.

En ce qui concerne le premier point, nous trouvons la démocratie dans les formations sociales les plus différentes: dans les sociétés communistes primitives, dans les États esclavagistes de l'Antiquité, dans les communes au Moyen Âge. De même, nous rencontrons l'absolutisme et la monarchie constitutionnelle dans les régimes économiques les plus différents. D'autre part, le capitalisme à ses débuts, en tant que production des marchandises, donne naissance à une constitution démocratique dans les communes urbaines du Moyen Âge; plus tard, dans sa forme plus développée, en tant que production manufacturière, il trouve dans la monarchie absolue sa forme politique correspondante. Enfin, en tant qu'économie industrielle développée, il produit successivement en France la république démocratique (1793), la monarchie absolue de Napoléon Ier, la monarchie nobiliaire de l'époque de la Restauration (1815-1830), la monarchie constitutionnelle bourgeoise de Louis-Philippe, puis, de nouveau, la république démocratique, puis, encore une fois, la monarchie de Napoléon III, enfin, pour la troisième fois, la république. En Allemagne, la seule institution véritablement démocratique, le suffrage universel, n'est pas une conquête du libéralisme bourgeois, mais un instrument servant à la fusion politique des petits États, et n'a, par conséquent, que dans ce sens une importance dans le développement de la bourgeoisie allemande, qui se satisfait, à part cela, d'une monarchie constitutionnelle semi-féodale. En Russie, le capitalisme a prospéré longtemps sous le régime de l'absolutisme oriental, sans que la bourgeoisie ne montre un désir ardent de démocratie. En Autriche, le suffrage universel est apparu principalement comme une ceinture de sauvetage pour la *monarchie* en voie de décomposition. En Belgique, enfin, la conquête démocratique du mouvement ouvrier, à savoir le suffrage universel, est incontestablement due à la faiblesse du militarisme, par conséquent, à la situation géographique et politique toute spéciale de la Belgique, et, avant tout, elle est précisément, un «morceau de démocratie» acquis, non *par* la bourgeoisie, mais *contre* elle.

Le progrès ininterrompu de la démocratie, qui apparaît à notre révisionnisme, tout comme au libéralisme bourgeois, la grande loi fondamentale de l'histoire humaine, et, au moins, de l'histoire moderne, est, par conséquent, quand on l'examine de près, un fantôme. Entre le développement capitaliste et la démocratie, on ne peut construire aucun rapport général absolu. La forme politique est chaque fois le résultat de l'ensemble des facteurs politiques tant intérieurs qu'extérieurs, et admet à l'intérieur de ses limites tous les différents degrés de l'échelle, depuis la monarchie absolue jusqu'à la république démocratique.

Si donc nous devons renoncer à établir une loi historique générale du développement de la démocratie, même dans les cadres de la société moderne, et ne nous tourner que vers la phase actuelle de l'histoire bourgeoise, nous constatons, ici aussi, dans la situation politique, des facteurs qui ne mènent pas à la réalisation du schéma bernsteinien, mais bien plutôt, au contraire, à l'abandon par la société bourgeoise des conquêtes réalisées jusqu'ici.

D'une part, les institutions démocratiques, ce qui est de la plus haute importance, ont complètement épuisé leur rôle pour le développement de la société bourgeoise. Dans la mesure où elles ont été nécessaires pour la fusion des petits États et la création de grands États modernes (Allemagne, Italie), elles ne sont plus actuellement indispensables. Le développement économique a, depuis, instauré une cohérence organique interne.

On peut en dire autant en ce qui concerne la transformation de toute la machine politique et administrative d'État, d'un mécanisme féodal ou semi-féodal en un mécanisme capitaliste. Cette transformation, qui a été historiquement inséparable du développement de la démocratie, est de même, aujourd'hui, si complètement réalisée que les ingrédients purement démocratiques de la société, le suffrage universel, la forme d'État républicaine, pourraient être supprimés sans craindre que l'administration, les finances, l'organisation militaire aient besoin de revenir aux formes d'avant la révolution de Mars[25].

Si, par conséquent, le libéralisme est absolument inutile pour la société bourgeoise, en tant que tel, il est, d'autre part, devenu une entrave directe à d'autres points de vue importants. Ici entrent en ligne de compte deux facteurs qui dominent toute la vie politique des États actuels : la *politique mondiale* et le *mouvement ouvrier* – l'un et l'autre n'étant que deux aspects différents de la phase actuelle du développement capitaliste.

Le développement de l'économie mondiale, l'aggravation et la généralisation de la concurrence sur le marché mondial ont fait du militarisme et de la course au développement des marines, en tant qu'instruments de la politique mondiale, un facteur décisif de la vie, tant extérieure qu'intérieure, des grands États. Mais si la politique mondiale et le militarisme représentent une tendance *ascendante* de la phase actuelle du capitalisme, la démocratie bourgeoise doit logiquement se mouvoir sur une ligne descendante. En Allemagne, l'ère des grands armements, qui commence en 1893, et la politique mondiale inaugurée par la prise de Kiao-Tchéou, ont été payées immédiatement de deux victimes par la démocratie bourgeoise : la décomposition du parti libéral et l'« aplatissement » du parti du Centre, qui passa de l'opposition au gouvernement. Les dernières élections au Reichstag de 1907[26], qui se sont déroulées sous le signe de la politique coloniale allemande, sont, en même temps, l'enterrement historique du libéralisme allemand.

25. La révolution allemande de 1848. (NdT)

26. Les élections au Reichstag de janvier 1907, sur fond d'expéditions coloniales sanglantes contre les Hereros et les Hottentots et de propagande nationaliste, furent marquées par le premier recul électoral du SPD depuis 1887, non en voix mais en nombre de sièges. (NdE)

Si la politique extérieure pousse ainsi la bourgeoisie dans les bras de la réaction, ce n'est pas moins le cas de la politique intérieure: l'essor de la classe ouvrière. Bernstein le reconnaît lui-même quand il rend la légende de «l'ogre social-démocrate», autrement dit les efforts socialistes de la classe ouvrière, responsable de la désertion de la bourgeoisie libérale. Il conseille au prolétariat, pour faire sortir du trou de souris de la réaction le libéralisme mortellement effrayé, d'abandonner son but final socialiste. Par là, il prouve lui-même, de la façon la plus frappante, en faisant actuellement de la suppression du mouvement ouvrier socialiste une condition essentielle, une prémisse sociale de la démocratie bourgeoise, que cette démocratie est tout autant en contradiction avec la tendance interne de développement de la société actuelle que le mouvement ouvrier socialiste est lui-même un *produit direct* de cette tendance.

Mais il prouve également encore autre chose. En faisant du renoncement de la classe ouvrière à son but final socialiste la condition essentielle de la résurrection de la démocratie bourgeoise, il montre même, réciproquement, à quel point il est inexact de prétendre que la démocratie bourgeoise est une condition indispensable du mouvement et de la victoire socialistes. Ici, l'argumentation de Bernstein aboutit à un cercle vicieux, car la conclusion en «dévore» les prémisses.

Il est très facile de s'évader de ce cercle. Du fait que le libéralisme bourgeois a exhalé son âme par peur du mouvement ouvrier en expansion et de ses buts finaux, il s'ensuit:

– que le mouvement ouvrier socialiste est précisément aujourd'hui le *seul* soutien de la démocratie, qu'il ne peut y en avoir d'autre, et que ce n'est pas le sort du mouvement socialiste qui est lié à la démocratie bourgeoise, mais, au contraire, celui du développement démocratique qui est lié au mouvement socialiste;

– que la démocratie ne devient pas viable dans la mesure où la classe ouvrière renonce à la lutte émancipatrice, mais, au contraire, dans la mesure où le mouvement socialiste est suffisamment fort pour lutter contre les conséquences réactionnaires de la politique mondiale et de la désertion bourgeoise;

– que quiconque souhaite le renforcement de la démocratie doit souhaiter également le renforcement, et non l'affaiblissement, du mouvement socialiste, et qu'en renonçant à la mobilisation socialiste on renonce tout autant au mouvement ouvrier qu'à la démocratie elle-même.

3. La conquête du pouvoir politique

Le sort de la démocratie est lié, nous l'avons vu, au sort du mouvement ouvrier. Mais le développement de la démocratie rend-il superflu ou impossible une révolution prolétarienne, dans le sens de la prise du pouvoir d'État, de la conquête du pouvoir politique ?

Bernstein tranche cette question en pesant minutieusement les bons et les mauvais côtés de la réforme législative et de la révolution, de la même façon, à peu près, qu'on pèse de la cannelle ou du poivre dans une coopérative de consommation. Dans le cours légal du développement, il voit l'action de l'intelligence ; dans son cours révolutionnaire, celle du sentiment ; dans le travail réformiste, une méthode lente ; dans la révolution, une méthode rapide de progrès historique ; dans la législation, une force méthodique ; dans l'insurrection, une violence élémentaire.

C'est une leçon bien connue que le réformateur petit-bourgeois voit dans toute chose un « bon » et un « mauvais » côté, et qu'il broute un peu toutes les herbes. C'est une autre vieille leçon que le véritable cours des événements se soucie très peu des combinaisons petites-bougeoises, et que le petit tas, soigneusement rassemblé, des « bons côtés » de toutes les choses possibles du monde est dispersé à la première chiquenaude. En fait, nous voyons dans l'Histoire la réforme légale et la méthode révolutionnaire fonctionner d'après des raisons beaucoup plus profondes que les avantages ou les inconvénients de l'une ou de l'autre méthode.

Dans l'histoire de la société bourgeoise, la réforme légale servit au renforcement progressif de la classe ascendante jusqu'à ce que cette dernière se sentit suffisamment forte pour s'emparer du pouvoir politique et supprimer tout le système juridique existant pour en construire un nouveau. Bernstein, qui tonne contre la conquête du pouvoir politique comme étant une théorie de violence blanquiste, a le malheur de considérer comme une erreur blanquiste ce qui constitue depuis des siècles le pivot et la force motrice de l'histoire humaine. Depuis qu'il existe des sociétés de classes, et que la lutte des classes constitue le contenu essentiel de leur histoire, la conquête du pouvoir politique a toujours été le but de toutes les classes ascendantes et aussi le point de départ et le point d'aboutissement de toute période historique. C'est ce que nous constatons dans les longues luttes de la paysannerie contre les financiers et contre la noblesse dans l'ancienne Rome, dans les luttes du patriciat contre les évêques et dans celles de l'artisanat contre les patriciens dans les villes du Moyen Âge, ainsi que dans celles de la bourgeoisie contre le féodalisme, dans les temps modernes.

La réforme légale et la révolution ne sont donc pas des méthodes différentes de progrès historique, que l'on peut choisir à son gré au buffet de l'Histoire, comme on choisit des saucisses chaudes ou des saucisses froides, mais des *facteurs* différents dans le développement de la société de classes, qui se conditionnent et se complètent l'un l'autre, tout en s'excluant réciproquement, comme, par exemple, le pôle Sud et le pôle Nord, la bourgeoisie et le prolétariat.

C'est qu'à toute époque la constitution légale n'est autre chose qu'un *produit de* la révolution. Tandis que la révolution est l'acte de création politique de l'histoire de classes, la législation est la floraison politique de la société. Le travail législatif pour les réformes par la loi n'a aucune force motrice propre, indépendante de la révolution ; il ne s'accomplit, dans chaque période historique, que dans la direction que lui a donnée l'impulsion de la dernière révolution, et aussi longtemps que cette impulsion continue à se faire sentir, ou, pour parler plus concrètement, seulement dans le cadre de la forme sociale créée par la dernière révolution. C'est le cœur du débat.

Il est tout à fait faux et contraire à l'Histoire de se représenter le travail pour les réformes uniquement comme la révolution étirée en longueur, et la révolution comme une réforme condensée. Une transformation sociale et une réforme légale ne sont pas des éléments distincts par leur *durée,* mais par leur *contenu.* Tout le secret des transformations historiques, par l'utilisation du pouvoir politique, réside précisément dans la transformation de simples modifications quantitative en une qualité nouvelle, ou, pour parler en termes concrets, dans le passage d'une période historique, d'une forme de société donnée, à une autre.

C'est pourquoi quiconque se prononce en faveur de la voie des réformes légales, *au lieu* et *à l'encontre* de la conquête du pouvoir politique et de la révolution sociale, ne choisit pas, en réalité, une voie plus tranquille, plus sûre et plus lente, conduisant au *même* but, mais un but *différent,* à savoir, au lieu de l'instauration d'une société nouvelle, des modifications purement superficielles de l'ancienne société. C'est ainsi qu'on aboutit, en partant des considérations politiques du révisionnisme, à la même conclusion qu'en partant de ses théories économiques, c'est-à-dire qu'elles ne visent pas, au fond, à la réalisation de l'ordre *socialiste,* mais uniquement à la réforme de l'ordre *capitaliste,* non pas à la suppression du salariat, mais au dosage en plus ou en moins de l'exploitation, en un mot à la suppression des abus du capitalisme, mais pas du capitalisme lui-même.

Mais, peut-être, ce que nous venons de dire sur la fonction respective de la réforme légale et de la révolution vaut-il uniquement pour les luttes de classes du passé ? Peut-être que, dorénavant, grâce au développement du système juridique bourgeois, c'est à la réforme légale qu'il incombe de faire passer la société d'une phase historique à une autre, et la conquête du pouvoir d'État par le prolétariat est-elle « devenue une phrase vide de sens », comme le prétend Bernstein ?

C'est précisément le contraire qui est vrai. Qu'est-ce qui distingue la société bourgeoise des autres sociétés de classes, la société antique et la société moyenâgeuse ? Précisément le fait que sa domination de classe n'y repose pas sur les « droits acquis », mais sur de *véritables rapports économiques,* le fait que le salariat n'est pas un rapport juridique, mais un rapport purement économique. On ne trouvera, dans tout notre système juridique, aucune formule légale de la domination de classe actuelle. S'il en reste encore des traces, ce sont précisément, tel le règlement concernant les domestiques, des survivances de la société féodale.

Comment, par conséquent, supprimer l'esclavage du salariat, progressivement, « par la voie légale », s'il n'est pas du tout exprimé dans les lois ? Bernstein, qui veut se mettre au travail de réforme légale, pour supprimer par ce moyen le capitalisme, tombe dans la même situation que ce policier russe qui, dans Ouspenski[27], raconte son aventure : « Vite, je saisis le type au collet ! Mais que vois-je ? Ce maudit type n'avait pas de collet ! » C'est bien là le hic.

« Toutes les sociétés antérieures reposaient sur l'antagonisme de la classe opprimante et de la classe opprimée. » (Manifeste du Parti communiste). Mais, dans les phases précédentes de la société moderne, cet antagonisme était exprimé dans des rapports juridiques bien déterminés et pouvait, justement à cause de cela, accorder, dans une certaine mesure, une place aux nouveaux rapports dans le cadre des anciens. *« Au sein même du servage, le serf s'est élevé au rang de membre de la commune. » (Manifeste du Parti communiste).* Comment cela a-t-il été possible ? Par la suppression progressive de tous les privilèges dans le périmètre de la ville : corvées, droit de vêtement, taxe sur l'héritage, droit de meilleur catel[28], impôt de capitation, contrainte de mariage, droit de succession, etc., dont l'ensemble constituait précisément le servage.

C'est de cette façon également que le petit-bourgeois du Moyen Âge a réussi, *« sous le joug de l'absolutisme féodal, à s'élever au rang de bourgeois » (Manifeste du Parti communiste)*. Par quels moyens ? Par la suppression partielle formelle ou le relâchement effectif des liens corporatifs, par la transformation progressive de l'administration des finances et de l'armée, dans la mesure indispensable.

Quand, par conséquent, on étudie la question du point de vue abstrait, et non du point de vue historique, on peut tout au moins s'imaginer, en présence des anciens rapports de classes, un passage purement légal, selon les méthodes réformistes, de la société féodale à la société bourgeoise. Mais que voyons-nous en réalité ? Que là non plus les réformes légales n'ont pas servi à rendre inutile la prise du pouvoir politique par la bourgeoisie, mais, au contraire, qu'elles ont servi à la préparer et à l'amener. Une transformation politico-sociale

---

27. Gleb Ivanovitch Ouspenski (1843-1902). Écrivain et journaliste russe, représentant du populisme, il se fit connaître par un recueil de nouvelles, *Les Mœurs de la rue Rasteriaïev.* (NdE)

28. Droit en vertu duquel le seigneur, après la mort d'un vassal, pouvait prendre à son choix un meuble (une tête de bétail, un vêtement, etc.) ayant appartenu au défunt. (NdE)

formelle était indispensable, tant pour l'abolition du servage que pour la suppression complète du féodalisme.

Mais la situation est encore toute autre actuellement. Le prolétariat n'est contraint de se soumettre au joug du Capital par aucune loi, mais par la misère, le manque de moyens de production. Mais aucune loi au monde ne peut lui accorder ces moyens de production dans le cadre de la société bourgeoise, parce que ce n'est pas la loi mais le développement économique qui lui a arraché ces moyens de production.

De même, l'exploitation à *l'intérieur* du système du salariat ne repose pas non plus sur des lois, car la hauteur des salaires n'est pas fixée par voie légale, mais par des facteurs économiques. Et l'exploitation elle-même ne repose pas sur une disposition légale, mais sur ce fait, purement économique, que la force de travail y joue le rôle d'une marchandise, qui possède, entre autres, cette agréable qualité de produire de la valeur, et même *plus* de valeur qu'elle n'en consomme dans les moyens de subsistance de l'ouvrier. En un mot, tous les rapports fondamentaux de la domination de la classe capitaliste ne sauraient être transformés par des réformes légales sur la base de la société bourgeoise, parce qu'ils n'ont pas été introduits par des lois bourgeoises, ni n'ont reçu la forme de telles lois. Bernstein l'ignore apparemment, puisqu'il a pour projet une «réforme» socialiste, mais il le reconnaît tout de même lorsqu'il écrit, à la page 10 de son livre, que «*le motif économique agit aujourd'hui librement, alors qu'autrefois il était masqué par toutes sortes de rapports de domination et d'idéologies*».

Mais ce n'est pas tout. C'est encore l'une des particularités du régime capitaliste que, dans son sein, tous les éléments de la société future prennent tout d'abord, dans leur développement, une forme n'approchant pas du socialisme, mais s'en éloignant au contraire. La production a de plus en plus un caractère social. Mais sous quelle forme s'exprime ce caractère social? Sous la forme de la grande entreprise, de la société par actions, du cartel, au sein desquels les antagonismes capitalistes, l'exploitation, l'oppression de la force de travail s'accroissent à l'extrême.

Dans l'armée, le développement mène à l'extension du service militaire obligatoire, à la réduction du temps de service, par conséquent, matériellement, à un rapprochement de la milice populaire. Mais cela sous la forme du militarisme moderne, où la domination du peuple par l'État militariste, le caractère de classe de l'État, se manifestent le plus nettement.

Dans les rapports politiques, le développement de la démocratie, dans la mesure où elle trouve un terrain favorable, mène à la participation de toutes les couches populaires à la vie politique, par conséquent, en quelque sorte, à l'« État populaire ». Mais cela sous la forme du parlementarisme bourgeois, où les antagonismes des classes, la domination de classe, loin d'être supprimés, sont, au contraire, étalés au grand jour. C'est parce que tout le développement capitaliste se meut à travers les contradictions qu'il faut, pour extraire le noyau de la société socialiste de son enveloppe capitaliste, que le prolétariat s'empare du pouvoir politique et supprime complètement le système capitaliste.

De cela, Bernstein tire, certes, de toutes autres conclusions : si le développement de la démocratie doit mener à l'aggravation et non à l'atténuation des antagonismes capitalistes, « *la social-démocratie devrait,* nous répond-il, *pour ne pas se rendre la tâche plus difficile, s'efforcer, par tous les moyens, d'empêcher l'extension des institutions démocratiques* ». Certes, ce serait le cas si la social-démocratie trouvait goût, selon la manière petite-bourgeoise, à cette occupation d'oisif qui consiste à trier tous les bons côtés et à jeter tous les mauvais côtés de l'Histoire. Seulement, elle devrait logiquement « s'efforcer d'empêcher » également tout le capitalisme, en général, car il est incontestable que c'est lui le grand scélérat qui lui oppose tous les obstacles sur la voie du socialisme. En fait, le capitalisme fournit également, avec les *obstacles,* les seules *possibilités* de réaliser le programme socialiste. Il en est exactement de même pour la démocratie.

Si la démocratie est devenue, pour la bourgeoisie, tantôt superflue, tantôt gênante, elle est, en revanche, nécessaire et indispensable à la classe ouvrière. Elle est, premièrement, nécessaire, parce qu'elle crée des formes politiques (autonomie administrative, droit électoral, etc.) qui serviront au prolétariat d'amorces et de points d'appui dans son travail de transformation de la société bourgeoise. Mais elle est, secondement, indispensable, parce que ce n'est qu'en elle, dans la lutte pour la démocratie, dans l'exercice de ses droits, que le prolétariat peut arriver à la conscience de ses intérêts de classe et de ses tâches historiques.

En un mot, la démocratie est indispensable, non pas parce qu'elle rend *superflue* la conquête du pouvoir politique par le prolétariat, mais, au contraire, parce qu'elle rend cette prise du pouvoir aussi *nécessaire* que seule *possible*. Quand Engels, dans sa préface à la *Lutte de classes en France*, révisait la tactique du mouvement ouvrier moderne et opposait aux barricades la lutte légale, il ne traitait pas – *ce qui ressort clairement de chaque ligne de cette préface* – de la question de la conquête définitive du pouvoir politique, mais de celle de la lutte quotidienne actuelle ; ni de l'attitude du prolétariat vis-à-vis de l'État capitaliste au moment de la prise du pouvoir, mais de son attitude *dans le cadre* de l'État capitaliste. En un mot, Engels donnait une ligne de conduite au prolétariat *opprimé* et non au prolétariat victorieux.

Par contre, la phrase bien connue de Marx sur la question agraire en Angleterre, sur laquelle s'appuie également Bernstein, « *on en viendrait probablement plus facilement à bout en achetant les landlords* », cette phrase ne se rapporte pas à l'attitude du prolétariat avant, mais après sa victoire. Car il ne peut manifestement être question d'un achat des classes dominantes que si la classe ouvrière est au pouvoir. L'éventualité que Marx envisageait, c'était *l'exercice pacifique de la dictature prolétarienne*, et non le remplacement de la dictature par des réformes sociales capitalistes.

La nécessité même de la conquête du pouvoir politique par le prolétariat fut, de tout temps, hors de doute, tant pour Marx que pour Engels. Et il était réservé à Bernstein de considérer la basse-cour du parlementarisme bourgeois comme l'organe appelé à réaliser la transformation sociale la plus formidable de l'Histoire, à savoir *le passage de la société capitaliste à la société socialiste*.

Mais en exposant sa théorie, Bernstein avait commencé en exprimant simplement la crainte et la mise en garde que le prolétariat ne s'empare trop tôt du pouvoir. Dans ce cas, le prolétariat devrait, d'après Bernstein, laisser la société bourgeoise dans l'état où elle est, et subir lui-même une épouvantable défaite. Ce qui ressort avant tout de cette crainte, c'est que, pour le prolétariat, au cas où les circonstances le porteraient à la barre, la théorie de Bernstein n'aurait qu'une seule conclusion «pratique»: aller se coucher. Mais, par là, cette théorie se présente d'emblée comme une conception condamnant le prolétariat à l'inaction aux moments les plus importants de la lutte, et, par conséquent, à la trahison passive envers sa propre cause.

En fait, tout notre programme ne serait qu'un misérable chiffon de papier s'il ne pouvait nous servir pour *toutes* les éventualités et à *tous* les moments de la lutte, et nous servir par son *application* et non par son abandon. Si notre programme formule une bonne fois l'évolution historique de la société du capitalisme au socialisme, il doit manifestement aussi formuler, dans leurs traits fondamentaux, toutes les phases transitoires de ce développement, et, par conséquent, pouvoir indiquer, à *chaque* moment, au prolétariat, le comportement correspondant, dans le sens d'une avancée vers le socialisme. Il en résulte qu'il ne peut y avoir, pour le prolétariat, aucun moment où il serait obligé d'abandonner son programme ou d'être abandonné par lui.

Pratiquement, cela se manifeste dans le fait qu'il ne peut y avoir aucun moment où le prolétariat, porté par la force des choses à la barre, ne soit pas en état et ne soit pas obligé moralement de prendre certaines mesures en vue de la réalisation de son programme, certaines mesures transitoires dans le sens du socialisme. Derrière l'affirmation selon laquelle le programme socialiste pourrait faire complètement faillite à n'importe quel moment de la dictature du prolétariat se cache inconsciemment une autre affirmation, à savoir que *le programme socialiste est, d'une façon générale et en tout temps, irréalisable.*

Et si les mesures transitoires sont prématurées? Cette question recouvre toute une foule de malentendus concernant le cours véritable des transformations sociales.

Tout d'abord, la prise du pouvoir politique par le prolétariat, c'est-à-dire par une classe populaire massive, ne se fait pas artificiellement. Elle suppose, par elle-même, à l'exception des cas tels que la Commune de Paris, où le pouvoir ne fut pas obtenu par le prolétariat à la suite d'une lutte consciente de son but, mais tomba dans ses mains d'une façon tout à fait exceptionnelle, comme un bien abandonné de tous, un certain degré de maturité des rapports économiques et politiques. C'est là que réside la différence essentielle entre les coups d'État à la Blanqui accomplis par une «minorité agissante» et qui éclatent comme des coups de pistolet, d'une façon toujours inopportune, et la conquête du pouvoir politique par la grande masse populaire consciente, conquête du pouvoir qui ne peut être elle-même que le produit de la décomposition de la société bourgeoise, et pour cette raison porte en elle la légitimation économique et politique de son apparition opportune. Si, par conséquent, la conquête du pouvoir politique par la classe ouvrière ne peut se produire «trop tôt» du point de vue des conditions sociales, elle doit nécessairement se produire «trop tôt» du point de vue de l'effet politique, de la *conservation* du pouvoir. La révolution prématurée, dont l'idée empêche Bernstein de dormir, nous menace comme l'épée de Damoclès, et contre cela, toutes les prières et les supplications, toutes les transes et toutes les angoisses ne servent à rien. Pour deux raisons bien simples: premièrement, une transformation aussi formidable que le passage de la société capitaliste à la société socialiste est tout à fait impossible à imaginer comme pouvant se réaliser d'un seul coup, au moyen d'un coup heureux du prolétariat. Considérer cela comme possible, c'est faire preuve, encore une fois, de conceptions nettement blanquistes. La transformation socialiste suppose une lutte longue et opiniâtre, au cours de laquelle, selon toutes probabilités, le prolétariat sera repoussé plus d'une fois, de telle sorte que la première fois, du point de vue du résultat final de toute la lutte, il sera nécessairement parvenu «trop tôt» au pouvoir; mais, deuxièmement, la conquête «prématurée» du pouvoir d'État par le prolétariat ne pourra être évitée, précisément pour cette raison que ces attaques «prématurées» du prolétariat constituent un facteur, et même un facteur très important qui crée les conditions politiques de la victoire finale, car ce n'est qu'au cours de la crise politique qui accompagnera sa prise du pouvoir, dans le feu de luttes longues et opiniâtres, que le prolétariat acquerra le degré de maturité politique qui lui permettra d'obtenir la victoire définitive de la révolution. C'est ainsi que ces attaques «prématurées» du prolétariat contre le pouvoir d'État sont elles-mêmes des facteurs historiques importants, qui contribuent à provoquer et à déterminer le *moment* de la victoire définitive. De ce point de vue, l'idée d'une conquête «prématurée» du pouvoir politique par les classes laborieuses apparaît comme une absurdité politique, qui provient d'une conception mécanique du développement de la société, et suppose pour la victoire de la lutte de classe un moment fixé *en dehors et indépendamment* de la lutte des classes.

Par conséquent, étant donné que le prolétariat n'est pas en état de s'emparer autrement que «prématurément» du pouvoir politique, ou, en d'autres termes, étant donné qu'il est absolument obligé de s'en emparer une ou plusieurs fois «trop tôt» avant de pouvoir s'y maintenir définitivement, l'opposition contre la conquête «prématurée» du pouvoir n'est rien d'autre, au fond, qu'une opposition, en général, à l'aspiration du prolétariat à s'emparer du pouvoir d'État.

De ce côté, aussi, par conséquent, nous aboutissons logiquement, de même que tous les chemins mènent à Rome, à cette conclusion que la recommandation révisionniste de laisser tomber le but final socialiste aboutit à cette autre recommandation de renoncer à tout le mouvement socialiste lui-même.

4. L'effondrement

Bernstein a commencé sa révision du programme social-démocrate par l'abandon de la théorie de l'effondrement capitaliste. Mais cette théorie est une pierre angulaire du socialisme scientifique, le rejet de cette pierre angulaire devait logiquement mener à l'effondrement de toute la conception socialiste chez Bernstein. Et, en effet, au cours de la discussion, il abandonna l'une après l'autre, pour pouvoir maintenir ses premières affirmations, les positions du socialisme.

Sans effondrement du capitalisme, l'expropriation de la classe capitaliste est impossible. Bernstein renonce donc à l'expropriation et pose comme but au mouvement ouvrier la réalisation progressive du «principe coopératif».

Mais la coopération ne peut être réalisée au sein de la production capitaliste. Bernstein renonce, par conséquent, à la socialisation de la production et se propose uniquement la réforme du commerce, le développement des coopératives de consommation.

Mais la transformation de la société par les coopératives de consommation, même avec les syndicats, est incompatible avec le développement matériel réel de la société capitaliste. C'est pourquoi Bernstein abandonne la conception matérialiste de l'histoire.

Mais sa conception de la marche du développement économique est incompatible avec la théorie marxiste de la plus-value. Aussi Bernstein abandonne la théorie de la valeur et de la plus-value, et, par là, toute la doctrine économique de Karl Marx.

Cependant, la lutte de classe prolétarienne ne peut être menée ni sans un but final déterminé ni sans base économique dans la société actuelle ; Bernstein abandonne donc la lutte de classe et préconise la réconciliation avec le libéralisme bourgeois.

Mais, comme dans une société de classes, la lutte des classes est un phénomène tout à fait naturel et inévitable, Bernstein conteste même l'existence des classes dans notre société. La classe ouvrière n'est pour lui qu'une masse d'individus, divisés, non seulement politiquement et spirituellement, mais encore économiquement. Et la bourgeoisie, également, n'est pas, d'après lui, groupée politiquement par des intérêts économiques internes, mais seulement par une pression extérieure d'en haut ou d'en bas.

Or, s'il n'y a pas de base économique pour la lutte de classe, et, par conséquent, pas de classes non plus, la lutte, non seulement future, mais même passée, du prolétariat contre la bourgeoisie, apparaît comme impossible et la social-démocratie elle-même et ses succès absolument incompréhensibles. Ou alors ils ne sont compréhensibles que comme étant le résultat de la pression politique du gouvernement, non pas en tant que conséquence naturelle du développement historique, mais en tant que sous-produit de la politique des Hohenzollern ; non pas en tant qu'enfant légitime de la société capitaliste, mais en tant que bâtard de la réaction. C'est ainsi que Bernstein passe, avec une logique rigoureuse, de la conception matérialiste de l'histoire à celle de la *Frankfurter Zeitung* et de la *Vossische Zeitung.*

Il ne reste plus, après avoir abjuré toute la critique socialiste de la société capitaliste, qu'à trouver également satisfaisant l'état de choses actuel, tout au moins d'une façon générale. Et c'est devant quoi ne recule pas non plus Bernstein: il trouve qu'en Allemagne, actuellement, la réaction n'est pas si forte, que, «*dans les pays de l'Europe occidentale, on ne peut pas parler de réaction politique*»; et que «*dans presque tous les pays d'Occident, l'attitude des classes bourgeoises à l'égard du mouvement socialiste est tout au plus une attitude de défense et non pas d'oppression*» (*Vorwärts* du 26 mars 1899). Loin de s'aggraver, la situation des ouvriers s'améliore; au contraire, la bourgeoisie est politiquement progressiste et même moralement saine. On ne peut parler ni de réaction ni d'oppression. Et tout est pour le mieux dans le meilleur des mondes…

C'est ainsi que Bernstein descend d'une façon tout à fait logique et conséquente de A à Z. Il avait commencé par abandonner le *but final* pour le mouvement. Mais comme il ne peut y avoir, en fait, de mouvement social-démocrate sans but socialiste, il est obligé de renoncer au *mouvement* lui-même.

Toute la conception socialiste de Bernstein s'est ainsi effondrée. L'admirable et superbe construction symétrique du système marxiste est devenue désormais pour lui un tas de décombres où les débris de tous les systèmes, les fragments de pensée de tous les grands et petits esprits ont trouvé une fosse commune. Marx et Proudhon, Leo von Buch et Franz Oppenheimer, Friedrich Albert Lange et Kant, M. Prokopovitch et le Dr Ritter von Neupauer, Herkner et Schulze-Gävernitz, Lassalle et le professeur Julius Wolf: tous ont apporté leur obole au système bernsteinien. De chacun, il a appris un peu. Quoi d'étonnant à cela? En abandonnant le point de vue de classe, il a perdu la boussole politique; en abandonnant le socialisme scientifique, il a perdu l'axe de cristallisation intellectuelle autour duquel les faits isolés se groupent dans le tout organique d'une conception cohérente du monde.

Cette doctrine composée de morceaux de tous les systèmes possibles, sans distinction, semble, au premier abord, être complètement libre de tous préjugés. Bernstein ne veut pas entendre parler d'une «science de parti», ou, plus exactement, d'une science de classe, pas plus que d'un libéralisme de classe, d'une morale de classe. Il croit représenter une science abstraite, générale, humaine, un libéralisme abstrait, une morale abstraite. Mais, comme la société véritable se compose de classes, qui ont des intérêts, des aspirations, des conceptions diamétralement opposés, une science humaine générale traitant des questions sociales, un libéralisme abstrait, une morale abstraite, sont, pour le moment, une illusion, une pure utopie. Ce que Bernstein tient pour science, sa démocratie, sa morale universellement humaines, ce sont tout simplement celles qui sont actuellement dominantes, c'est-à-dire la science, la démocratie, la morale *bourgeoises.*

Et en effet ! Quand il abjure le système économique marxiste, pour jurer par les doctrines de Brentano, Boehm-Jevons, Say, Julius Wolf, que fait-il, sinon troquer la base scientifique de l'émancipation de la classe ouvrière contre l'apologétique de la bourgeoisie ? Quand il parle du caractère universellement humain du libéralisme et transforme le socialisme en sa caricature, que fait-il, sinon enlever au socialisme son caractère de classe, donc son contenu historique, donc, en somme, tout contenu, et ainsi, inversement, faire de la représentante du libéralisme dans l'Histoire, la bourgeoisie, la représentante de l'intérêt universellement humain ?

Quand il part en guerre contre la volonté d'« ériger les facteurs matériels en forces omnipotentes de l'évolution », contre le « *mépris de l'idéal* » dans la social-démocratie, quand il plaide pour l'idéalisme, pour la morale, mais en même temps s'élève contre l'unique source de renaissance morale pour le prolétariat, contre la lutte de classe révolutionnaire, que fait-il au fond, si ce n'est de prêcher à la classe ouvrière ce qui est la quintessence de la morale bourgeoise, la réconciliation avec l'ordre des choses existant et le transfert des espérances dans l'au-delà du monde moral idéal ?

Quand enfin c'est contre la dialectique qu'il dirige ses traits les plus acérés, que fait-il d'autre que combattre le mode de penser qui est spécifiquement celui du prolétariat conscient en marche pour ses aspirations ; que combattre contre l'épée qui doit aider le prolétariat à percer les ténèbres qui enveloppent son devenir historique, contre l'arme intellectuelle avec laquelle, encore que matériellement sous le joug, il est pourtant vainqueur de la bourgeoisie, parce qu'il l'a convaincue de son caractère transitoire, lui a démontré qu'infailliblement il triomphera, et, dès à présent, a accompli la révolution dans le domaine de l'esprit ! En prenant congé de la dialectique, en faisant sien le jeu de bascule des idées, « d'un côté-de l'autre, oui-mais, quoique-cependant, plus ou moins », il tombe tout à fait logiquement dans ce qui est, par une nécessité historique, le mode de penser de la bourgeoise en décadence, mode de penser qui est la fidèle portraiture intellectuelle de son existence sociale et de son action politique. Le « d'un côté-de l'autre », le « si » et « mais » de la bourgeoisie d'aujourd'hui présente exactement la figure de Bernstein pensant, et le mode de penser de Bernstein est le symptôme le plus sensible, le plus sûr, de sa manière bourgeoise de voir le monde.

D'ailleurs, pour Bernstein, désormais le terme de « bourgeois » n'est plus une expression de classe, c'est un concept social universel. Cela signifie simplement que – logique jusqu'au point sur le i –, avec la science, la politique, la morale et le mode de penser, il a également troqué le langage historique du prolétariat pour celui de la bourgeoisie. Puisque, par « bourgeois », Bernstein entend sans différenciation à la fois le bourgeois et le prolétaire, donc l'homme en général, c'est qu'effectivement l'homme est pour lui tout bonnement le bourgeois, que la société humaine est identique à la société *bourgeoise*.

5. L'opportunisme en théorie et en pratique

Le livre de Bernstein a eu pour le mouvement ouvrier allemand et international une grande importance historique : il a été la première tentative pour donner aux courants opportunistes du parti une base théorique.

Les courants opportunistes dans notre mouvement, si l'on prend en considération leurs manifestations sporadiques telle que la fameuse question des subventions aux compagnies de navigation à vapeur[29], datent d'assez longtemps. Mais un courant cohérent s'exprimant en

29. Depuis 1885, l'empire allemand accordait des subventions aux compagnies maritimes qui avaient établi des liaisons avec les colonies présentes et futures ; le débat annuel au Reichstag sur ces subventions suscitait des divisions parmi les députés du SPD. (NdE)

ce sens, ayant de l'unité, ne date que du début des années 1890, quand prit fin la loi contre les socialistes et fut reconquis le terrain légal. Le socialisme d'État de Vollmar[30], le vote du budget en Bavière, le socialisme agraire de l'Allemagne du Sud, les propositions de Heine pour un marchandage donnant-donnant, le point de vue défendu par Schippel sur les droits de douane et la milice, voilà les jalons posés sur la route de la pratique opportuniste.

Quelle en était avant tout la marque distinctive? L'hostilité contre la «théorie». Et cela s'explique de soi-même: notre «théorie», c'est-à-dire les principes du socialisme scientifique, pose des limites très strictes à l'action pratique concernant tant les buts vers lesquels on tend que les moyens à employer pour les atteindre, et enfin le mode de lutte lui-même. C'est pourquoi se manifeste chez ceux qui ne veulent chercher que les succès pratiques la tendance naturelle à se rendre les mains libres, autrement dit à séparer notre pratique de la «théorie», à la rendre indépendante de celle-ci.

Mais cette même théorie, à chaque tentative de mise en pratique, leur retombait sur la tête: socialisme d'État, socialisme agraire, politique de marchandage, question de la milice, autant de défaites pour l'opportunisme. Évidemment, ce courant d'opinion, s'il voulait se soutenir contre nos principes devait, c'est logique, en venir à s'attaquer à la théorie elle-même, aux principes, au lieu de les ignorer, s'efforcer de les ébranler et instituer une théorie propre. La théorie bernsteinienne est justement une tentative en ce sens, et voilà pourquoi nous avons vu, au congrès de Stuttgart, tous les éléments opportunistes se grouper immédiatement sous l'étendard de Bernstein. Si, d'une part, les courants opportunistes sont pratiquement un phénomène tout naturel, explicable par les conditions de notre lutte et de son progrès, d'autre part, la théorie bernsteinienne est une tentative allant tout autant de soi pour réunir ces courants dans une expression théorique générale, en découvrir les principes

30. Georg von Vollmar (1850-1922). Député SPD au Landtag de Bavière et au Reichstag, il considérait que la social-démocratie devait élargir son audience au-delà du monde ouvrier et notamment parmi la petite paysannerie et se déclara partisan dès 1891 d'un programme de réformes incluant une intervention grandissante de l'État dans la vie sociale. (NdE)

propres et liquider le socialisme scientifique. C'était donc à l'origine, pour l'opportunisme, l'épreuve du feu théorique, sa première légitimation scientifique.

Comment cette épreuve a donc été un échec? Nous l'avons vu. L'opportunisme n'est pas en état d'établir une théorie positive qui, en quelque mesure que ce soit, soutienne la critique. Tout ce qu'il peut faire, c'est commencer par attaquer isolément quelques-uns des enseignements marxistes, et comme cette théorie représente un édifice solidement assemblé, finir par démolir le système entier, de l'étage le plus haut aux fondations. Il est ainsi démontré que la pratique opportuniste est, dans sa nature, dans ses bases mêmes, incompatible avec le système marxiste.

Mais il est en outre aussi démontré que l'opportunisme est aussi incompatible avec le socialisme en général, que sa tendance intime va d'elle-même pousser le mouvement ouvrier dans des voies bourgeoises. Autrement dit paralyser complètement la lutte de classe prolétarienne.

Certes, lutte de classe prolétarienne et système marxiste ne sont pas, considérés historiquement, choses identiques. Avant Marx et indépendamment de lui, il y a eu un mouvement prolétarien et divers systèmes socialistes, qui correspondaient, chacun à sa manière, aux conditions de l'époque, qui étaient une expression théorique des aspirations de la classe ouvrière à s'émanciper. Le socialisme fondé sur des notions morales de justice, la lutte dirigée contre le mode de répartition au lieu de l'être contre le mode de production, les oppositions de classes conçues comme oppositions entre riches et pauvres, l'effort pour greffer le « coopératisme » sur l'économie capitaliste, tout cela, que nous trouvons dans le système bernsteinien, est chose du passé. Et ces théories, *en leur temps*, étaient, en dépit de toute leur insuffisance, de véritables théories de la lutte de classes prolétarienne; c'étaient les souliers d'enfant géant dans lesquels le prolétariat apprenait à marcher sur la scène de l'Histoire.

Mais une fois que l'évolution de la lutte des classes elle-même et de ses conditions sociales a conduit à se détacher de ces théories et à formuler les principes du socialisme scientifique, il ne peut plus – au moins en Allemagne – y avoir de socialisme en dehors du socialisme de Marx, plus de lutte de classes socialiste en dehors de la social-démocratie. Désormais, socialisme et marxisme, lutte d'émancipation prolétarienne et social-démocratie sont identiques. Le retour aujourd'hui à des théories du socialisme pré-marxiste n'équivaut donc pas seulement à une rechute dans les souliers d'enfant géant du prolétariat; non, c'est une rechute dans les pantoufles naines, hors d'usage, de la bourgeoisie.

La théorie de Bernstein a été la *première* tentative, mais aussi la *dernière* pour donner à l'opportunisme une base théorique. Nous disons la «dernière», parce qu'elle est allée si loin, soit négativement dans l'abjuration du socialisme scientifique, soit positivement dans l'amalgame de toutes les confusions théoriques disponibles, qu'il ne lui reste plus rien à faire. Avec le livre de Bernstein, l'opportunisme a bouclé son cycle d'évolution dans la théorie, tiré ses conséquences dernières.

Et la doctrine marxiste n'est pas seulement à même de le réfuter théoriquement, mais elle est seule capable *d'expliquer* l'opportunisme comme phénomène historique dans le devenir du parti. La progression historique du prolétariat dans le monde jusqu'à la victoire n'est effectivement pas «une chose si simple». Toute l'originalité de ce mouvement réside en ce que, pour la première fois dans l'Histoire, les masses populaires doivent réaliser leur volonté par elles-mêmes et *contre* toutes les classes dominantes, tout en situant cette volonté dans l'au-delà de la société actuelle, par-delà cette société. Mais cette volonté, les masses ne peuvent se la façonner que dans la lutte continue avec l'ordre existant, que dans le cadre de cet ordre. Unifier la grande masse populaire avec un but qui dépasse tout l'ordre existant, la bataille de chaque jour avec la grande réforme du monde, tel est le grand problème du mouvement social-démocrate, lequel, par conséquent, doit opérer sa progression entre ces deux écueils: entre l'abandon de son caractère de masse et l'abandon du but final, entre la retombée à l'état de secte et la culbute dans le mouvement réformiste bourgeois, entre l'anarchie et l'opportunisme.

À la vérité, la doctrine marxiste a rangé dans son arsenal théorique, il y a un demi-siècle déjà, des armes imparables contre l'un et l'autre extrême. Mais comme notre mouvement est justement un mouvement de masse, et que les dangers qui le menacent ne sont pas le produit des cerveaux humains, mais des conditions sociales, la doctrine marxiste ne pouvait pas d'avance, une fois pour toutes, nous mettre à l'abri des déviations anarchistes et opportunistes. Ce n'est qu'après être passées du domaine théorique au domaine pratique qu'elles peuvent être surmontées par le mouvement lui-même, mais, il est vrai, seulement à l'aide des armes fournies par Marx. La social-démocratie a déjà surmonté, avec le «mouvement des Indépendants», le moindre de ces deux dangers, à savoir la roséole anarchiste[31]. L'autre danger, plus redoutable, l'hydropisie opportuniste, elle est actuellement en train de le surmonter.

Étant donné l'extension énorme prise par le mouvement au cours des dernières années, étant donné le caractère complexe des conditions dans lesquelles la lutte doit s'engager et des tâches pour lesquelles elle doit se conduire, le moment devait nécessairement venir où se manifesteraient dans le mouvement un certain scepticisme à l'égard de la possibilité d'atteindre les grands buts finaux, une hésitation à l'égard de l'élément idéal du mouvement. C'est ainsi, et pas autrement, que peut et doit se poursuivre le grand mouvement prolétarien, et ces moments d'hésitation et de découragement, bien loin d'être une surprise pour les marxistes, ont été, tout au contraire, prévus et prédits depuis longtemps par Marx:

«*Les révolutions bourgeoises,* écrivait Marx, il y a un demi-siècle, dans son *Dix-huit Brumaire, comme celles du XVIII*e *siècle, s'élancent toujours plus rapidement de succès en succès, leurs effets dramatiques se surpassent, hommes et choses semblent enchâssés dans des diamants de feu, chaque jour l'esprit est en extase; mais leur vie éphémère, leur point culminant est bientôt atteint, et la*

31. Après l'expiration des lois anti-socialistes, le SPD adopta en 1891 à Erfurt un programme réaffirmant sa perspective et son objectif, «*la suppression de la domination de classe et des classes mêmes*», mais comprenant également un ensemble de revendications immédiates; l'accent mis sur le travail syndical et parlementaire est jugé anti-révolutionnaire par un groupe dit des «Jeunes», principalement berlinois, qui s'en prend vigoureusement à la direction du parti lors du congrès et est alors expulsé. Il forme une Union des socialistes indépendants qui, tirant les leçons de l'attitude jugée dictatoriale du SPD, adoptera une perspective anti-autoritaire, mais éclatera en 1893, certains de ses membre se tournant vers l'anarchisme ou l'anarcho-syndicalisme et d'autres retournant au SPD. (NdE).

société est prise d'un long mal aux cheveux, avant d'apprendre, une fois dessoûlée, à assimiler les résultats de son Sturm und Drang. *Les révolutions prolétariennes, au contraire, comme celles du* XIX*e siècle, se soumettent elles-mêmes à une critique permanente, ne cessent d'interrompre leur propre cours, reviennent sur ce qui semble déjà avoir été acquis, pour le recommencer une fois de plus, raillent sans complaisance les velléités, faiblesses et misères de leurs premières tentatives, semblent n'assommer leur adversaire que pour le laisser tirer du sol des forces nouvelles et se redresser encore grandi en face d'elles, ne cessent de reculer devant l'immensité chaotique de leurs propres buts, jusqu'à ce qu'enfin la situation créée rende tout retour en arrière impossible, et que les circonstances elles-mêmes lancent ce cri*: "Hic Rhodus, hic salta! Voici la rose, ici tu dois danser!"[32] »

Cela est resté vrai, même après qu'a été édifiée la doctrine du socialisme scientifique. Par là, le mouvement prolétarien n'est pas encore devenu, d'un seul coup, même en Allemagne, social-démocrate. Il le devient chaque jour, en surmontant constamment les écarts extrêmes dans l'anarchie et dans l'opportunisme, l'un et l'autre n'étant que des phases déterminées du développement de la social-démocratie, considérée en tant que *processus.*

Dans cette perspective, ce qui est surprenant, ce n'est pas le surgissement du courant opportuniste, mais bien plutôt sa faiblesse. Tant qu'il ne s'était montré que dans des cas isolés de l'activité pratique du parti, on pouvait encore supposer qu'il avait une base théorique sérieuse. Mais maintenant qu'il s'est complètement manifesté dans le livre de Bernstein, tout le monde ne peut que s'écrier avec étonnement: comment, c'est tout ce que vous avez à dire? Pas l'ombre d'une pensée originale! Pas une idée qui n'ait déjà été, il y a des dizaines d'années, réfutée, écrasée, raillée, réduite en poussière par le marxisme!

Il a suffi que l'opportunisme prît la parole pour montrer qu'il n'avait rien à dire. Et c'est ce qui fait, pour l'histoire du parti, toute l'importance du livre de Bernstein. C'est ainsi que, en disant adieu au

---

32. Karl Marx, *Le Dix-huit Brumaire de Louis Bonaparte, in* Œuvres IV, Politique I, Gallimard, 1994, p. 441. Le texte de Rosa Luxemburg conserve le contresens fait par Marx (et repris d'Hegel) dans la traduction du proverbe latin tiré de la fable d'Ésope: «*C'est ici qu'est Rhodes, saute!*» (NdE)

mode de penser du prolétariat révolutionnaire, à la dialectique et à la conception matérialiste de l'histoire, Bernstein peut leur rendre grâce pour les circonstances atténuantes qu'elles accordent à sa conversion. Car seules la dialectique et la conception matérialiste de l'histoire, magnanimes comme elles le sont, pouvaient le faire apparaître comme un instrument prédestiné, inconscient, au moyen duquel la classe ouvrière montant à l'assaut a exprimé sa défaillance momentanée, pour, après l'avoir vu en pleine lumière, le rejeter loin d'elle, en hochant la tête avec un rire moqueur.

Les lunettes anglaises

Article paru dans le *Leipziger Volkszeitung* du 9 mai 1899

Avant de jeter un coup d'œil rétrospectif sur la discussion qui s'est déroulée dans la presse du parti au sujet du livre de Bernstein[33], nous nous proposons d'examiner en détail un certain nombre de questions secondaires qui, au cours de cette discussion, ont été soulignées d'une façon particulière. Cette fois, nous nous tournerons vers le mouvement syndical anglais. Chez les partisans de Bernstein, le mot d'ordre de la «puissance économique», de l'«organisation économique» de la classe ouvrière joue un rôle considérable. Le devoir de la classe ouvrière est de se créer une puissance économique, écrit le Dr Woltmann dans le numéro 93 de la *Freie Presse* d'Elberfeld. De même, E. David clôt sa série d'articles sur le livre de Bernstein par le mot d'ordre suivant: «Émancipation par l'organisation économique» (*Mainzer Volkszeitung*, n° 99). D'après cette conception, conforme à la théorie de Bernstein, le mouvement syndical lié aux coopératives de consommation doit transformer peu à peu le mode de production capitaliste en mode de production socialiste. Nous avons déjà montré (dans la brochure *Réforme sociale ou révolution?*) qu'une telle conception repose sur une méconnaissance complète de la nature et des fonctions économiques tant des syndicats que des coopératives. On peut le prouver sous une forme moins abstraite, au moyen d'un exemple concret.

Chaque fois que l'on parle du rôle considérable qui est réservé aux syndicats dans l'avenir du mouvement ouvrier, il va de soit qu'on mette immédiatement en avant l'exemple des syndicats anglais, tant comme preuve de la «puissance économique» que l'on peut conquérir que comme un exemple éclairant auquel doit s'efforcer de se conformer la classe ouvrière allemande. Mais s'il est, dans l'histoire du mouvement ouvrier un chapitre propre à détruire complètement

33. Cet examen rétrospectif n'a pas paru. (NdT)

la foi en l'action socialisante et en l'essor général des syndicats dans l'avenir, c'est bien l'histoire du trade-unionisme anglais.

Bernstein a fondé sa théorie sur la situation anglaise. Il voit le monde à travers les «lunettes anglaises». C'est déjà devenu une expression courante dans le parti. Si l'on veut dire seulement par là que le changement d'orientation théorique de Bernstein est dû à la vie qu'il a menée en exil et à ses impressions personnelles sur l'Angleterre, cette explication d'ordre psychologique peut être très juste, mais elle n'a qu'un intérêt très limité pour le parti et pour la discussion actuelle. Mais si l'on veut dire, par les «lunettes anglaises», que la théorie de Bernstein convient à l'Angleterre et qu'elle est valide pour l'Angleterre, c'est faux et c'est contredit tant par l'histoire passée que par l'état actuel du mouvement ouvrier anglais.

En quoi consistent donc les particularités si souvent soulignées de la vie sociale anglaise, et comment s'expliquent-elles ? On dit ordinairement que l'Angleterre se caractérise par un État capitaliste sans militarisme, sans bureaucratie, sans paysannerie, qu'elle emploie la majeure partie de son capital à exploiter les autres pays, et que tout cela permet tant la liberté politique, dans laquelle s'est développé le mouvement ouvrier, que la bienveillance que manifeste l'opinion publique en faveur de ce mouvement ouvrier.

Si cela était exact, le mouvement ouvrier anglais aurait dû jouir dès sa naissance, c'est-à-dire dès le début du XIXe siècle, de la liberté politique et de la faveur de l'opinion publique dont il jouit aujourd'hui, car toutes les particularités susmentionnées de la vie sociale anglaise datent de plus d'un siècle. Mais l'histoire du trade-unionisme nous montre précisément le contraire.

Toute la première période de ce mouvement, du début du siècle jusqu'aux années 1840, nous montre notamment une lutte des coalitions ouvrières pour obtenir le droit à l'existence tout aussi acharnée que celle qu'a menée et que mène encore, pour partie, le prolétariat du continent. Le «pays des réformes sociales» a refusé pendant plusieurs décennies d'accorder aux ouvriers la moindre loi en leur faveur. Au «pays des réformes sociales», les ouvriers durent avoir recours dans leur lutte pour l'existence aux formes de violence les plus extrêmes, aux manifestations, aux grèves tumultueuses, aux assassinats, à quoi le gouvernement répondit par tous les moyens éprouvés toujours en usage sur le continent. Arrestations, procès se terminant par des condamnations draconiennes, déportations, mobilisation en masse d'espions, de forces de police et de troupes lors de manifestations ouvrières, justice de classe, arbitraire policier, en un mot, les cinquante premières années du mouvement ouvrier anglais nous montrent toutes les formes de répression brutale de la classe ouvrière montante et de ses revendications les plus modestes en faveur des réformes sociales[34]. Ce même État qui, déjà à cette époque, tout comme aujourd'hui, n'avait aucun militarisme, aucune bureaucratie, aucune paysannerie, trouva cependant les moyens nécessaires pour réprimer violemment le mouvement ouvrier. Si donc nous constatons en Angleterre, à partir du milieu du XIXe siècle, d'autres méthodes de traiter la classe ouvrière, cela n'est pas dû à ces particularités de sa vie politique, mais à d'autres circonstances, qui, vers ce moment, ont fait leur apparition.

En fait, vers le milieu du siècle, des modifications importantes se sont produites dans la situation de l'Angleterre, et cela de deux côtés. Avant tout, c'est à cette époque que l'industrie anglaise est parvenue à la domination incontestée du marché mondial. Jusqu'à la fin des années 1840, la production anglaise avait eu à subir des crises très fréquentes et très violentes. À partir des années 1850, nous assistons, par contre, à un essor considérable et continu. Cet essor de l'industrie anglaise mit l'ensemble de la classe anglaise dans la situation où se trouve un capitaliste individuel lorsque les affaires vont bien : les conflits avec la classe ouvrière, la guerre industrielle permanente, telle qu'elle s'était poursuivie jusqu'alors, lui devinrent extrêmement désagréables et elle ressentit un besoin pressant de relations organisées, de stabilité et de « paix sociale ».

C'est pourquoi nous constatons, du côté du patronat, un changement dans les méthodes de guerre employées : de questions de force

34. Sydney et Béatrice Webb, *Geschichte der britischen Trade-Unions*, p. 50 à 130 (traduction en allemand de *The History of trade-unionism*, 1894 ; publié en français par Giard et Brière sous le titre *Histoire du trade-unionisme*, 1897).

les conflits avec la classe ouvrière se transforment en objets de négociations, d'entente, de concessions. L'âge d'or de l'industrie rend les concessions aux ouvriers aussi nécessaires dans l'intérêt de la bonne marche des affaires que matériellement indolores. Si, au cours de la première période, ce sont les partisans de l'affrontement les plus brutaux, à la Stumm[35], qui représentaient la bourgeoisie anglaise, son véritable porte-parole, au cours de cette nouvelle période, est cet entrepreneur, qui déclara en 1860 : «*Je considère les grèves comme étant à la fois le moyen d'action et le résultat inévitable des négociations commerciales sur l'achat du travail*[36]. »

D'autre part, et sans aucun doute en rapport étroit avec ce qui précède, nous assistons à des modifications importantes dans le mouvement ouvrier lui-même. Des années 1820 au début des années 1840, nous le voyons s'enthousiasmer pour les réformes politiques et sociales, pour de vastes projets, pour le socialisme. «*Dans les réunions, ce sont* [les ouvriers] *des idéalistes qui rêvent d'un nouveau ciel et d'une nouvelle terre, des humanitaires, des partisans de l'instruction du peuple, des socialistes, des moralistes*[37]. » «*Sous l'influence des théories d'Owen*, écrit Francis Place, *les trade-unionistes en vinrent à croire qu'il est possible, au moyen d'une association générale apolitique de tous les salariés, "d'élever les salaires et de réduire la durée du travail dans de telles proportions qu'un jour pas si lointain ils pourraient acquérir la propriété complète des produits de leur travail*[38]." » Le mouvement de classe de cette époque en Angleterre trouva une expression concrète dans l'organisation de l'Union ouvrière générale (*Grand National Consolidated Trade Unions)*, qui s'avéra complètement inapte à la lutte syndicale et s'effondra d'ailleurs bientôt, mais exprima néanmoins nettement l'idée de la classe et de son groupement général en vue du but commun à atteindre. Dans le mouvement chartiste, nous voyons de même le prolétariat anglais aspirer – ici au moyen de l'action politique – à des buts socialistes.

---

35. Voir note 3 p. 49.

36. Sydney et Béatrice Webb, *Theorie und praxis der englishen Gewerkverein*, *op. cit.*, I., p. 196.

37. *Geschichte der britischen Trade-Unions*, *op. cit.*, p. 121.

38. *Ibid.*, p. 125.

Tout cela change vers 1850. Après l'échec du chartisme et du mouvement oweniste, la classe ouvrière se détourne du socialisme et se tourne vers les revendications exclusivement quotidiennes. La classe ouvrière groupée, quoique d'une façon très imparfaite, dans la *Grand Trade-Union* d'Owen, s'éparpille complètement en différents syndicats de métier travaillant chacun pour son propre compte. L'émancipation de la classe ouvrière fut remplacée par la confection la plus favorable possible du «contrat de louage», la lutte contre l'ordre existant, par l'effort en vue de s'installer le plus confortablement possible dans ce régime, en un mot, la lutte de classe pour le socialisme fut remplacée par la lutte bourgeoise pour l'existence bourgeoise.

Les trade-unions ont obtenu leurs résultats par deux moyens: la lutte directe contre le patronat; la pression pour obtenir une législation favorable. Mais, dans un cas comme dans l'autre, elles doivent leurs succès précisément au terrain bourgeois sur lequel elles se sont placées. En ce qui concerne la lutte contre le patronat, la conférence générale des syndicats proclama dès 1845 «*une nouvelle méthode d'action syndicale, une politique de conciliation et d'arbitrage*[39]». Mais l'arbitrage et les sentences arbitrales ne sont possibles que s'il existe un terrain commun sur lequel on puisse s'entendre. Et ce terrain fut bientôt fourni par le système très répandu de l'échelle mobile des salaires, qui de son côté, repose économiquement sur l'harmonie des intérêts du patronat et de la classe ouvrière. Ce n'est que parce que le patronat comme la classe ouvrière étaient placés sur ce terrain commun que fut possible l'extension considérable des contrats collectifs, des bureaux de conciliation, des tribunaux d'arbitrage, tels que nous les voyons fonctionner jusque vers 1880. Mais, par là, les affrontements et les heurts entre le Travail et le Capital se transformèrent de luttes de classes en conflits entre acheteurs et vendeurs, comme il s'en produit ordinairement à l'occasion de l'achat et de la vente de toute marchandise. Si, d'une part, le patronat était arrivé à cette conception que les grèves étaient «inévitables lors de négociations commerciales sur l'achat du travail», le travail se résigna, d'autre part, à ne les considérer que comme un simple objet de «négociations commerciales».

39. *Ibid.*, p. 151.

Comme base de toute la lutte syndicale, les trade-unions acceptèrent la théorie économique bourgeoise de l'offre et de la demande comme constituant le seul régulateur des salaires, et « *il en résulta tout naturellement que le seul moyen en leur pouvoir d'assurer ou d'améliorer leur situation était de réduire l'offre*[40] ».

En conséquence, nous voyons employer en tant que moyens de lutte syndicale, à cette époque, la suppression des heures supplémentaires, la réduction du nombre des apprentis et l'émigration (dans certaines branches jusque vers 1880), c'est-à-dire, excepté le premier point, des méthodes purement corporatistes.

C'est également le caractère que revêtit le côté politique de la lutte syndicale. Deux points de vue sont caractéristiques dans ce sens. Tout d'abord, l'attitude politique propre des trade-unionistes anglais : jusque vers 1885, ils furent – et ils sont encore aujourd'hui dans la majorité des cas – de purs bourgeois, libéraux ou conservateurs. De plus, les méthodes et les moyens qu'ils employèrent dans la lutte pour les lois sociales ne furent pas le moins du monde l'agitation populaire, comme en Allemagne et dans les autres pays du continent, mais un système complexe particulier en vue de peser sur les parlementaires bourgeois, de les influencer, sans distinction de partis, un maquignonnage, une politique de couloirs et d'escaliers de service sans aucun caractère de principe ni de classe, telle qu'elle fut tout particulièrement appliquée par les fileurs de laine et les tisserands[41]. C'est précisément à l'emploi de ces méthodes que les syndicats durent leurs plus grands succès d'ordre législatif. À quel point, au contraire, une attitude ayant un caractère de classe plus prononcé était un obstacle pour l'obtention de résultats pratiques, c'est ce que montrent les difficultés qu'eut à surmonter la Fédération des mineurs[42].

En rapport avec cette activité orientée dans ce sens, nous voyons toute la structure et tout le caractère des syndicats anglais se modifier

40. *Ibid.*, p. 160.

41. Sydney et Beatrice Webb, *Theorie und praxis der englishen Gewerkverein*, *op. cit.*, I, p. 230 et suivantes.

42. *Ibid.*, p. 234.

au cours de la seconde moitié de ce siècle. La direction du mouvement passe des mains des «enthousiastes et agitateurs irresponsables» aux mains d'«une classe de fonctionnaires permanents et appointés», qui sont même parfois engagés après un examen en règle[43]. D'une école de solidarité de classe et de morale socialiste, le mouvement syndical se transforme en une œuvre d'art extrêmement compliquée, une maison d'habitation confortablement installée en vue d'une existence durable, et, dans tout le monde ouvrier de cette époque, règne «*un esprit de diplomatie prudente, quoiqu'un peu étroite*».

II

En Angleterre, ainsi que nous l'avons vu plus haut, les ouvriers et la bourgeoisie se plaçaient, tant au point de vue économique qu'au point de vue politique et moral, sur le même terrain.

«*Ils* [les leaders des trade-unions] *acceptèrent avec une entière bonne foi l'individualisme économique de leurs adversaires bourgeois, et ne réclamèrent que la liberté de coalition, que les membres éclairés de la classe bourgeoise étaient tout disposés à leur accorder… La compréhension dont ils firent preuve pour le mode de penser de la bourgeoisie et leur appréciation des difficultés réelles de la situation les préservèrent d'être de simples démagogues… La possession des bonnes manières n'était pas, quoique cela puisse paraître une mesquinerie triviale, la moindre de leurs qualités. À un respect complet d'eux-mêmes et à une intégrité absolue, ils alliaient la correction du langage, une attitude absolument irréprochable dans la vie privée et une absence remarquable de tout ce qui rappelle le cabaret*[44]*.*»

Le fait que tant la lutte purement économique des trade-unions que leur lutte en faveur de la législation ouvrière ne furent pas menées d'une façon unie par l'ensemble des syndicats et en faveur de l'ensemble de la classe ouvrière, comme ce fut le cas en Allemagne, en France et partout ailleurs, mais en groupes dispersés, chaque syndicat agissant pour son propre compte et par ses propres moyens (voir la résistance opposée par les représentants des provinces de Durham et

---

43. Sydney et Beatrice Webb, *Geschichte der britischen Trade-Unions*, *op. cit.*, p. 163.

44. *Ibid.*, p. 194.

de Northumberland au parlement aux efforts de la Fédération des mineurs[45]), n'est qu'une conséquence logique de cette politique individualiste diplomatique. L'absence d'un terrain économique et politique commun, d'un point de vue de classe, les antagonismes entre grands et petits syndicats, entre syndicats d'ouvriers qualifiés et syndicats d'ouvriers non qualifiés, entre vieux syndicats et syndicats nouveaux, condamnèrent à la stérilité et à la ruine leurs actions communes, leurs congrès communs et leur commission parlementaire[46]. «*Le congrès, où sont représentés un grand nombre d'intérêts divergents et même contradictoires, ne peut jamais être qu'une union très lâche*[47]*...* ».

À ces deux facteurs susmentionnés, à savoir le développement croissant de l'industrie et le terrain bourgeois sur lequel se plaça le mouvement ouvrier, vient s'ajouter logiquement la troisième particularité de la situation anglaise: la bienveillance manifestée par l'opinion publique à l'égard du mouvement ouvrier. Ce n'est pas «la pitié innée à l'homme», ni l'investissement à l'étranger de grandes quantités de capitaux anglais qui, comme on le prétend souvent, expliquent la bienveillance manifestée par l'opinion publique anglaise à l'égard du mouvement syndical.

Ceux qui le prétendent ne voient qu'un côté de l'influence exercée par l'opinion publique sur la classe ouvrière, à savoir le soutien matériel accordée par elle. Mais ils en négligent l'autre côté: la pression morale exercée par elle sur les ouvriers. Ce n'est pas pour le mouvement ouvrier en général que l'opinion publique anglaise manifeste cette bienveillance, mais pour le mouvement ouvrier bien déterminé qui s'est constitué sur le sol de l'Angleterre: le mouvement qui, tant au point de vue économique qu'au point de vue politique, se place sur le terrain de la société bourgeoise. Elle ne soutient pas la lutte de classe, au contraire, elle la prévient. Lors des grèves, des luttes pour les salaires, l'opinion publique impose, comme l'on sait, l'arbitrage,

---

45. *Theorie und praxis...*, *op. cit.*, I, p. 234.

46. Une preuve de cette nouvelle orientation en est le mode de scrutin introduit au congrès syndical de Cardiff qui «*tend manifestement à remettre tout le pouvoir aux mains de fonctionnaires et notamment des fonctionnaires d'un petit nombre de vieux et grands syndicats*». *Ibid.*, p. 248.

47. *Ibid.*

les procédures de conciliation, elle empêche la lutte de tourner à l'épreuve de force, même lorsque la classe ouvrière pourrait en tirer avantage, et malheur aux ouvriers s'ils refusaient de se soumettre à la voix de l'opinion publique. L'ouvrier anglais qui, dans sa lutte contre son entrepreneur, est soutenu par la société bourgeoise anglaise, l'est en sa qualité de membre de cette société, en qualité de citoyen, d'électeur bourgeois, et ce soutien contribue encore à en faire un membre fidèle de cette société.

L'entrepreneur raisonnable et l'ouvrier syndiqué tout aussi raisonnable, le capitaliste correct et l'ouvrier correct, le bourgeois au cœur large, ami des ouvriers, et le prolétaire à l'esprit mesquin étroitement bourgeois, se conditionnent l'un l'autre, ne sont que des corollaires d'un seul et même rapport, dont la base commune a été fournie par la situation économique qui a été celle de l'Angleterre à partir du milieu du XIXe siècle : la stabilité et la domination incontestée de l'industrie anglaise sur le marché mondial.

Cette situation se maintint en Angleterre jusque dans les années 1880. Mais, à partir de cette époque, on assiste, sous tous les rapports, à une modification profonde, avant tout dans la base du développement syndical tel qu'il s'était poursuivi jusqu'alors. La position de l'Angleterre sur le marché mondial est fortement ébranlée par le développement capitaliste de la Russie, de l'Allemagne et des États-Unis. Le déclin rapide de l'Angleterre se manifeste non seulement dans la perte, l'un après l'autre, de ses débouchés, mais encore dans un symptôme toujours très grave et très caractéristique : la décadence de ses *méthodes de production et de commerce*. Ces dernières, notamment, indiquent toujours l'essor ou le déclin d'une industrie capitaliste avant et plus sûrement que les statistiques d'exportation ou d'importation elles-mêmes. De même que la classe capitaliste d'un pays en pleine ascension se distingue avant tout par l'habileté et la souplesse de ses méthodes techniques de production et de commerce (voir l'Angleterre jusque vers 1870-1880 et l'Allemagne actuelle) ; de même, dans un pays dont l'industrie est sur le déclin, se manifestent comme un premier symptôme infaillible le caractère rétrograde et la lourdeur des méthodes de production et de commerce. C'est actuellement le cas en Angleterre, et, depuis quelque temps, les plaintes sur l'apathie et la raideur des marchands anglais constituent une rubrique permanente dans les rapports consulaires anglais. En ce qui concerne les méthodes de production, l'Angleterre est actuellement – c'est là un fait jusqu'à récemment sans précédent – contrainte par la concurrence étrangère, et pour protéger son propre marché intérieur, d'importer de l'étranger de l'outillage technique moderne de production. Voir, par exemple, les transformations actuelles dans l'industrie du fer blanc, sous la pression de la concurrence des États-Unis[48].

Les bases chancelantes, l'instabilité de la situation commerciale, la marche souvent médiocre des affaires entraînent pour leur part un changement profond dans l'attitude des entreprises comme des ouvriers anglais. La dépression générale dans l'industrie anglaise est encore momentanément contrebalancée par la demande de constructions navales créée par le militarisme et le commerce, demandes qui favorisent, à leur tour, toute une série de branches d'industrie importantes, telles que l'industrie métallurgique. Mais, dans ce domaine également, l'Angleterre sera bientôt menacée par la concurrence de l'Allemagne.

Si, dans les périodes de prospérité, les concessions aux ouvriers étaient indolores pour le capital, ce dernier devient actuellement de plus en plus sensible et excitable. Les procédures d'entente lui deviennent de plus en plus désagréables, et il utilise les sentences des chambres d'arbitrage pour «*repousser les revendications excessives des ouvriers*», tandis que, à d'autres moments, il «*se sert de sa position stratégique pour obliger les ouvriers à accepter des conditions plus défavorables que celles proposées par les sentences des chambres d'arbitrage*[49]». D'autre part, le système de l'échelle mobile, qui assurait auparavant aux ouvriers leur part dans la prospérité industrielle, leur vaut, avec le déclin des affaires, des reculs de plus en plus fréquents[50]. C'est pourquoi les syndicats abandonnent résolument ce système. Mais, avec l'abandon par les ouvriers du système de l'échelle mobile et la viola-

48. *Deutsche Industrie-Zeitung*, mi-décembre 1898.
49. Sydney Webb et Beatrice Webb, *Theorie und Praxis…, op. cit.*, I, p. 182.
50. Voir note 15 p.66. (NdE)

tion systématique par les entrepreneurs des sentences arbitrales, disparaissent les fondements mêmes du système de conciliation et d'arbitrage et d'entente qui a accompagné la période de prospérité du trade-unionisme anglais, et, avec eux, la «paix sociale». Cette transformation fut, il y a quelques années, reconnue officiellement par la suppression des lois de 1867 et de 1872, aux termes desquelles tous les conflits entre le Capital et le Travail devaient être obligatoirement résolus par la conciliation. En même temps que la bonne marche durable des affaires et la stabilité qu'elle apportait à la situation de l'ouvrier, a disparu également la possibilité de développer si artistiquement les syndicats et de faire fonctionner leur mécanisme compliqué d'une façon aussi régulièrement et aussi facilement qu'autrefois. Ce mécanisme savant et la bureaucratie spécialisée des syndicats deviennent également en grande partie inutiles, avec la suppression de l'échelle mobile des salaires et de la procédure d'arbitrage. Tous les syndicats fondés au cours des quinze dernières années se distinguent des vieux syndicats par la grande simplicité de leur organisation et de leur fonctionnement et se rapprochent en cela des syndicats du continent. Mais, dans la mesure où la procédure d'entente à l'amiable devient de plus en plus inefficace, les conflits entre le Capital et le Travail deviennent de plus en plus des questions de force, comme nous l'avons vu à propos de la grève de la construction mécanique[51] et de celle des mineurs gallois. En Angleterre, également, la «paix sociale» fait place à la guerre sociale, à la lutte des classes. Les syndicats se transforment peu à peu d'organisations ayant pour but d'assurer la paix industrielle en organisations de lutte sur le modèle des syndicats allemands, français, autrichiens. Deux symptômes importants de ces tout derniers temps montrent que, tant dans la bourgeoisie anglaise que dans le prolétariat anglais, on est conscient de la transformation réalisée, et qu'on se prépare à une lutte des classes sérieuse. C'est, pour le patronat, la création d'un Comité par-

---

51. Voir note 4 p. 49; en avril 1898, 100 000 mineurs de charbon du sud du Pays de Galles se mettent en grève pour obtenir la suppression de l'échelle mobile et une augmentation des salaires. À cours de ressources, ils mettent fin à la grève le 1er septembre, mais il en résultera la création de la Fédération des mineurs du Pays de Galles du sud. (NdE)

lementaire pour lutter contre l'action parlementaire des syndicats, pour la classe ouvrière, la réapparition de l'idée d'une alliance ouvrière générale, autant haïe des capitalistes que des trade-unionistes de la vieille école et des partisans de la «paix sociale», mais qui exprime nettement, pour la masse du prolétariat anglais, le besoin d'un groupement, le réveil de la conscience de classe, au sens véritable du terme.

De cette histoire du trade-unionisme anglais esquissée par nous à grands traits, on peut tirer trois sortes de conclusions différentes pour notre controverse avec Bernstein et ses partisans. Tout d'abord, l'idée selon laquelle les syndicats ont une *importance directe pour le socialisme* est complètement fausse. Précisément, le mouvement syndical anglais sur lequel on s'appuie doit, en grande partie, ses résultats obtenus dans le passé à son caractère purement bourgeois, à son hostilité à l'égard de l'«utopisme» socialiste. Les historiens du trade-unionisme, S. et B. Webb, constatent eux-mêmes, à différentes reprises et expressément, que le mouvement syndical en Angleterre a chaque fois échoué dans la mesure où il était imprégné d'idées socialistes, et, au contraire, a obtenu des résultats dans la mesure où il se rétrécit, s'aplatit, se libère du socialisme[52].

Précisément, le trade-unionisme anglais, dont le représentant classique est l'ouvrier gentleman rassasié, correct, étroit, borné, pensant et sentant bourgeoisement, prouve, par conséquent, que le mouvement syndical en soi et pour soi n'a encore rien de socialiste et que, même, dans certaines circonstances, il peut constituer une entrave directe au développement de la conscience socialiste; de même que, au contraire, la conscience socialiste peut être, dans certaines conditions, un obstacle à l'obtention de résultats purement syndicaux. En Allemagne, comme sur l'ensemble du continent, les syndicats se sont constitués dès le début sur la base de la lutte de classe, souvent même directement comme une création de la social-démocratie (voir la Belgique et l'Autriche). Ils sont ici subordonnés d'avance au mouvement

52. Voir en particulier *Theorie und Praxis…, op. cit.*, I, p. 213 et suivantes; *Geschichte der britischen Trade-Unions, op. cit.*, p. 121, 142.

socialiste et ne peuvent compter sur des succès – tout au contraire de l'Angleterre – que dans la mesure où ils s'appuient sur la lutte de classe socialiste et sont soutenus par elle (voir l'action social-démocrate actuelle en Allemagne pour la défense du droit de coalition). Les syndicats allemands (comme ceux du continent en général) sont, de ce point de vue, du point de vue des efforts d'émancipation du prolétariat, malgré leur faiblesses et, en partie même, à cause de cette faiblesse, *plus avancés* que les syndicats anglais. Le renvoi à l'exemple de l'Angleterre ne signifie pas autre chose, en réalité, que conseiller aux syndicats allemands de quitter le terrain de la lutte de classe socialiste et de se placer sur le terrain bourgeois. Pour servir la cause du socialisme, ce ne sont pas les syndicats allemands qui doivent s'engager sur les traces des syndicats anglais ; mais, au contraire, les syndicats anglais sur celles des syndicats allemands. Les « lunettes anglaises » ne conviennent par conséquent pas à l'Allemagne, non pas parce que les conditions anglaises sont *plus avancées*, mais parce que, du point de vue de la lutte de classe, elles sont plus arriérées que les conditions allemandes. En outre, si nous passons de la signification subjective des syndicats pour le socialisme, de l'influence qu'ils exercent sur la conscience de classe du prolétariat, à leur signification objective, à la « puissance économique » que, d'après la théorie opportuniste, ils donnent à la classe ouvrière, et à l'aide de laquelle elle sera en mesure de briser la puissance du capital, elle apparaît également comme une légende, et comme « un conte des temps anciens[53] ». En Angleterre même, la puissance économique inébranlable des syndicats, même sans tenir compte de tout ce par quoi elle a été acquise, appartient déjà en grande partie au passé. Elle est liée, comme nous l'avons vu, à une période tout à fait déterminée, exceptionnelle, du développement du capitalisme anglais, à sa domination incontestée sur le marché mondial. Mais cette période qui, seule, par sa stabilité et sa prospérité, constituait le terrain du trade-unionisme anglais dans sa période de prospérité, dans sa prospérité véritable, ne se répétera plus ni en Angleterre ni en aucun autre pays.

53. Heinrich Heine, *La Lorelei*, 1824. (NdE)

Si même le mouvement ouvrier allemand pouvait et voulait, conformément aux conseils opportunistes, abandonner pour la « puissance économique » la fameuse légende du prolétariat qui « veut tout avaler », c'est-à-dire son caractère socialiste, et s'engager sur la trace du trade-unionisme anglais, il ne pourrait jamais conquérir la puissance économique que possédait autrefois ce dernier. Et cela, pour une raison bien simple : parce qu'aucun opportunisme ne peut créer artificiellement le terrain économique du vieux trade-unionisme.

En résumé, les « lunettes anglaises » de Bernstein ne sont, en réalité, qu'un miroir concave dans lequel tous les phénomènes se reflètent à l'envers. Ce qu'il représente comme le moyen le plus puissant de la lutte socialiste n'était, en réalité, qu'un obstacle à la réalisation du socialisme, et ce qu'il considère comme l'avenir de la social-démocratie allemande n'est que le passé, qui disparaît de plus en plus, du mouvement ouvrier anglais dans son évolution vers la social-démocratie.

LE PARTI, MAISON COMMUNE

Questions d'organisation de la social-démocratie russe

Article paru en 1904 dans l'*Iskra,* organe de la social-démocratie russe, et dans la *Neue Zeit*[1], revue théorique de la social-démocratie allemande ; c'est la traduction de cette version allemande qu'on trouvera ci-dessous.

C'est une des vérités constantes et vénérables que le mouvement social-démocrate des pays en retard doive apprendre des mouvements plus anciens des pays plus avancés. Nous osons la compléter par la proposition inverse : les partis social-démocrates plus anciens, en pleine activité, peuvent et doivent également tirer profit d'une meilleure connaissance de leurs jeunes partis-frères. Pour l'économie marxiste – à la différence des classiques et, plus que jamais, des économistes vulgaires – tous les stades économiques qui ont précédé l'ordre économique capitaliste ne sont pas de simples formes d'un « sous-développement » à la lumière de ce couronnement de la création que serait celui-ci, mais au contraire des formes différentes, toutes aussi justifiées, de l'économie. De même, pour les militants politiques marxistes, les mouvements socialistes qui se développent différemment constituent des individualités historiques spécifiques. Et plus nous apprenons à reconnaître les traits fondamentaux de la social-démocratie dans toute la variété de ses différents environnements sociaux, plus nous devenons conscients de ce qui est essentiel, de ce qui est fondamental en elle et de ce qu'en sont les *principes* et nous faisons reculer l'horizon borné de tous les localismes. Ce n'est pas pour rien que la corde internationale vibre si fort dans le marxisme révolutionnaire ni qu'au contraire la pensée opportuniste rend un son d'isolement national. L'article ci-dessous, qui a été écrit à son invitation pour l'*Iskra,* l'organe du parti social-démocrate russe, devrait aussi présenter un certain intérêt pour le public allemand.

1. Numéros 42 et 43, juillet 1904.

I

Une tâche originale et sans précédent dans l'histoire du socialisme est échue à la social-démocratie russe : la tâche de définir une tactique socialiste, c'est-à-dire conforme à la lutte de classe du prolétariat, dans un pays où domine encore l'absolutisme. La comparaison habituelle entre la situation russe actuelle et l'Allemagne de 1878-1890, au temps des lois de Bismarck contre les socialistes, est vaine car elle ne considère que le régime policier, et non le régime politique. Les *obstacles* que l'absence de libertés démocratiques crée au mouvement de masses n'ont qu'une importance relativement secondaire ; même en Russie, le mouvement des masses a réussi à renverser les barrières de l'ordre absolutiste et à se donner sa propre « constitution », quoique chétive, des « désordres de rue ». Il saura bien persévérer dans cette voie jusqu'à la victoire complète sur l'absolutisme.

La difficulté principale auquel le combat social-démocrate doit faire face en Russie provient du fait que la domination de classe de la bourgeoisie y est masquée par la domination de la violence absolutiste ; ce qui donne inévitablement à la propagande socialiste de la lutte de classe un caractère abstrait, tandis que l'agitation politique immédiate revêt surtout un caractère révolutionnaire-démocratique. La loi contre les socialistes en Allemagne tendait à ne mettre hors la constitution que la classe ouvrière et cela dans une société bourgeoise hautement développée, où les antagonismes de classe s'étaient déjà pleinement épanouis dans les luttes parlementaires. C'est en quoi d'ailleurs résidaient l'absurdité et l'insanité de l'entreprise bismarckienne. En Russie, il s'agit, au contraire, de faire l'expérience inverse : de créer une social-démocratie alors que la bourgeoisie n'exerce pas directement le pouvoir politique.

La question non seulement de la transplantation de la doctrine socialiste sur le sol russe, non seulement de *l'agitation,* mais aussi celle de *l'organisation* s'y pose donc d'une façon toute particulière.

Dans le mouvement social-démocrate, à la différence des anciennes tentatives du socialisme utopique, *l'organisation* n'est pas le produit artificiel de la propagande, mais un produit historique de la lutte des classes, à laquelle la social-démocratie apporte simplement de la conscience politique.

Dans les conditions normales, c'est-à-dire là où la domination politique entièrement constituée de la bourgeoisie, a précédé le mouvement socialiste, c'est la bourgeoisie qui a déjà créé dans une large mesure les rudiments d'une cohésion politique de la classe ouvrière. «*À ce stade,* dit le *Manifeste communiste,... s'il arrive que les ouvriers se soutiennent dans une action de masse, ce n'est pas là encore le résultat de leur propre union, mais de celle de la bourgeoisie.*» En Russie, il est échu à la social-démocratie la tâche de suppléer par son intervention consciente à toute une période du processus historique et de conduire le prolétariat, en tant que classe consciente de ses buts et décidée à les atteindre, d'un état d'«atomisation» politique, qui est le fondement du régime absolutiste, vers la forme la plus haute de l'organisation, celle d'une classe combattante consciente de ses buts. Cela rend particulièrement difficile le problème de l'organisation, non pas tant du fait que la social-démocratie doit procéder à cette organisation sans pouvoir faire état des garanties formelles qu'offre la démocratie bourgeoise, que parce qu'il lui faut, à l'instar de Dieu le Père, faire sortir cette organisation «du néant», sans disposer de la matière première politique qu'ailleurs la société bourgeoise prépare elle-même.

La tâche sur laquelle la social-démocratie russe peine depuis plusieurs années, c'est de transformer un type d'organisation fait de groupes locaux, de petits cercles tout-à-fait indépendants, qui suffisait dans la période précédente, celle de la propagande, en une organisation plus vaste, unie, telle que l'exige une action politique concertée sur tout le territoire de l'État. Mais l'autonomie parfaite et l'isolement, l'auto-gouvernement des organisations locales ayant été les traits les plus accusés de la forme d'organisation désormais devenue insupportable et politiquement dépassée, il était naturel que le mot d'ordre de la tendance nouvelle prônant une vaste union fut le *centralisme.* L'accent mis sur le centralisme a été le leitmotiv dominant de la brillante campagne menée pendant trois ans par l'*Iskra* pour aboutir au congrès qui, bien qu'il compte comme deuxième congrès du parti social-démocrate, en a été effectivement l'assemblée constituante. La même idée s'était emparée de la jeune garde de la social-démocratie en Russie.

Mais bientôt, au congrès et encore davantage *après* le congrès, on dut se persuader que la formule du centralisme était loin d'embrasser tout le contenu historique et l'originalité du type d'organisation dont la social-démocratie a besoin. Une fois de plus, la preuve a été faite qu'aucune formule rigide ne peut suffire lorsqu'il s'agit d'interpréter du point de vue marxiste un problème du socialisme, ne fût-ce qu'un problème concernant l'organisation du parti.

Le livre du camarade Lénine[2], l'un des dirigeants et militants les plus en vue de l'*Iskra*, est l'exposé systématique des vues de la tendance *ultra-centraliste* du parti russe. Ce point de vue, qui y est exprimé avec une vigueur et un esprit de conséquence sans pareils, est celui d'un impitoyable centralisme posant comme principe, d'une part, la sélection et la constitution en corps séparé des révolutionnaires actifs et en vue, en face de la masse non organisée, quoique activement révolutionnaire, qui les entoure, et, d'autre part, une discipline sévère, au nom de laquelle les centres dirigeants du parti interviennent directement et résolument dans toutes les affaires des organisations locales du parti. Qu'il suffise d'indiquer que, selon la thèse de Lénine, le comité central a par exemple le droit d'organiser tous les comités locaux du parti, et, par conséquent, de décider de la composition de toutes les organisations locales, de Genève à Liège et de Tomsk à Irkoutsk, d'imposer à chacune d'elles des statuts tout faits, de décider sans appel de leur dissolution et de leur reconstitution, de sorte que, en fin de compte, le comité central pourrait déterminer à sa guise la composition de la suprême instance du parti, du congrès. Ainsi, le comité central apparaît comme l'unique noyau actif du parti, et tous les autres groupements ne sont que ses exécutants.

C'est précisément dans cette union du centralisme le plus rigoureux de l'organisation et du mouvement de masse social-démocrate que Lénine voit un principe spécifique du marxisme révolutionnaire, et il apporte une quantité d'arguments à l'appui de cette thèse. Mais essayons de la considérer de plus près.

2. *Un pas en avant, deux pas en arrière*, Genève, 1904.

On ne saurait mettre en doute que, en général, une forte tendance à la centralisation ne soit inhérente à la social-démocratie. Ayant grandi sur le terrain économique du capitalisme, qui est centralisateur de par son essence, et ayant à lutter dans les cadres politiques de la grande ville bourgeoise, centralisée, la social-démocratie est génétiquement foncièrement hostile à toute manifestation de particularisme ou de fédéralisme national. Appelée à représenter, dans les frontières d'un État, les intérêts communs du prolétariat, en tant que classe, et à les opposer à tous les intérêts particuliers ou de groupe, la social-démocratie a pour tendance naturelle de réunir en un parti unique tous les groupements d'ouvriers, quelles que soient les différences d'ordre national, religieux ou professionnel entre ces membres de la même classe. Elle ne déroge à ce principe et ne se résigne au fédéralisme qu'en présence de conditions exceptionnellement anormales, comme c'est, par exemple, le cas dans la monarchie austro-hongroise. À ce point de vue, il ne saurait y avoir aucun doute que la social-démocratie russe ne doit point constituer un conglomérat fédératif d'innombrables organisations spécifiques nationales et locales, mais un parti uni, rassemblé, pour tout l'empire. Mais c'est une autre question qui se pose, celle du degré de centralisation qui peut convenir, en tenant compte des conditions actuelles, à l'intérieur de la social-démocratie russe, unifiée et une.

Du point de vue des tâches formelles de la social-démocratie en tant que parti de lutte, le centralisme dans son organisation apparaît à première vue comme une condition de la réalisation de laquelle dépendent directement la capacité de lutte et l'énergie du parti.

Cependant, ces considérations de caractère formel et qui s'appliquent à n'importe quel parti d'action sont beaucoup moins importantes que les conditions historiques de la lutte prolétarienne.

Le mouvement socialiste est, dans l'histoire des sociétés fondées sur l'antagonisme des classes, le premier qui compte, dans toutes ses phases et dans toute sa marche, sur l'organisation et sur l'action directe et autonome de la masse.

Sous ce rapport la social-démocratie crée un type d'organisation totalement différent de celui des mouvements socialistes antérieurs, comme par exemple les mouvements du type jacobin-blanquiste.

Lénine paraît le sous-estimer lorsque, dans son livre (p. 140), il exprime l'opinion que le social-démocrate révolutionnaire ne serait pas autre chose qu'*« un jacobin indissolublement lié à* l'organisation *du prolétariat qui a* pris conscience *de ses intérêts de classe »*. Pour Lénine, la différence entre la social-démocratie et le blanquisme se réduit au fait qu'il y a un prolétariat organisé et pénétré d'une conscience de classe à la place d'une poignée de conjurés. Il oublie que cela implique une révision complète des idées sur l'organisation et par conséquent un contenu tout à fait nouveau de la notion de centralisme, ainsi que des rapports réciproques entre l'organisation et la lutte.

Le blanquisme n'avait point en vue l'action immédiate de la classe ouvrière et n'avait donc pas besoin d'une organisation de masse. Au contraire : comme les masses populaires ne devaient entrer en scène qu'au moment de la révolution, tandis que l'action préliminaire consistait dans la préparation d'un coup de main révolutionnaire par une minorité, le succès même du complot exigeait que les initiés se tinssent à distance de la masse populaire. Mais cela était également possible et réalisable parce qu'aucun contact intime n'existait entre l'activité conspiratrice d'une organisation blanquiste et la vie quotidienne des masses populaires.

En même temps, la tactique, aussi bien que les tâches concrètes de l'action, puisque librement improvisées par l'inspiration et sans contact avec le terrain de la lutte de classes élémentaire, pouvaient être fixées dans leurs détails les plus minutieux et prenaient la forme d'un plan déterminé à l'avance. Il s'ensuivait, naturellement, que les membres actifs de l'organisation se transformaient en simples organes d'exécution des ordres d'une volonté déterminée, extérieure à leur propre champ d'activité, en *instruments* d'un comité central. D'où cette seconde particularité du centralisme conspirateur : la soumission absolue et aveugle des sections du parti à l'instance centrale et l'extension de l'autorité de cette dernière jusqu'à l'extrême périphérie de l'organisation.

Radicalement différentes sont les conditions de l'activité de la social-démocratie. Elle surgit historiquement de la lutte de classe élémentaire. Et elle se meut dans cette contradiction dialectique que ce n'est qu'au cours de la lutte que l'armée prolétarienne se recrute et qu'elle prend conscience des buts de cette lutte. L'organisation, les progrès de la conscience et la lutte ne sont pas des phases particulières, séparées dans le temps et mécaniquement, comme dans un mouvement blanquiste, mais au contraire des aspects divers d'un seul et même processus. D'une part, en dehors des principes généraux de la lutte, il n'existe pas de tactique déjà élaborée dans tous ses détails à laquelle les membres de la social-démocratie pourraient être formés par un comité central. D'autre part, les péripéties de la lutte, au cours de laquelle se crée l'organisation, déterminent des fluctuations incessantes de la sphère d'influence du parti social-démocrate.

Il en résulte déjà que la centralisation social-démocrate ne saurait se fonder ni sur l'obéissance aveugle ni sur une subordination mécanique des militants vis-à-vis du centre du parti. D'autre part, il ne peut y avoir de cloisons étanches entre le noyau prolétarien conscient, solidement organisé dans le cadre du parti, et cette partie proche du prolétariat déjà entraînée dans la lutte de classe et dont la conscience de classe est en pleine progression. L'instauration dans la social-démocratie du centralisme sur ces deux principes, la subordination aveugle de toutes les organisations jusque dans le moindre détail vis-à-vis du centre, qui seul pense, travaille et décide pour tous, et la séparation rigoureuse du noyau organisé du parti par rapport à l'ambiance révolutionnaire – comme l'entend Lénine – nous paraît donc une transposition mécanique des principes d'organisation blanquistes de cercles de conjurés dans le mouvement social-démocrate des masses ouvrières. Et il nous semble que Lénine a exprimé son point de vue d'une manière peut-être plus frappante que n'aurait osé le faire aucun de ses opposants, lorsqu'il définit son «*social-démocrate révolutionnaire*» comme un «*jacobin lié à* l'organisation *du prolétariat qui a* pris conscience *de ses intérêts de classe*». En vérité la social-démocratie n'est pas liée à l'organisation de la classe ouvrière, elle est le *mouvement propre* de la classe ouvrière. Il faut donc que le centralisme de la social-démocratie soit d'une nature essentiellement différente du centralisme blanquiste. Il ne saurait être autre chose que la concentration impérieuse de la volonté de l'avant-garde consciente et militante de la classe ouvrière vis-à-vis de ses groupes et individus. C'est, pour ainsi dire, un «auto-centralisme» de la couche dirigeante du prolétariat, c'est le règne de la majorité à l'intérieur de son propre parti.

Cette analyse du contenu effectif du centralisme social-démocratique montre déjà que les conditions indispensables à sa réalisation n'existent pas pleinement dans la Russie actuelle : l'existence d'un contingent assez nombreux d'ouvriers déjà éduqués par la lutte politique et la possibilité pour eux de développer leur action propre par l'influence directe sur la vie publique (dans la presse du parti, dans les congrès publics, etc.).

Cette dernière condition ne pourra être évidemment réalisée que lorsqu'aura été conquise la liberté politique en Russie ; quant à la première – la formation d'une avant-garde prolétarienne consciente de ses intérêts de classe et capable de s'orienter dans la lutte politique –, elle n'est qu'en cours et elle doit être considérée comme le but principal de tout le travail d'agitation et d'organisation social-démocrate.

Il est d'autant plus frappant de voir Lénine professer l'opinion contraire : il est persuadé que toutes les conditions préalables pour la constitution d'un parti ouvrier puissant et fortement centralisé existent déjà en Russie. Et si, dans un élan d'optimisme, il proclame qu'à présent ce «*n'est plus le prolétariat, mais certains intellectuels de notre parti, qui manquent d'auto-éducation quant à l'esprit d'organisation et de discipline*» (p. 145), et s'il glorifie l'action éducatrice de l'usine, qui habitue le prolétariat à «*la discipline et à l'organisation*» (p. 147), tout cela ne prouve qu'une fois de plus sa conception trop mécanique de l'organisation socialiste.

La «discipline» à laquelle Lénine pense est inculquée au prolétariat non seulement par l'usine, mais encore par la caserne et par le bureaucratisme actuel, bref par tout le mécanisme de l'État bourgeois centralisé.

C'est inapproprié de désigner par le même terme de «discipline» deux notions aussi différentes que, d'une part, l'absence de pensée et de volonté dans un corps aux mille mains et aux mille jambes, exécutant à la baguette des mouvements mécaniques, et, d'autre part, la coordination volontaire de l'activité politique consciente d'une collectivité. Que peut avoir de commun l'obéissance de cadavre d'une classe dominée et la rébellion organisée d'une classe luttant pour son émancipation ?

Ce n'est pas en partant de la discipline imposée par l'État capitaliste au prolétariat, en remettant à celles d'un comité central social-démocrate la baguette enlevée des mains de la bourgeoisie, mais en rompant, en extirpant jusqu'à la dernière racine cet esprit d'obéissance servile, que le prolétaire pourra acquérir le sens d'une discipline nouvelle, de l'autodiscipline librement consentie de la social-démocratie.

Il en résulte en outre que le centralisme au sens social-démocrate ne saurait être une conception absolue applicable de la même manière à n'importe quelle phase du mouvement ouvrier; il faut plutôt le considérer comme une tendance qui devient une réalité au fur et à mesure de la maturation et de l'éducation politique des masses ouvrières au cours de leur lutte.

Bien entendu, l'absence des conditions les plus nécessaires pour la réalisation complète du centralisme dans le mouvement russe peut représenter un très grand obstacle.

Il nous semble, cependant, que ce serait une grosse erreur que de penser qu'on pourrait «provisoirement» substituer le pouvoir absolu d'un comité central agissant en quelque sorte par «délégation» tacite à la domination, encore irréalisable, de la majorité des ouvriers conscients dans le parti, et suppléer à l'absence de contrôle public exercé par les masses ouvrières sur les faits et gestes de l'organe du parti par le contrôle inverse du comité central sur l'activité du prolétariat révolutionnaire.

L'histoire même du mouvement ouvrier en Russie nous offre maintes preuves de la valeur problématique d'un semblable centralisme. Un centre tout-puissant, investi d'un droit presque sans limite de contrôle et d'ingérence, selon l'idéal de Lénine, tomberait dans l'absurde si sa compétence était réduite aux aspects exclusivement techniques de l'activité social-démocrate, à la gestion des moyens et ressources de l'agitation – comme l'acheminement des publications du parti, la répartition du travail et des moyens financiers entre les agitateurs. On ne comprendrait le but politique d'une institution munie de tels pouvoirs que si ses forces étaient consacrées à l'élaboration d'une tactique de combat uniforme et si elle assumait l'initiative d'une vaste action politique en Russie. Mais que nous enseignent les vicissitudes par lesquelles est passé jusqu'à ce jour le mouvement socialiste en Russie ? Les revirements de tactique les plus importants et les plus féconds des dix dernières années n'ont pas été l'invention de quelques dirigeants et encore moins d'organes centraux, mais ils ont été chaque fois le produit spontané du mouvement en effervescence.

Ainsi en fut-il de la première étape du mouvement vraiment prolétarien en Russie qu'on peut dater de la grève générale spontanée de Saint-Pétersbourg en 1896 et qui marqua le début de toute une ère de luttes économiques menées par les masses ouvrières. Il en alla de même pour la deuxième phase de la lutte : celle des manifestations de rue, dont le signal fut donné par l'agitation spontanée des étudiants de Saint-Pétersbourg en mars 1901. Le grand tournant suivant de la tactique qui ouvrit des horizons nouveaux fut marqué – en 1903 – par la grève générale à Rostov-sur-le-Don : encore une explosion spontanée, car la grève se transforma « d'elle-même » en manifestations politiques avec l'agitation dans la rue, des grands meetings populaires en plein air et des discours publics, que le plus enthousiaste des militants social-démocrates n'aurait osé imaginer même comme un phantasme quelques années plus tôt.

Dans tous ces cas, c'est « l'action » qui a été à l'origine de tous ces événements. L'initiative et la direction consciente des organisations social-démocrates n'y ont cependant joué qu'un rôle insignifiant. Cela ne s'explique pas par le fait que ces organisations n'étaient pas spécialement préparées à un tel rôle (bien que cette circonstance ait pu aussi compter pour quelque chose) ; et encore moins par l'absence d'un appareil central tout-puissant sur le modèle du projet de Lénine. Au contraire, il est fort probable que l'existence d'un semblable centre de direction n'aurait pu qu'augmenter le désarroi des comités locaux en accentuant le contraste entre l'assaut impétueux de la masse et la position hésitante de la social-démocratie. Ce même phénomène – le rôle insignifiant de l'initiative consciente de la direction du parti dans l'élaboration de la tactique – s'observe en Allemagne aussi bien que partout. Dans ses grandes lignes, la tactique de lutte de la social-démocratie n'est, en général, pas « à inventer » ; elle est le résultat d'une série ininterrompue de grands actes créateurs de la lutte de classe souvent élémentaire qui y acquiert son expérience.

L'inconscient précède le conscient et la logique du processus historique objectif précède la logique subjective de ses protagonistes. Le rôle de la direction social-démocrate revêt dans une large mesure un caractère conservateur: comme le démontre l'expérience, chaque fois que le mouvement ouvrier conquiert un terrain nouveau, elle le laboure jusqu'à ses limites les plus extrêmes; mais le transforme en même temps en un bastion contre des progrès ultérieurs de plus vaste envergure.

Par exemple, la tactique actuelle de la social-démocratie allemande est généralement admirée en raison de sa diversité, de sa flexibilité et, en même temps, de sa sûreté. Mais cette tactique signifie seulement que notre parti s'est admirablement adapté, dans les moindres détails de l'action quotidienne, aux conditions actuelles du régime parlementaire : il a méthodiquement étudié toutes les ressources de ce terrain de lutte et il sait en profiter, sans déroger à ses principes. Et cependant, cette forme spécifique de la tactique ferme déjà des horizons plus vastes, on tend à considérer la tactique parlementaire comme immuable, comme *la* tactique de la lutte social-démocrate. On se refuse par exemple à ouvrir le débat dans la presse du parti sur la question, posée par Parvus, des changements de tactique à envisager dans le cas de l'abrogation du suffrage universel en Allemagne ; et pourtant cette éventualité est prise très au sérieux par les chefs du parti. Cette inertie est en grande partie due au fait qu'il est très malaisé de définir, dans le vide de spéculations abstraites, les contours et les formes concrètes de conjonctures politiques encore inexistantes, et, par conséquent, imaginaires. Ce qui importe toujours pour la social-démocratie, c'est évidemment non point la préparation d'une ordonnance toute prête pour la tactique future, mais c'est de maintenir l'appréciation historique correcte des formes de lutte qui s'imposent à chaque moment, la compréhension vivante de la relativité de la phase donnée de la lutte et de l'inéluctabilité de l'aggravation des tensions révolutionnaires sous l'angle du but final de la lutte des classes.

Mais en accordant à la direction du parti des pouvoirs si absolus d'un caractère négatif, comme le veut Lénine, on ne fait que renforcer jusqu'à un degré très dangereux le conservatisme qui en émane nécessairement. Si la tactique est le fait non pas du comité central, mais de l'ensemble du parti ou – encore mieux – de l'ensemble du mouvement ouvrier, il est évident qu'il faut à ses différents échelons cette liberté d'action qui seule permettra d'utiliser toutes les ressources d'une situation et de développer leur initiative révolutionnaire. L'ultra-centralisme défendu par Lénine nous apparaît comme imprégné non point d'un esprit positif et créateur, mais de l'esprit stérile du veilleur de nuit. Tout son souci tend à *contrôler* l'activité du parti et non à la féconder; à rétrécir le mouvement plutôt qu'à le développer; à le juguler, non à l'unifier.

Une expérience semblable serait doublement hasardeuse pour la social-démocratie russe dans les circonstances actuelles. Elle est à la veille de vastes batailles révolutionnaires pour le renversement de l'absolutisme; elle va s'engager, ou plutôt, elle est déjà engagée dans une phase d'activité créatrice intense sur le plan de la tactique et – ce qui va de soi dans une période révolutionnaire – dans une phase où sa sphère d'influence s'élargira et se déplacera fiévreusement et par bonds. Tenter en un tel moment d'enchaîner l'initiative de la social-démocratie et entourer celle-ci d'un réseau de fil de fer barbelé, c'est vouloir la rendre incapable dans une large mesure d'accomplir les tâches formidables de l'heure.

De ces considérations générales que nous venons d'exposer au sujet de l'essence du centralisme social-démocrate ne découle pas encore aisément la rédaction effective des statuts du parti russe. En dernière instance, des statuts de ce genre ne peuvent être déterminés que par les conditions dans lesquelles se déroule l'action du parti dans une période donnée. Et, comme en Russie il s'agit d'une première tentative de mettre sur pied une grande organisation du prolétariat, il est douteux que des statuts, quels qu'ils soient, puissent prétendre d'avance à l'infaillibilité: il faut qu'ils subissent d'abord l'épreuve du feu de la pratique.

Mais ce qu'on est en droit de déduire de l'idée générale du type d'organisation de la social-démocratie, c'en sont les grands traits fondamentaux, c'est l'esprit de cette organisation, qui comporte, notamment au début du mouvement de masse, la coordination et l'unification du mouvement, mais nullement un caractère réglementaire et exclusif du centralisme social-démocrate. Et pourvu que le parti soit pénétré de cet esprit de liberté de mouvement politique que doivent compléter l'attention la plus aigüe portée au respect des principes du mouvement et le souci de l'unité du parti, on peut être sûr que l'expérience pratique corrigera les incongruités des statuts, si malheureuse que puisse être leur rédaction. Car ce n'est pas la lettre, mais le sens et l'esprit vivant dont les militants actifs la pénètrent, qui décide de la valeur de telle ou telle forme d'organisation.

II

Jusqu'ici, nous avons examiné le problème du centralisme du point de vue des principes généraux de la social-démocratie et en partie sous l'aspect de la situation actuelle de la Russie. Mais l'esprit de veilleur de nuit de l'ultra-centralisme préconisé par Lénine et ses amis n'est pas le produit fortuit d'errements : il se rattache à la lutte contre l'opportunisme poussée par Lénine jusque sur le terrain des plus minutieux détails de l'organisation.

Il s'agit, dit Lénine, «*de forger une arme plus ou moins tranchante contre l'opportunisme. Et l'arme doit être d'autant plus efficace que les racines de l'opportunisme sont plus profondes*». (p. 52)

De même, Lénine voit dans les pouvoirs absolus qu'il décerne au comité central et dans le mur statutaire rigoureux qu'il élève autour du parti une digue contre l'opportunisme dont les manifestations spécifiques proviennent, à son avis, du penchant inné de l'intellectuel vers l'autonomisme et la désorganisation, de son aversion à l'égard de la stricte discipline de parti et de tout «bureaucratisme» dans la vie du parti.

D'après Lénine, ce n'est que chez l'intellectuel, demeuré individualiste et enclin à l'anarchie, même quand il a adhéré au socialisme, qu'on rencontre cette répugnance à subir l'autorité absolue d'un comité central, tandis que le prolétaire authentique, en raison de son instinct de classe révolutionnaire, ne peut éprouver qu'une béatitude sans mélange devant toute la rigueur, toute la raideur et toute la vigilance des plus hautes autorités du parti et s'en remettre les yeux gaiment fermés au strict exercice de la « discipline de parti ». « *Le bureaucratisme opposé au démocratisme,* dit Lénine, *cela ne signifie pas autre chose que le principe d'organisation de la social-démocratie-révolutionnaire opposé aux méthodes d'organisation opportunistes.* » (p. 151) Il insiste sur le fait que le même conflit entre tendances centralisatrices et tendances autonomistes se manifeste dans la social-démocratie de tous les pays où s'opposent la tendance révolutionnaire et une tendance réformiste ou révisionniste. Il évoque en particulier les événements récents dans la social-démocratie allemande et les débats qu'y suscita la question de l'autonomie à accorder aux circonscriptions électorales. Sur ces points, un examen du parallèle établi par Lénine n'est ni sans intérêt, ni sans utilité.

Commençons par observer que l'exaltation des facultés innées dont seraient pourvus les prolétaires en ce qui concerne l'organisation socialiste et la méfiance à l'endroit des intellectuels ne sont pas en elles-mêmes l'expression d'une mentalité marxiste révolutionnaire ; au contraire, on pourrait démontrer facilement que ces arguments s'apparentent à l'opportunisme.

L'antagonisme entre les éléments purement prolétariens et les intellectuels socialistes non prolétariens, c'est l'enseigne idéologique sous laquelle se rallient le semi-anarchisme des syndicalistes purs en France avec son vieux mot d'ordre « méfiez-vous des politiciens[3] », le *trade-unionisme* anglais plein de méfiance à l'égard des « rêveurs socialistes » et, enfin, si nos informations sont exactes, cet « économisme pur » que prêchait naguère dans les rangs de la social démocratie russe le groupe qui imprimait clandestinement à Saint-Pétersbourg la revue *Rabotchaïa Mysl* et qui importait dans la Russie absolutiste l'étroitesse d'esprit des trade-unions.

Sans doute, on ne saurait nier que, dans la plupart des partis socialistes d'Europe occidentale, il existe un lien entre l'opportunisme et les intellectuels, ainsi qu'entre l'opportunisme et les tendances décentralisatrices dans l'organisation.

---

3. En français dans le texte. (NdE)

Mais ce serait commettre le plus grand péché envers l'« esprit saint » du marxisme, c'est-à-dire sa méthode de pensée historico-dialectique, que de séparer ces phénomènes du sol historique concret où ils prennent naissance et d'en faire des modèles qui auraient une validité générale et absolue.

En raisonnant d'une façon abstraite, on peut reconnaître seulement que l'« intellectuel » étant un élément social issu de la bourgeoisie et étranger au prolétariat, peut parvenir au socialisme par la voie de *l'idéologie*, non pas en vertu mais en dépit de son sentiment de classe ; c'est pourquoi il est plus exposé aux oscillations opportunistes que le prolétaire éclairé, qui tire de son instinct de classe une attitude révolutionnaire plus sûre, tant qu'il n'a pas perdu le lien vivant avec son terreau social, avec la *masse* prolétarienne. Cependant, la forme concrète qu'assume le penchant de l'intellectuel vers l'opportunisme, et surtout la manière dont ce penchant se manifeste dans les questions relatives à l'organisation, dépendent dans chaque cas du milieu social concret.

Les phénomènes observés dans la vie du socialisme allemand, français ou italien, auxquels se rapporte Lénine, sont issus d'une base sociale nettement déterminée, celle du parlementarisme bourgeois. Et comme ce parlementarisme est, en général, la pépinière spécifique de toutes les tendances opportunistes actuelles du socialisme de l'Europe occidentale, il engendre aussi en particulier les tendances désorganisatrices de l'opportunisme.

Le parlementarisme, ainsi que nous avons appris à le connaître en France, en Italie et en Allemagne, n'entretient pas seulement les illusions bien connues de l'opportunisme actuel : la surévaluation de l'importance du travail réformateur, la collaboration des classes et des partis, le développement pacifique, etc. Mais encore en séparant, dans la social-démocratie, les intellectuels des ouvriers et en les plaçant, comme parlementaires, dans une certaine mesure au-dessus des ouvriers, le parlementarisme crée un terrain propice au développement pratique de ces illusions. Enfin, les progrès du mouvement ouvrier font du parlementarisme un tremplin pour le carriérisme politique, et c'est pourquoi on voit se faufiler sous les drapeaux du parti socialiste maints ambitieux et maints ratés du monde bourgeois.

C'est à tous ces facteurs qu'il convient d'attribuer le penchant connu de l'intellectuel opportuniste des partis socialistes d'Europe occidentale pour la désorganisation et l'indiscipline ; la deuxième source, bien identifiée, de l'opportunisme contemporain, est l'existence d'un mouvement socialiste fort développé et donc d'un parti social-démocrate influent. Cette organisation agit actuellement comme un rempart protégeant le mouvement de classe révolutionnaire contre les déviations dans le sens du parlementarisme bourgeois, lesquelles, pour triompher, doivent tendre à détruire ce rempart et à noyer l'élite active et consciente du prolétariat dans la masse amorphe du « corps électoral ».

C'est ainsi que naissent les tendances « autonomistes » et décentralisatrices parfaitement adaptées à certains buts politiques ; il convient donc de les expliquer non pas, comme le fait Lénine, par le libertinage et la pusillanimité innés de « l'intellectuel », mais par les besoins du politicien parlementaire bourgeois, non par la psychologie de l'intellectuel, mais par la politique opportuniste.

La chose se présente tout autrement en Russie, sous le régime de la monarchie absolue, où l'opportunisme dans le mouvement ouvrier est, en général, le produit non pas de la forte croissance de la social-démocratie ni de la désagrégation de la société bourgeoise, comme en occident, mais au contraire de l'arriération politique de cette société.

L'intelligentsia russe, parmi laquelle se recrutent les intellectuels socialistes, est beaucoup moins bourgeoise et bien davantage déclassée, dans le sens précis de ce terme, qu'en Europe occidentale. Cette circonstance – jointe à l'immaturité du mouvement prolétarien en Russie – offre, il est vrai, un champ beaucoup plus vaste aux errements théoriques et aux oscillations opportunistes qui vont jusqu'à la négation complète de l'aspect politique des luttes ouvrières, jusqu'à la foi absolue en l'efficacité du terrorisme individuel, ou encore jusqu'aux marais politiques du libéralisme ou philosophiques de l'idéalisme kantien.

Cependant, il nous semble que l'intellectuel social-démocrate russe peut difficilement se sentir attiré par l'œuvre de désorganisation, puisqu'un tel penchant n'est favorisé ni par l'existence d'un parlement bourgeois ni par l'état d'âme du milieu social. L'intellectuel occidental moderne que nous voyons aujourd'hui professer le « culte du moi » et propager une «morale de maîtres[4]» jusque dans les luttes et la pensée socialistes est le type non pas de l'intellectualité bourgeoise en général, mais seulement d'une phase déterminée de son existence: c'est-à-dire qu'il est le produit d'une bourgeoisie décadente, pourrie, qui est presque arrivée au fond de l'impasse de sa domination de classe. Au contraire, les lubies utopiques ou opportunistes des intellectuels socialistes russes tendent à s'étoffer de formules théoriques où le moi n'est pas exalté, mais humilié, et la morale du renoncement, de l'expiation est le principe dominant. Autrefois, pour «aller au peuple», l'intellectuel devait obligatoirement se grimer en paysan: telle fut la tentative désespérée des anciens *narodniki* («populistes»); maintenant, les partisans de «l'économisme pur» pratiquent le culte de «la main calleuse».

On obtient un résultat tout différent lorsque, au lieu d'appliquer mécaniquement à la Russie les schémas élaborés en Europe occidentale on s'efforce d'étudier le problème de l'organisation en rapport avec les conditions spécifiques de l'état social russe.

En tout cas, c'est ignorer la nature intime de l'opportunisme que de lui attribuer, comme fait Lénine, une préférence invariable pour une forme déterminée de l'organisation – ici, pour la décentralisation.

Qu'il s'agisse d'organisation ou d'autre chose, l'opportunisme ne connaît qu'un seul principe: l'absence de tout principe. Il choisit ses moyens d'action au gré des circonstances, pourvu que ces moyens semblent pouvoir le conduire aux buts qu'il poursuit.

Si, avec Lénine, nous définissons l'opportunisme comme la tendance à paralyser le mouvement révolutionnaire autonome de la classe ouvrière et à le transformer en instrument de la soif de pouvoir des intellectuels bourgeois, nous devrons reconnaître que, dans les phases initiales du mouvement ouvrier, cette fin peut être atteinte plus aisément non par la décentralisation, mais par une *centralisation* rigoureuse qui livrerait la direction de ce mouvement de prolétaires encore peu éclairés à une poignée de chefs intellectuels. Il est caractéristique qu'à l'aube du mouvement en Allemagne, alors que

4. *Cf.* Friedrich Nietzche, *Par delà le bien et le mal*, § 260. La première édition allemande est parue en 1886. (NdE)

n'existait encore ni un solide noyau de prolétaires conscients ni une tactique éprouvée fondée sur l'expérience, les deux tendances étaient présentes : le centralisme à outrance s'affirmant dans l'Union générale des ouvriers allemands fondée par Lassalle, et « l'autonomisme » chez ceux d'Eisenach[5]. Bien que la tactique des « eisenachois » fût bien confuse, du point de vue des principes, elle contribua infiniment mieux que l'action des lassalliens à susciter dans les masses ouvrières l'éveil d'une conscience nouvelle. Les prolétaires jouèrent bientôt un rôle prépondérant dans ce parti (comme on peut le voir par la multiplication rapide des périodiques ouvriers publiés en province), le mouvement progressa rapidement en étendue, tandis que les lassalliens, malgré toutes leurs expériences avec des « dictateurs », conduisaient leurs fidèles d'une mésaventure à l'autre.

En général, on peut facilement montrer que, lorsque la cohésion est encore faible entre les éléments révolutionnaires de la classe ouvrière et que le mouvement même est hésitant, en bref lorsqu'on est en présence de conditions comme celles où se trouve maintenant la Russie, c'est précisément le centralisme rigoureux, despotique, qui caractérise les intellectuels opportunistes. Tandis que, dans une phase ultérieure – sous le régime parlementaire et par rapport à un parti ouvrier fortement constitué – les tendances à l'opportunisme des intellectuels s'expriment par un penchant à la « décentralisation ».

Même du point de vue de Lénine, qui redoute par-dessus tout l'influence néfaste des intellectuels dans le mouvement prolétarien, nous ne saurions concevoir de plus grand danger pour le parti socialiste russe que les plans d'organisation proposés par Lénine. Rien ne pourrait plus facilement et plus sûrement asservir un mouvement ouvrier, encore si

5. L'Allgemeine deutsche Arbeiterverein (ADAV) fut fondée en 1863 par Ferdinand Lassalle qui la dirigea de façon très personnelle, comme le firent ses successeurs et notamment Johann Baptist von Schweitzer de 1867 à 1871. En désaccord avec ses dirigeants et leurs tentatives d'entente avec Bismarck, Wilhelm Liebknecht fonda en 1866 le Sächsische Volkspartei puis, avec August Bebel lors d'un congrès à Eisenach en 1869, le Sozialdemokratische Arbeiterpartei (SDAP). La fusion des deux organisations à Gotha en 1875 donnera naissance au SPD. Voir Franz Mehring, *L'histoire de la social-démocratie allemande de 1863 à 1891*, Les bons caractères, 2013. (NdE)

jeune, à la soif de pouvoir des intellectuels, que l'immobilisation du mouvement dans la cuirasse d'un centralisme bureaucratique qui ferait des ouvriers en lutte l'instrument docile d'un «comité».

Et, au contraire, il n'y a pas de garantie plus efficace contre les abus opportunistes d'une intelligentsia ambitieuse que l'activité révolutionnaire autonome du prolétariat, grâce à laquelle il acquiert le sens des responsabilités politiques.

En effet, ce qui aujourd'hui n'est qu'un fantôme, hantant l'imagination de Lénine, pourrait demain devenir réalité.

N'oublions pas que la révolution, dont nous sommes sûrs qu'elle ne peut tarder à éclater en Russie, n'est pas une révolution prolétarienne, mais une révolution bourgeoise, qui modifiera radicalement tout le paysage social-démocrate. Alors les intellectuels russes, eux aussi, s'imprégneront rapidement de l'idéologie bourgeoise. Si, à présent, la social-démocratie est le seul guide des masses ouvrières, au lendemain de la révolution on verra naturellement la bourgeoisie et, en premier lieu, son intelligentsia, chercher à faire de la masse le piédestal de sa domination parlementaire. Moins l'activité autonome, la libre initiative, le sens politique de l'avant-garde ouvrière auront pu se libérer dans la période de lutte actuelle, plus ils auront été politiquement mis sous tutelle, enrégimentés par un comité central social-démocrate, plus la tâche des démagogues bourgeois dans la Russie rénovée sera facile et plus la récolte des efforts actuels de la social-démocratie risquera d'être engrangée par la bourgeoisie.

Et avant tout, l'idée qui est à la base du centralisme à outrance, le désir de barrer le chemin à l'opportunisme par des articles de statuts, est radicalement fausse.

Sous l'impression des événements récents dans les partis social-démocrates de France, d'Italie, d'Allemagne, les social-démocrates russes tendent à considérer l'opportunisme en général comme un ingrédient étranger, apporté dans le mouvement ouvrier par des représentants du démocratisme bourgeois. Même s'il en était ainsi, les barrières statutaires seraient impuissantes contre cette intrusion d'éléments opportunistes. Puisque l'afflux de recrues non-prolétaires dans le parti ouvrier est l'effet de causes sociales profondes, telles que l'effondrement économique rapide de la petite bourgeoisie, celui plus rapide encore du libéralisme bourgeois, le dépérissement de la démocratie bourgeoise, ce serait une illusion naïve que de penser endiguer ce flot tumultueux par une rédaction ou une autre des articles des statuts.

Les articles d'un règlement peuvent régir la vie de petites sectes et de compagnies privées, mais un courant historique passe à travers les mailles des paragraphes les plus subtils. C'est d'ailleurs une très grande erreur que de croire défendre les intérêts de la classe ouvrière en repoussant les éléments que la désagrégation des classes bourgeoises pousse en masse vers le socialisme. La social-démocratie a toujours affirmé qu'elle représente, en même temps que les intérêts de classe du prolétariat, la totalité des aspirations progressistes de la société contemporaine et les intérêts de toutes les victimes opprimées de l'ordre social bourgeois ; cela ne doit pas s'entendre seulement dans ce sens que cet ensemble d'intérêts est idéalement englobé dans le programme socialiste. Le même postulat se traduit dans la réalité par l'évolution historique, qui fait de la social-démocratie, en tant que parti politique, de plus en plus le havre de tous les éléments mécontents, et ainsi réellement le parti du peuple tout entier contre l'infime minorité bourgeoise qui détient le pouvoir.

Seulement, il est nécessaire de savoir toujours subordonner aux buts finaux de la classe ouvrière toutes les souffrances de cette troupe bigarrée, d'articuler l'esprit de révolte non-prolétaire avec l'action révolutionnaire du prolétariat et, en un mot, d'assimiler les éléments qui viennent à elle.

Cela n'est possible que si des noyaux prolétariens fort et politiquement éduqués donnent déjà le la à la social-démocratie, assez conscients pour être capables, comme jusqu'ici en Allemagne, d'entraîner dans leur sillage les contingents de déclassés et de petits-bourgeois qui la rejoignent. Dans ce cas, une plus grande rigueur dans l'application du principe centralisateur et une discipline plus sévère explicitement formulée dans les articles des statuts peuvent être une sauvegarde efficace contre les écarts opportunistes. Alors, on a toute raison de considérer la forme d'organisation prévue par les statuts comme un système défensif dirigé contre l'assaut opportuniste ; c'est ainsi que le socialisme révolutionnaire français s'est défendu contre l'assaut de la confusion jaurésiste ; et une modification dans le même sens des statuts de la social-démocratie allemande est devenue nécessaire. Mais, même dans ce cas, on ne doit pas considérer les statuts comme une arme qui, en quelque sorte, se suffirait à elle-même : ce n'est qu'un suprême moyen de coercition pour rendre exécutoire la volonté de la majorité prolétarienne révolutionnaire qui prédomine effectivement dans le parti. Si cette majorité faisait défaut, les plus rigoureux articles couchés sur le papier seraient inopérants.

Cependant, cette affluence d'éléments bourgeois est loin d'être l'unique cause des courants opportunistes qui se manifestent au sein de la social-démocratie. Une autre source se révèle dans l'essence même de la lutte social-démocrate et dans les contradictions qui lui sont inhérentes. Le mouvement universel du prolétariat vers son émancipation intégrale est un processus dont la particularité réside en ce que, pour la première fois dans l'Histoire, les masses du peuple font valoir elles-mêmes leur volonté consciemment et à l'encontre de toutes les classes gouvernantes, tandis que la réalisation de cette volonté n'est possible que par-delà la société actuelle. Or les masses ne peuvent acquérir et fortifier en elles cette *volonté* que dans la lutte quotidienne avec l'ordre constitué, c'est-à-dire dans les limites de cet ordre. D'une part, l'unification de la grande masse du peuple, d'autre part, un but placé au-delà de l'ordre social existant ; d'une part, la lutte quotidienne et, de l'autre, la révolution, tels sont les termes de la contradiction dialectique où se meut le mouvement social-démocrate. Il en résulte qu'il doit progresser en louvoyant sans cesse entre deux écueils : l'un est la perte de son caractère de masse, l'autre le renoncement au but final ; la rechute à l'état d'une secte et la transformation en un mouvement de réformes bourgeoises.

Voilà pourquoi c'est une illusion contraire aux enseignements de l'Histoire que de vouloir fixer, une fois pour toutes, la direction révolutionnaire de la lutte socialiste et de garantir à jamais le mouvement ouvrier de toute déviation opportuniste. Sans doute, la doctrine de Marx nous fournit des moyens imparables pour dénoncer et combattre les manifestations typiques de l'opportunisme. Mais le mouvement social-démocrate étant un mouvement de masse et les écueils qui le guettent n'étant pas les produits des cerveaux humains, mais des conditions sociales, il est impossible de se protéger à l'avance contre la possibilité d'égarements opportunistes. Ce n'est que par le mouvement même qu'on peut la surmonter en s'aidant, sans doute, de ressources qu'offre la doctrine marxiste, et seulement après que les écarts en question ont pris une forme tangible dans l'action pratique.

Considéré de ce point de vue, l'opportunisme apparaît comme un produit du mouvement ouvrier lui-même et comme une phase inévitable de son développement historique. En Russie notamment, où la social-démocratie est encore jeune et où les conditions politiques dans lesquelles se forme le mouvement ouvrier sont extrêmement anormales, l'opportunisme est, dans une large mesure, le résultat de celles-ci ainsi que des tâtonnements et expérimentations tactiques inévitables, au milieu desquels le combat doit être mené actuellement en accord avec les principes socialistes fondamentaux dans des conditions particulières, sans précédent.

S'il en est ainsi nous ne pouvons que trouver encore plus étrange la prétention d'écarter la possibilité même de toute ébauche d'opportunisme dans les premiers moments d'un mouvement ouvrier en inscrivant certains mots plutôt que d'autres dans les statuts du parti. Pareille tentative d'exorciser l'opportunisme par un chiffon de papier peut causer des blessures non pas tant à l'opportunisme qu'à la social-démocratie elle-même. En arrêtant les pulsations d'une saine vie organique, on débilite le corps et on diminue sa résistance aussi bien que son esprit combatif non seulement contre les courants opportunistes, mais encore – ce qui devrait avoir aussi une certaine importance – contre l'ordre social existant. Le moyen proposé se retourne contre le but.

Dans ce désir craintif d'une partie de la social-démocratie russe d'établir la tutelle d'un comité central omniscient et omnipotent, pour préserver un mouvement ouvrier, si prometteur et si plein de sève, de quelques faux-pas, nous croyons discerner les symptômes de ce même *subjectivisme* qui a déjà joué plus d'un tour à la pensée socialiste en Russie[6]. Il est vraiment amusant de voir les cabrioles que l'Histoire se plaît à faire exécuter au respectable sujet humain dans sa propre activité historique. Aplati et presque réduit en poussière par l'absolutisme russe, le *moi* prend sa revanche en ce que, dans sa pensée révolutionnaire, il s'assied lui-même sur le trône et se proclame tout-puissant – sous forme d'un comité de conjurés, au nom d'une inexistante «volonté du peuple[7]». Mais l'«objet» s'avère être le plus fort et le knout ne tarde pas à triompher parce que c'est lui qui représente l'expression «légitime» de cette phase du processus historique.

Enfin, on voit apparaître sur la scène un enfant encore plus «légitime» du processus historique: le mouvement ouvrier russe; pour la première fois dans l'histoire russe, il jette avec succès les bases de la formation d'une véritable volonté populaire. Mais voici que le *moi* du révolutionnaire russe se hâte de pirouetter sur sa tête et, une fois de plus, se proclame dirigeant tout-puissant de l'Histoire, cette fois-ci en la personne de son altesse le comité central du mouvement ouvrier social-démocrate. L'habile acrobate ne s'aperçoit même pas que le seul «sujet» auquel incombe aujourd'hui le rôle de dirigeant, est le «moi collectif» de la classe ouvrière, qui réclame partout le droit de faire elle-même des fautes et d'apprendre elle-même la dialectique de l'Histoire. Et, enfin, disons-le sans détours: les erreurs commises par un mouvement ouvrier vraiment révolutionnaire sont historiquement infiniment plus fécondes et plus précieuses que l'infaillibilité du meilleur «comité central».

---

6. L'approche «subjective», fondant l'action politique sur des choix moraux individuels plutôt que sur l'analyse des facteurs «objectifs» de l'évolution sociale, qui avait la faveur des populistes (narodniki), a été en particulier théorisée et défendue contre les marxistes russes par Nicolas Mikhaïlovsky (1842-1904). (NdE)

7. En russe Narodnaïa volia, nom du petit groupe de conjurés qui, de 1879 à 1883, combattit le tsarisme par une suite d'attentats et réussit à tuer Alexandre II en mars 1881. (NdE)

Pour la réunification du Parti[8]

Encore une fois, une crise majeure s'est produite dans l'histoire des partis social-démocrates de Russie, qui se trouvent en quelque sorte à un tournant. Une issue à la crise actuelle fut ébauchée dans un premier temps à la réunion des membres du Comité central (CC) qui a eu lieu en juin[9] dernier à Paris et dont les décisions ont provoqué une suite d'évènements de première importance au sein du Parti, dont la création d'un nouveau regroupement et l'apparition de nouvelles orientations.

Avant même de présenter en détail les décisions prises lors de cette réunion, il est indispensable de prendre conscience, au moins dans ses grandes lignes, de la situation dans laquelle le parti social-démocrate de Russie s'est retrouvé au milieu de cette année, afin de pouvoir se faire une opinion aussi bien sur la tenue même de cette réunion que sur les conséquences politiques de l'œuvre qu'elle a initiée.

Tous les camarades sans exception, quelle que soit leur orientation politique, se souviennent sans doute encore du sentiment de joie qu'ils ont éprouvé à l'annonce des résultats de la dernière session plénière du Comité central en 1910[10] : réunification totale du Parti, dissolution des différentes fractions et fermeture de leurs organes de presse ! Des nouvelles auxquelles il était difficile de croire tellement elles étaient le contraire de ce à quoi on s'était habitué – à la triste et

---

8. Le manuscrit en polonais dont on trouvera ici la traduction, auquel Rosa Luxemburg fait allusion dans quelques lettres à Léo Jogichès en 1911, n'a été identifié par Feliks Tysch qu'à la fin des années 1980. Il en a fait publier une traduction en allemand, accompagnée d'une présentation et de notes, dans l'*Internationale wissenschaftliche Korrespondenz zur Geschichte der deutschen Arbeiterbewegung* (*IWK*) de septembre 1991, p. 339 à 357. Le manuscrit ne comportant pas de titre, l'éditeur lui a attribué celui-ci qui semble exprimer la préoccupation essentielle de l'auteur. Ainsi qu'il est expliqué dans la préface à ce recueil, le parti dont il est question ici est le Parti ouvrier social-démocrate de Russie (POSDR), abrégé dans le texte en « Parti » ; quand l'auteur se réfère au SDKPiL, celui est désigné par « parti ». Des quelques annotations de Léo Jogichès, seules ont été indiquées celles qui éclairent le texte. Toutes les notes sont de l'éditeur.

9. Juin 1911.

10. Elle a eu lieu à Paris du 15 janvier au 7 février 1910.

répugnante pratique des interminables querelles de fractions qui allaient encore bon train jusqu'à la veille même des travaux de la session plénière du Comité central. Les décisions du Comité central avaient donné le sentiment d'une foi revivifiante dans les forces et l'avenir du Parti d'autant plus forte que le Comité, malgré toutes les difficultés, les relations tendues, était parvenu, d'une main ferme, à cette réussite grandiose: la réunification de l'organisation du parti russe. Dès lors, on pouvait espérer ne plus devoir entendre parler dans la presse des «mencheviks» et des «bolcheviks», de leurs querelles et de leurs disputes, mais des social-démocrates russes, pour lesquels l'unité du parti social-démocrate compte par dessus tout malgré leurs nombreuses divergences. L'œuvre accomplie par le C.C. s'annonçait d'autant plus durable que la réunification du Parti n'était pas menée uniquement de manière mécanique, mais était fondée avant tout sur des bases idéologiques solides. La session plénière, sans se limiter aux questions techniques et organisationnelles, avait élaboré des directives politiques claires, auxquelles la tactique du Parti devait se tenir. D'un côté, il avait été jugé indispensable d'utiliser au mieux les positions conquises par l'activité légale, pas à n'importe quel prix, mais seulement dans la mesure où, dans les conditions actuelles de la contre-révolution, il est possible de concilier cette activité avec les principes de la lutte des classes et le rôle du parti social-démocrate en tant que parti du prolétariat révolutionnaire à part entière. D'un autre côté, la session plénière a adopté un mot d'ordre de lutte déterminée et acharnée du Parti contre «le courant des liquidateurs», c'est-à-dire ce courant voulant à tout prix la destruction du Parti en tant qu'organisation illégale au profit d'une vaste organisation légale, mais aussi contre des désordres comme les bouffonneries des soi-disant «otsovistes», un courant qui exigeait depuis un certain temps que la fraction social-démocrate quitte la troisième Douma[11] pour que cette forteresse de la contre-révolution ne se pare plus du masque de la «représentation du peuple». Une fois ces déviations tactiques de gauche comme de droite écartées, une fois la tactique du Parti assise sur les bases solides des principes de la lutte des classes, la session

---

11. La troisième Douma, élue en novembre 1907, siégea jusqu'en juin 1912.

plénière a achevé ses travaux en décidant d'organiser dans un avenir proche, au lieu d'un congrès régulier du Parti, une nouvelle conférence du Parti tout entier qui, dans l'esprit des principes énoncés ci-dessus, ferait avancer le travail pratique du parti et rendrait durable son unification idéologique grâce à une pratique commune unifiée. Ainsi se déroula la session plénière du C.C., et telles étaient en 1910 les perspectives à son issue.

Malheureusement, ces perspectives, ces «espoirs», n'étaient que de faux espoirs. Bientôt, il s'est révélé que les anciennes habitudes, le penchant pour le fractionnisme, reprenaient le dessus sur le salut du Parti et du mouvement prolétarien. Contrairement à la décision sans équivoque de la session plénière du C.C., *Golos Social-Demokrata*, l'organe fractionniste des mencheviks[12] n'a pas été fermé; au contraire même, au lendemain de la session plénière du C.C., il s'est livré à une canonnade contre les institutions centrales du Parti. Deux membres de la rédaction de l'organe central du Parti[13], représentant le courant menchevik, se sont mis à boycotter celui-ci, refusant d'y coopérer, ce qui ne les a toutefois pas empêchés de toucher leurs salaires de rédacteur pendant presque une année. Cette attitude de révolte fractionniste de la part des «mencheviks» donnait évidemment le signal à l'autre côté pour entreprendre une action fractionniste; sans trop tarder, l'ancienne lutte fractionniste a repris, dans toute son ampleur, dans les organes de presse; ainsi, les organisations fractionnistes, véritables «États dans l'État» au sein du Parti, édifiaient leur barricades et creusaient leurs tranchées de plus en plus ouvertement.

Les résultats de ces agissements furent déplorables. La conférence du Parti prévue par la dernière session plénière du C.C. n'a pas eu lieu. Le C.C., l'organe suprême du Parti, affaibli par les arrestations, ne s'est pas réuni pendant un an et demi, n'a donné aucun signe de vie – en réalité il n'existait plus. À la rédaction de

12. *La Voix social-démocrate*. Périodique lancé à Genève en 1908, puis publié à Paris jusqu'en 1911.

13. Il s'agit du *Social-Demokrat*, également publié à partir de 1908. Les deux mencheviks en question étaient Fédor Dan et Jules Martov; les autres membres de la rédaction étaient Lénine et G. Zinoviev pour les bolcheviks et Adolf Warszawski, puis Vladislav Leder pour le SDKPiL.

l'organe central, le chaos régnait, dû aux querelles incessantes entre les fractions. Au «Bureau étranger[14]» du C.C., le comité constitué lors de la dernière session plénière du C.C. pour la gestion de diverses questions techniques ainsi que pour la convocation de la conférence du Parti, régnait un même état de lutte fractionniste constante. Ici, le courant des «mencheviks», soutenu par le représentant du Bund et celui de la Social-démocratie lettonne, profitant de sa majorité d'une voix contre le représentant des bolcheviks et celui du SDKPiL, a utilisé cette position sans scrupules, de manière à faire du «bureau étranger» – pourtant un organe technique subordonné au C.C. – et contrairement aux résolutions et décisions de ce dernier, un outil de la politique fractionniste des «mencheviks». Ceci est apparu de façon particulièrement visible quand le «bureau étranger» s'est opposé systématiquement à la convocation d'une session plénière du C.C. Dans le contexte d'anarchie régnant dans les rangs du Parti, une telle session devenait une affaire toujours plus urgente.

Étouffer la lutte fractionniste qui de nouveau s'était embrasée, réunifier le Parti, lui donner une direction claire et commune et le conduire à une action réelle: faute d'un congrès ou d'une conférence du Parti, seul le C.C., l'organe central suprême, pouvait le faire. La réunion dans les meilleurs délais d'une session plénière du C.C., même dans la composition qui pouvait être actuellement la sienne compte tenu des arrestations et des autres difficultés, devenait pour ainsi dire un devoir absolu pour le Bureau étranger, cette institution qui par vocation était elle-même un outil subordonné au C.C.

Mais l'organisation d'une conférence du Parti ou d'une réunion du C.C. présentait clairement le risque d'un affrontement sévère entre la majorité du Parti et la minorité opportuniste qui, grâce à la majorité de circonstance (comme on s'en aperçut vite) qu'elle avait obtenue au

---

14. Du fait de la répression en Russie, nombre de dirigeants des organisations révolutionnaires avaient été contraints à l'exil. Le Bureau étranger du Comité central du POSDR aurait été sa direction effective s'il avait été en mesure de fonctionner comme une organisation unifiée.

Bureau étranger, le dirigeait à son gré et préférait bénéficier de l'absence de l'institution centrale du Parti (dans des buts étroitement fractionnistes), bien qu'il était visible pour chacun que cet état de choses menait droit à la dislocation du Parti, au chaos et à la démoralisation, à la paralysie de l'activité du Parti et à la perte de son autorité dans le pays. Comme les symptômes de cette destruction devenaient de plus en plus évidents, l'orgie d'opportunisme des «mencheviks», leur approbation ouverte d'une éventuelle liquidation du Parti, ont conduit à une scission au sein de leur propre fraction avec l'apparition d'une nouvelle orientation, celle des «mencheviks de parti» sous la conduite de Georges Plekhanov. Mais en réponse à cet opportunisme extrême du menchevisme, une évolution inquiétante est apparue également dans la fraction des «bolcheviks». Au lieu de rassembler toutes les forces possibles pour sauver l'unité du Parti, cette fraction, sous la direction de Lénine, a mis les bouchées doubles pour reconstruire son appareil fractionniste. Les bolcheviks se sont de nouveau dotés d'une organisation fractionniste, avec sa propre direction, son propre organe ainsi qu'un journal de grande diffusion pour les ouvriers et même sa propre «école du Parti» dirigée par les chefs de la fraction.

Mais le danger le plus important pour l'avenir du Parti, ça a été la politique organisationnelle que Lénine et ses amis ont entrepris de poursuivre de plus en plus ouvertement. Cette politique vise à constituer un bloc avec les «mencheviks de parti», c'est-à-dire le groupe de Plekhanov, en excluant tout simplement du Parti aussi bien le mouvement de Martov-Dan groupé autour de la rédaction de *Golos Social-Demokrata* que le mouvement des anciens «otsovistes» de la revue *Vperiod*[15] et que les partisans de la *Pravda* de Trotski[16], qui mène certes une double politique derrière des slogans à la gloire du radicalisme et de l'unité du Parti, mais soutient au fond les opportunistes et les liquidateurs en passant sous silence avec indulgence toutes leurs erreurs. En raison de tous ces agissements, la situation du

15. *En avant!* De janvier à mai 1905, sous la direction de Lénine, les bolcheviks publièrent à Genève un périodique sous ce titre; il s'agit ici d'une revue à parution irrégulière publiée en Suisse en 1910 et 1911.

16. Trotski publia cette *Pravda* jusqu'en avril 1912; le même mois, les bolcheviks en reprirent le titre pour un journal qu'ils publiaient à Saint-Pétersbourg, suscitant ses protestations.

Parti était devenue déplorable ; la scission au sein de son organisation était pratiquement accomplie et risquait à tout moment de s'étaler au grand jour. Le comportement des différentes fractions qui s'affrontaient montrait que le souci de l'unité du Parti ne retenait plus le déchaînement des instincts fractionnistes.

La publication de la brochure indigne de Martov[17] contre Lénine, un pamphlet tellement sordide et honteux qu'elle n'aurait pu sortir jusque-là que de la plume de scribouillards payés pour déshonorer et noircir les social-démocrates, retentit comme un avertissement sans ambiguïté qu'il était temps d'étouffer cet incendie allumé par la main destructrice des mencheviks qui faisait éclater le Parti. D'un autre côté, la résistance acharnée de la part du Bureau étranger du C.C. à la convocation d'une réunion plénière du C.C., a amené le représentant des « bolcheviks » à quitter officiellement le Bureau et à lui couper tous les fonds provenant de la caisse du Parti. Ainsi la scission au sein du Parti se concrétisait dans cette institution centrale du Parti, comme elle s'était produite au sein de la rédaction de son organe central à la suite du boycott des rédacteurs mencheviks. Les bolcheviks, sous la direction de Lénine, ont ouvertement entrepris des préparatifs pour convoquer une conférence de leur fraction, ce qui de toute évidence exprimait ouvertement et consacrait officiellement la scission de la social-démocratie russe.

C'est dans cette situation qu'un groupe de membres du C.C. a pris l'initiative d'une réunion afin de sauvegarder l'unité et l'intégrité du Parti. Avant même de porter un jugement sur la politique adoptée durant cette réunion, il est nécessaire de réfléchir un instant quant à la position de notre organisation, le SDKPiL, par rapport à la situation dans les rangs du parti russe. Par ses positions et son action dans le parti commun, le SDKPiL ne s'est identifié d'emblée ni avec les « mencheviks » ni avec les « bolcheviks », mais a exprimé sa propre orientation[18]. Tout un gouffre nous séparait des « mencheviks » dans la

17. Publiée à Paris en mai 1911en russe et en allemand à un petit nombre d'exemplaires, elle avait pour titre *Sauveurs ou destructeurs ? Qui détruit le POSDR et comment.*

18. Le SDKPiL a rejoint le POSDR en 1906. Léo Jogichès ajoute : « *Dans l'esprit de la social-démocratie révolutionnaire d'Europe occidentale.* »

vision globale de la tactique prolétarienne dans l'État russe. Le courant de Martov et Dan considère la révolution entamée en 1905 comme bourgeoise, en ce sens que la direction politique en était dans les mains de la bourgeoisie libérale, la classe ouvrière n'y jouant qu'un rôle auxiliaire, celui de soutien de l'action des libéraux; la position de notre parti est au contraire que c'est au prolétariat conscient de jouer dans l'État russe le rôle de guide politique des masses populaires, qui seules, par leurs actions révolutionnaires autonomes, parviendront à faire tomber l'absolutisme et établir un ordre nouveau, considérant le libéralisme souffreteux dans l'Empire des tsars plutôt comme un ennemi et comme l'allié de la contre-révolution. De cette approche fondamentalement différente découlent une tactique entièrement différente à chaque niveau ainsi qu'une autre appréciation du déroulement de la révolution, de ses résultats, des raisons de sa défaite ainsi qu'une autre vision pour le futur, tout comme d'autres orientations pour le parti prolétarien durant la phase actuelle de contre-révolution. Les mencheviks, persévérant dans leur subordination de la politique du prolétariat à la bourgeoisie libérale, désenchantés par le cours des évènements depuis l'étouffement de la révolution, et désespérant d'une reprise indépendante de l'action révolutionnaire, se sont mis à courir après les activités légales, au sens large, dans le sillage de Stolypine[19]. En soutenant l'idée d'un «congrès ouvrier[20]», en ne se donnant pour perspectives qu'une activité légale aussi bien de type syndical que culturelle, selon le bon vouloir et sous la tutelle de la contre-révolution, les opportunistes russes, depuis l'effondrement de la révolution, ont étalé leur mépris et leur rejet de plus en plus ouvert de l'organisation illégale et de l'activité illégale de la social-démocratie. Tout en étant un danger durant les luttes révolutionnaires pour une politique de classe prolétarienne autonome, ils

19. Nommé Premier ministre par le tsar en juillet 1906, Piotr Stolypine mena une double politique: de répression sévère pour ramener l'ordre et de confrontation avec la Douma, qu'il fit dissoudre à deux reprises, en 1906 et en 1907, et de réformes, voulant notamment promouvoir une couche de paysans propriétaires. Il fut assassiné en 1911 peu après avoir démissionné.

20. Ce «congrès ouvrier», déjà proposé en 1905 par certains mencheviks avant la convocation de la première Douma, devait être un large rassemblement à visées électorales.

sont devenus, sous le règne de la contre-révolution, un danger évident pour l'existence même d'un parti prolétarien illégal et un facteur menant de manière consciente ou inconsciente à la liquidation de la social-démocratie en tant qu'organisation révolutionnaire autonome, offrant la classe prolétarienne comme butin de guerre à toutes sortes d'intellectuels libéraux et radicaux débiles. La lutte incessante contre cette peste opportuniste et liquidatrice a depuis le début été le fil conducteur de la politique du SDKPiL au sein du parti russe.

Mais notre parti est également en désaccord profond avec l'orientation politique des bolcheviks. Déjà en 1903, juste après que les deux fractions se soient constituées au sein du parti russe, nous nous étions sentis dans l'obligation de nous opposer fermement au centralisme organisationnel de Lénine et de ses amis, qui ont voulu souder le Parti de manière purement mécanique dans les chaînes d'une dictature intellectuelle de la direction centrale afin d'assurer au mouvement prolétarien son cours révolutionnaire[21]. Cette façon purement mécanique d'envisager l'activité révolutionnaire s'est cependant manifestée à nouveau lors de la révolution de 1905 et 1906, quand les partisans de Lénine clamaient haut et fort des slogans comme «nécessité de se préparer à une insurrection armée», et avaient mis sur pied des «troïkas» et des «unités de cinq», de petites unités armées, et s'étaient livrés à des exercices «militaires». Lors du dernier congrès du Parti à Londres en 1907, notre délégation avait combattu de manière décidée aussi bien la pourriture opportuniste de la droite des mencheviks que le révolutionnarisme grossier de la gauche de Lénine. L'évolution des bolcheviks vers une manière plus européenne de concevoir le radicalisme social-démocrate a permis un rapprochement entre notre parti et ce courant sur la base d'une lutte commune contre le fléau de la liquidation.

Malgré cela, plus récemment, dans la période d'ambiance de détente générale dans le Parti évoquée plus haut, la tactique particulière choisie par Lénine et ses amis a de nouveau contraint notre parti à s'y opposer fermement. Cette fois-ci, cette tendance de Lénine dangereuse pour le

21. C'est une allusion à *Questions d'organisation de la social-démocratie russe.*

Parti, celle de régler les problèmes et les difficultés complexes du développement du Parti en Russie par des moyens mécaniques, souvent en ayant recours à la force et aux armes, s'est de nouveau manifestée. Face aux excès cyniques des liquidateurs Martov, Dan et compagnie, Lénine avec ses amis se sont efforcés de convoquer une conférence du Parti en en excluant le courant de *Golos Social-Demokrata*. Ceux de nos camarades qui ont affaire aux mencheviks russes, qui lisent leurs écrits et ont été plus d'une fois outragés par leur pratique, ne peuvent arriver à une autre conclusion que celle que ce groupe est une catastrophe pour le mouvement prolétarien. Nos camarades ouvriers actifs dans le pays, ont, à plusieurs reprises, pendant des réunions, des conférences et des congrès de notre parti, exprimé leur conviction qu'il ne peut y avoir de place dans les rangs d'un parti du prolétariat révolutionnaire pour ce genre de pourriture opportuniste. Dans le jugement politique porté sur les mencheviks, il n'y a donc pas de différence majeure entre nous et le courant de Lénine.

Ce qui nous distingue cependant, c'est la méthode de lutte contre le groupe de Martov et Dan ainsi que contre d'autre petits courants comme celui du groupe «Vperiod», qui laisse paraître sans aucun doute certaines tendances anarchistes et dont le confusionnisme ne contribue en aucun cas au dynamisme dans les rangs du Parti; c'est aussi le cas d'une poignée de partisans de la *Pravda* de Trotski qui incontestablement mènent une politique de jésuites, soutenant au fond les gens de *Golos Social-Demokrata*, ne serait-ce qu'en niant le danger que représentent leurs actions liquidatrices, et jouant également le rôle de protecteur des liquidateurs polonais, c'est à dire du PPS (Parti Socialiste Polonais) de gauche[22]. Pour notre part il ne fait aucun doute, tout comme pour Lénine et ses amis, que l'hypocrisie de Trotski, qui proclame des slogans sur «l'unité du Parti» mais en

22. Le PPS (Parti socialiste polonais) a été fondé en 1892; c'est en particulier parce qu'il était partisan de l'indépendance de la Pologne que certains de ses membres, dont Rosa Luxemburg, le quittèrent en 1893 pour fonder la Social-démocratie de Pologne, visant à soustraire les ouvriers polonais à son influence. En 1906, le PPS se scinda en une fraction nationaliste dirigée par Joseph Pilsudski et une fraction de gauche. Celle-ci fusionna avec le SDKPiL à la fin de 1918 pour former le Parti communiste ouvrier de Pologne.

pratique, à chaque occasion, peste contre l'aile gauche du Parti, équivaut au fond à une approbation politique de l'opportunisme.

Malgré cela, les représentants de notre parti au C.C., à l'organe central ainsi qu'au Bureau étranger ne pouvaient pas et ne peuvent pas être d'accord avec la tactique utilisée par le groupe de Lénine envers tous ces autres groupes. Il s'avère que cette tactique consiste à exclure du Parti les partisans de *Golos*, de *Vperiod* et de la *Pravda* de Trotski et à faire alliance uniquement avec le mouvement des «mencheviks de parti» de Plekhanov. Cette tactique, certes simple comme un bâton, comme un bâton a deux bouts : du point de vue des intérêts du Parti dans sa globalité, elle a deux aspects. Avant tout, même si nous estimons que le nid de liquidateurs que sont les gens de *Golos* est comme une tumeur maligne dans le corps du Parti, et dont le Parti devrait se débarrasser, le plus rapidement serait le mieux, nous ne pensons cependant pas qu'il soit possible de réaliser cette opération au moyen, pourrait-on dire, d'un coup de poing fractionniste. Les gens de *Golos* sont toujours membres du Parti et seul le Parti en tant que tel, le Parti dans son intégralité, dispose du pouvoir, qui plus est, il a le devoir, d'étouffer cette tendance pernicieuse ou bien de l'évincer selon les règles de l'organisation.

C'est pourquoi les représentants du SDKPiL ont adopté une position tout à fait différente de celle de Lénine et de ses camarades : étant au nom de tout le Parti opposés aux exclusions réciproques des fractions, ils ont jugé nécessaire d'appeler au contraire les gens de *Golos* à se mettre eux aussi au travail commun visant à renouveler les institutions centrales du Parti, en se préparant à mener au sein du Parti, une fois son unité reconstituée, une lutte idéologique d'autant plus acharnée contre la peste des liquidateurs.

Notre parti pouvait encore moins soutenir la tactique de Lénine envers les autres groupes que la lutte sans discernement et avec le même acharnement contre les gens de *Vperiod* et de la *Pravda* de Trotski que contre les liquidateurs de *Golos* – cette «politique du coup de poing» de Lénine – menait tout droit à un rapprochement artificiel et à un rassemblement de tous ces éléments contre l'aile gauche du Parti. Non par affinité des idées politiques, mais par la force même des coups infligés sans discernement par la tactique de Lénine, tous les groupes ont été poussés vers l'opposition unie contre les bolcheviks. Et c'est justement cette guerre des bolcheviks contre tous les autres groupes qui a amené même le groupe de Plekhanov, craignant l'isolement de la fraction de Lénine, à se retirer ouvertement de cette alliance que Lénine envisageait de conclure avec lui, la seule possible selon Lénine.

Une fois que nous aurons compris quelle était la situation, il sera clair que la tactique de Lénine menait infailliblement d'une part à la dispersion de l'aile gauche du Parti et à l'isolement total de la fraction des bolcheviks, et d'autre part à un rassemblement artificiel d'éléments disparates avec la droite. En fin de compte, la tactique radicale de Lénine conduisait au même résultat que la tactique opportuniste de Martov et compagnie : à la scission du Parti. Les deux ailes opposées, les mencheviks de *Golos* et du Bureau étranger, avec leurs calculs cyniques de liquidateurs, et de l'autre côté Lénine dans sa lutte radicale « mécanique » et aveugle, déchiquetaient le parti commun en lambeaux. Contre cette politique suicidaire notre parti a dû, pour sauver l'unité du parti commun, présenter un programme clair et ferme de rassemblement. Aucune exclusion de groupes appartenant au Parti par le biais de manœuvres de fractions, mais la création d'un noyau idéologique fort pour donner une base à l'unité du Parti et pour étouffer dans le germe le danger provenant du côté des liquidateurs : tel était l'objectif fixé clairement et que les représentants du SDKPiL avaient le devoir de promouvoir.

En même temps, cet objectif comprenait également un aspect extrêmement important : les querelles intestines ne devaient en aucun cas absorber exclusivement et entièrement la vie du Parti. Alors que Lénine et ses amis proclamaient la lutte contre les liquidateurs comme étant le seul mot d'ordre de la politique du Parti, les représentants du SDKPiL devaient quant à eux mettre au premier plan le mot d'ordre de la lutte contre la réaction, ainsi que celui de la préparation des élections à la IVe Douma[23].

23. Ces élections auront lieu en novembre 1912.

La prise en compte des objectifs généraux du Parti, le rassemblement et le renforcement de l'organisation pour la lutte électorale, la reprise et le renforcement de l'action syndicale en relation avec le réveil du mouvement des masses et une vague de grèves, le règlement de la question du fonctionnement légal, la reconstruction des centres de travail illégal, telles étaient les tâches urgentes qui se présentaient au parti national. Afin de les réaliser et, à la même occasion, afin de régénérer le parti unifié et de réactiver le C.C., la tenue d'une réunion était devenue nécessaire, et devaient y être invitées toutes les organisations et tendances qui appartiennent au Parti: telle a été la tactique que les représentants du SDKPiL ont défendue, convaincus que c'est seulement de cette manière qu'ils pouvaient agir dans l'esprit du mandat qui leur a été confié par notre parti, dans l'esprit des décisions de ses congrès et conférences, dans l'esprit de toute notre tactique de parti.

Il s'est avéré que cette position défendue par les représentants du SDKPiL était la seule sur laquelle la session des membres du Comité central pouvait se fonder. Il n'y avait pas d'autre choix dans la situation présente: ou bien la tactique de Lénine qui menait à la scission ouverte du Parti, déjà engagée par la sortie du représentant bolchevik du Bureau étranger, ou bien la tactique des membres polonais du Comité central qui menait au rassemblement et au renforcement du Parti sur la base d'une lutte des classes conséquente et révolutionnaire. Ce choix était tellement évident et la nécessité de la tactique polonaise si claire que nos camarades ont réussi à y rallier une partie de la fraction des bolcheviks qui comprenait que les intérêts du Parti et ceux de leur courant ne leur permettaient plus de suivre Lénine dans sa tactique casse-cou.

Ces circonstances nous ont permis de créer avec ce groupe de bolcheviks «membres du Parti» un regroupement solide dans l'esprit de la tactique décrite ci-dessus et c'est sur cette nouvelle constellation à l'intérieur du Parti que s'est appuyée la réunion des membres du Comité central à Paris. Ainsi, presque toutes ses décisions ont été prises en surmontant l'opposition de Lénine et de ses amis partisans de sa tactique, grâce à la majorité qu'ont créée contre lui nos représentants avec les bolcheviks «membres du Parti».

Quant à la réunion de Paris elle-même, il est indispensable de signaler que tous les membres du C.C. séjournant à l'étranger ont été invités à y participer; ainsi, sont venus à cette réunion trois représentants des bolcheviks, deux représentants du SDKPiL, deux membres de la majorité du Bureau étranger du Comité central (un menchevik et un représentant du Bund) ainsi qu'un représentant de la social-démocratie lettonne au C.C. Au total, huit membres du C.C. sont venus participer à la réunion, soit plus de la moitié de cette instance comptant 15 membres. Dès le début, il s'est avéré que les deux membres du Bureau étranger, représentant l'un les mencheviks et l'autre le Bund, étaient venus à la Conférence avec des instructions précises conformes à toute la tactique des menchevik: avec la volonté de faire capoter la réunion et d'empêcher un travail fructueux. Contestant l'un après l'autre la validité des décisions que prendrait cette réunion avant même qu'une quelconque décision ait été prise, ces deux liquidateurs du Comité central prirent ce prétexte pour quitter la réunion. Les autres membres se sont mis alors au travail de toute leur énergie sans se laisser impressionner par cette manœuvre qui n'était que la continuation de la tactique du Bureau étranger. La question des compétences de cette réunion est liée au caractère même de ses décisions. La réunion de Paris n'a d'ailleurs pris aucune nouvelle décision par rapport à celles qu'avait arrêtées la session plénière du C.C. En particulier, la décision de cette dernière d'organiser une conférence de l'ensemble du Parti a constitué l'axe véritable des discussions. Dans le seul et unique but de mettre en œuvre cette décision, la réunion a été amenée à constituer une commission technique pour expédier les affaires courantes les plus urgentes du Parti et assurer les moyens visant à garantir provisoirement l'existence du Parti, et une commission d'organisation dont l'objectif précis était d'organiser la prochaine conférence du parti commun. La création de ces organes provisoires était devenue à l'évidence nécessaire, car l'organe technique créé par la dernière réunion plénière du C.C., le Bureau étranger, a complètement détourné sa mission, il est devenu ouvertement l'organe d'une fraction et un obstacle à la réunion de son propre créateur, le Comité central lui-même. Depuis le départ du membre bolchevik du Bureau étranger, les participants à la réunion ont dû reconnaître la scission comme un fait accompli et prendre en compte que le Bureau étranger avait cessé d'exister en tant qu'outil du Comité central. Toute une série de questions urgentes comme la publication d'un organe central, les questions de transport, etc., devaient être réglées sans délai pour que l'activité du parti commun ne soit pas interrompue.

Étant donné que l'objectif principal et le devoir principal de cette réunion étaient de sauver le parti commun de la scission, le maintien des fonctions courantes du Parti était nécessaire, ce qui demandait la création d'un organe à la place du Bureau étranger. La création de la commission d'organisation a résulté directement de la nécessité de mettre en œuvre la décision du Comité central de réunir une conférence du parti commun, ce qui nécessite toute une série de travaux préparatoires, comme la prise de contact avec les organisations travaillant dans les différents pays, etc. Et ce n'était pas tout : le fonctionnement même de ces deux commissions a été fixé dans le cadre bien précis des instructions et des décisions de la dernière session plénière du C.C.

Il a été confié à la commission technique la gestion financière des dépenses du Parti strictement dans les limites du budget du Parti adopté par le C. C. et utilisé depuis par le Bureau étranger. La commission d'organisation, elle, s'est vu confier lors de la réunion la tâche de suivre à la lettre les consignes données par la réunion plénière du Comité central pour les travaux de préparation de la conférence du parti commun. La réunion n'a pris aucune autre décision que celles-ci. Seuls les gens qui veulent maintenir le Parti dans le chaos et la décomposition, voire même qui voient son démantèlement comme étant dans l'intérêt de leur fraction, peuvent nier la nécessité de ces démarches pour mettre en œuvre les décisions de la dernière session plénière du C.C. ; non seulement elles n'excèdent pas les compétences des membres du C.C., mais elles relèvent au contraire de leur simple devoir envers le Parti. Pour tous ceux qui ont à cœur le maintien de l'unité du Parti, l'initiative des membres du C.C. d'organiser la réunion de Paris et de réaliser l'œuvre qu'elle a accomplie apparaît comme la volonté de la part de ces membres de s'acquitter honnêtement de ce devoir, alors que de le négliger serait une erreur blâmable au regard des intérêts du Parti au moment du plus grand danger, alors que le sort du Parti était dans la balance.

Le deuxième reproche que les partisans des liquidateurs, déclarés ou camouflés, leur ont adressé, c'est que lors de la réunion de Paris, ils auraient semé la division en remplaçant « une institution légale » du Parti (le Bureau étranger) par des organisations nouvelles « fractionnistes et illégales », la Commission technique et la Commission d'organisation. Ceux qui leur adressent ce reproche ignorent volontairement que cette division – si on peut qualifier ainsi la paralysie du Bureau étranger du Comité central – était déjà intervenue avant même la réunion de Paris et que cette dernière s'est trouvée face à ces faits accomplis qu'étaient le refus de la part du Bureau étranger de convoquer la session du Comité central, le départ du membre bolchevik de ce Bureau ainsi que le boycott persistant de la part des deux membres mencheviks de la rédaction de l'organe central et enfin des agissements comme la publication par Martov de sa brochure indigne, déclaration de guerre et déclenchement du conflit fractionniste totalement éhontés et cyniques sur le cadavre du parti réunifié.

La réunion de Paris n'a donc pas entraîné la scission du Parti, elle n'a fait que la constater. Ses actes n'avaient qu'un but : non pas approfondir les divisions, mais empêcher de la manière la plus énergique leur progression. Malgré l'opposition de Lénine et de ses amis les plus proches, la réunion a lancé le mot d'ordre d'une politique non-fractionniste de conciliation, de réconciliation, le seul mot d'ordre pouvant empêcher la lutte fratricide des fractions. La réunion a décidé de convoquer non pas une conférence de fraction ou seulement de l'aile gauche, elle a décidé d'appeler à une conférence de tout le Parti, à laquelle peuvent être invitées toutes les organisations du Parti.

L'invitation n'a toutefois pas été adressée directement au groupe de *Golos Sozial-Demokrata* ; les membres du Comité central n'y étaient nullement favorables, le Comité ayant décidé, lors de sa dernière réunion, la suppression de cet organe et adopté un mot d'ordre de lutte acharnée contre les liquidateurs, dont il était de façon plus ou moins ouverte le porte-parole.

Sans endosser la responsabilité d'inviter sa rédaction, l'organe étant l'expression même de la révolte de fraction contre la discipline et l'unité du Parti, la réunion de Paris a tout de même laissé ouverte l'entière possibilité à la participation de facto des gens de *Golos* à la Conférence, considérant qu'elle deviendra inévitable dès qu'un autre participant légitime à la Conférence avancera une exigence en ce sens et prendra donc la responsabilité de cette démarche. Ensuite, la réunion a décidé d'inviter à la Conférence outre les organisations nationales (SDKPiL, Bund et Lettonie), le groupe de *Vperiod*, la rédaction de la *Pravda*, et naturellement le groupe de Plekhanov, en bref toutes les tendances du Parti.

Dans cet esprit, la Commission technique et la Commission d'organisation ont annoncé avec force qu'elles ne comptaient en aucun cas mener une politique de fraction, qu'elles étaient loin d'un fractionnisme du genre de celui de Lénine, que tout en étant opposées clairement à la politique d'isolement de ce dernier, elles sont pour une politique de conciliation et de réconciliation du Parti, tout en suivant à la lettre les consignes de la dernière réunion plénière du Comité central, qui enjoignaient de lutter avec acharnement contre les projets des liquidateurs sous toutes leurs couleurs et formes.

Le travail effectué par la dernière réunion de Paris est indéniable. Convoquer la conférence du parti commun pour reconstruire le C.C., renouveler les autres institutions du Parti et renforcer le Parti pour mener la lutte électorale, tel est l'ordre du jour en ce moment. La Commission technique et la Commission d'organisation se sont mises à l'ouvrage avec la plus grande énergie. La Commission technique a décidé de transférer le centre de gravité des travaux préparatoires de l'étranger en Russie et de mettre sur pied des organisations locales du Parti chargées de créer des comités spéciaux pour l'organisation de la Conférence. Peuvent adhérer à ces comités toutes les organisations du Parti sur un pied d'égalité indépendamment de leur orientation politique; ainsi l'accusation même de fractionnisme adressée à ces travaux de préparation perd tout semblant de fondement. En confiant à ces comités créés localement toute la charge et toute la responsabilité des travaux en vue de l'organisation de la Conférence, la Commission d'organisation à l'étranger a réduit ses propres fonctions au minimum, c'est-à-dire à la surveillance de l'application fidèle des consignes du dernier plénum du Comité central.

On aurait pu s'attendre que face à ce type de garantie d'un travail non fractionniste, face à cette mise en œuvre loyale et sans équivoque de la politique de réconciliation, le travail initié par la réunion de Paris rencontre un accueil chaleureux de toutes parts. Malheureusement, un esprit de fractionnisme acharné s'est constamment mis en travers des meilleures intentions et des efforts pour sauver le Parti. D'un côté, Lénine, avec les partisans de sa tactique de scinder le Parti, a posé d'emblée des obstacles à la tâche de conciliation et à l'organisation de la conférence du parti commun. D'autre part, le Bureau étranger, au sein duquel le membre représentant le SDKPiL, le camarade Tyszka[24], a avancé une proposition formelle de coopération avec la Commission d'organisation pour l'organisation de la Conférence, a rejeté cette proposition de manière cynique, manifestant une fois de plus son attitude anti-parti visant de manière délibérée à susciter l'anarchie dans le Parti et à en provoquer le démantèlement. Troisièmement, la *Pravda* de Trotski, ayant ôté son masque d'apôtre du rassemblement et de l'unité du Parti, s'est livrée à une attaque odieuse contre les membres de la réunion de Paris, les traitant d'« usurpateurs » et de « casseurs du Parti », se rangeant ainsi ouvertement du côté du groupe des liquidateurs de *Golos* et du Bureau étranger. Enfin, le Bureau étranger, voyant que les travaux de la Commission d'organisation progressaient en Russie malgré tous ces obstacles, a décidé de les perturber activement, en appelant, prétendument de sa propre initiative, à la tenue d'une deuxième Conférence du Parti[25]. Étant donné la démobilisation régnant parmi les membres des organisations menchéviques et l'attitude d'au moins la moitié des membres du Parti envers cet organe de liquidation qu'est le Bureau étranger, la conférence qu'il a appelée n'aura jamais lieu, ce dont le groupe de *Golos* et son allié Trotski sont

24. Le camarade Tyszka : ajout de Léo Jogichès, dont c'était le pseudonyme. Ses efforts et ceux de ses alliés pour tenter de réunifier le Parti leur valurent de la part de Lénine le qualificatif de « conciliateurs », terme péjoratif dans son esprit qu'il utilisait dans ce sens depuis plusieurs années.

25. Appel lancé en août 1911.

convaincus comme tous les autres[26]. Pour les partisans de Martov et Dan, l'objectif n'est donc nullement la conférence elle-même, mais d'attiser la confusion provoquée par cette duplication et cette concurrence et d'empêcher le travail de conciliation à l'intérieur du Parti mené par la Commission d'organisation.

Les intrigues menées dans ce but par le Bureau étranger étaient devenues si ouvertes qu'il n'avait même pas estimé nécessaire d'informer le camarade Tyszka, qui y représente notre parti, de ses démarches et des ses réunions. Malgré tous ces manigances et ces machinations à l'étranger, le travail de la Commission d'organisation progresse en Russie, quoique lentement.

Les organisations locales, indépendamment de leur orientation, ont salué avec joie l'initiative de la réunion de Paris et adhèrent l'une après l'autre au Comité de préparation. La perspective de la tenue de la conférence du Parti se précise de jour en jour et il faut conserver le ferme espoir qu'il sera possible de mener l'œuvre entreprise à bonne fin.

Il est maintenant du devoir de tous les camarades de soutenir de toutes leurs forces les travaux de préparation en vue de la tenue de la conférence du parti commun. La social-démocratie doit surmonter une fois de plus la désorganisation interne, doit étrangler d'une main ferme cette hydre que sont les tendances sauvages au fractionnisme qui déchirent ses entrailles et se débarrasser du cancer qu'est la liquidation opportuniste. Ayant lancé ce double slogan de conciliation et de raffermissement de la lutte de classe révolutionnaire, ayant fait de ce slogan la base de ses efforts pour que se tienne la conférence du parti commun et pour rendre possible l'action politique de la social-démocratie dans toute son ampleur, les représentants du SDKPiL dans les institutions centrales du Parti estiment avoir été à la hauteur de cette tâche et avoir accompli le devoir qui leur a été imposé dans l'esprit des principes et des traditions du SDKPiL depuis son adhésion au parti commun.

---

26. Organisée par Trotski, cette conférence aura lieu à Vienne en juillet 1912; pour différentes raisons, elle sera dominée par les mencheviks partisans de la collaboration avec les libéraux.

LA RÉVOLUTION

La révolution russe

La première traduction en français de ce texte, due à Bracke, parut en 1922 aux éditions du *Populaire*, le quotidien de la SFIO. En 1937, les Cahiers Spartacus publièrent celle que leur donna Marcel Ollivier[1]. Le manuscrit allemand, semble-t-il inachevé, comprend diverses annotations sur des feuilles volantes. La présente édition les reprend dans la mesure où leur contenu ne figure pas déjà dans le texte principal et s'appuie pour cela sur la traduction donnée aux Cahiers Spartacus par Bracke en 1946. Les intertitres sont ceux du traducteur.

I. Nécessité de la critique

La révolution russe est le fait le plus considérable de la guerre mondiale. La façon dont elle a éclaté, son radicalisme sans exemple, son action durable, tout cela réfute admirablement l'argument mensonger à l'aide duquel la social-démocratie allemande officielle s'est efforcée, dès le début, de justifier avec un zèle idéologique servile la campagne de conquêtes de l'impérialisme allemand : que c'était la mission réservée aux baïonnettes allemandes de renverser le tsarisme et de délivrer ses peuples opprimés. L'ampleur formidable prise par la révolution en Russie, l'action profonde par laquelle elle a bouleversé tous les rapports de classe, amplifié tous les problèmes économiques et sociaux, et sa marche en avant après le premier stade de la république bourgeoise par la fatalité de sa logique interne, dans une succession d'étapes – le renversement du tsarisme n'étant plus dans ce processus qu'un court épisode, presque une bagatelle –, tout cela montre, clair comme le jour, que l'affranchissement de la Russie ne fut pas l'œuvre de la guerre et de la défaite militaire du tsarisme, que le mérite n'en revient pas aux « baïonnettes allemandes dans des poings allemands », comme le disait la *Neue Zeit* de Kautsky dans un

1. Marcel Ollivier (Aron Goldenberg, 1896-1993), communiste de la première heure, travailla dans les années 1920 pour les publications de l'Internationale communiste. Voir *Marcel Ollivier* dans son *Spartacus, la liberté ou la mort !*, Spartacus, 2001, et pour son activité de traducteur l'avant-propos à son *Marx et Engels poètes romantiques*, Spartacus, 2015.

éditorial, mais qu'elle avait en Russie même des racines profondes qui l'y avaient fait mûrir. Ce n'est pas l'aventure guerrière de l'impérialisme allemand, sous l'écusson idéologique de la social-démocratie allemande, qui a provoqué la révolution en Russie. Elle n'a fait au contraire que l'interrompre pour quelque temps, à ses débuts, après la première vague des années 1911-1913, et lui créer ensuite les conditions les plus difficiles et les plus anormales.

Mais pour tout observateur qui réfléchit, ce cours des choses est un argument de plus contre la théorie dogmatique, défendue par Kautsky comme par des socialistes de gouvernement, d'après laquelle la Russie, pays économiquement arriéré, en majeure partie agricole, ne serait pas encore mûre pour la révolution sociale et la dictature du prolétariat. Cette théorie, qui n'admet comme possible en Russie qu'une révolution *bourgeoise*, d'où découle par conséquent, pour les socialistes de ce pays, la nécessité de collaborer avec le libéralisme bourgeois, est aussi celle de l'aile opportuniste du mouvement ouvrier russe, des mencheviks, sous la direction éprouvée d'Axelrod et de Dan. Les uns et les autres, les opportunistes russes comme les opportunistes allemands, se rejoignent dans cette appréciation, dans cette façon de comprendre la révolution russe, avec les socialistes gouvernementaux d'Allemagne, et leurs positions sur les questions tactiques en découlent : d'après eux la Révolution russe n'aurait pas dû dépasser le stade que l'impérialisme allemand, dans la mythologie de la social-démocratie allemande, posait comme noble but à la guerre, à savoir le renversement du tsarisme. Si elle est allée au-delà, si elle s'est posé comme tâche la dictature du prolétariat, cela a été, selon cette doctrine, une simple faute de l'aile radicale du mouvement ouvrier russe, des bolcheviks ; et tous les déboires que la révolution a connus par la suite, toutes les difficultés qu'elle a rencontrées, ne sont que la conséquence de cette erreur fatale. Théoriquement, cette doctrine, qui est présentée par le *Vorwärts* ainsi que par Kautsky comme le fruit de la « pensée marxiste », aboutit à cette originale découverte « marxiste » : que la révolution socialiste est une affaire nationale, pour ainsi dire domestique, de chacun des États modernes de son côté. Dans la vapeur bleue de ce schéma abstrait, un Kautsky sait naturellement décrire en détail les relations économiques mondiales du capital, qui font de tous les États modernes un organisme indivisible. Mais la Révolution russe – fruit du développement international et de la question agraire – ne peut aboutir dans les limites de la société bourgeoise.

Pratiquement, cette doctrine tend à écarter la responsabilité du prolétariat international, en premier lieu celle du prolétariat allemand, en ce qui concerne le sort de la Révolution russe, à nier, en un mot, les connexions internationales de cette révolution. En réalité, ce qu'ont démontré la guerre et la révolution russe, ce n'est pas le manque de maturité de la Russie, mais l'incapacité du prolétariat allemand à remplir sa mission historique ; et faire ressortir ce fait avec toute la netteté désirable est le premier devoir d'une étude critique de la Révolution russe. Le destin de la révolution en Russie dépendait totalement des événements internationaux. En fondant entièrement leur politique sur la révolution mondiale du prolétariat, les bolcheviks ont précisément donné le témoignage le plus éclatant de leur intelligence politique, de leur fidélité aux principes et de leur hardiesse politique. C'est en cela que se manifestent les progrès formidables réalisés par le développement capitaliste au cours de la dernière décennie. La révolution de 1905-1907 ne trouva qu'un faible écho en Europe. C'est pourquoi elle ne pouvait être qu'un premier chapitre. La suite et la fin en étaient liées au développement européen.

Il est clair que seule une critique approfondie et réfléchie, et non pas une apologie superficielle, peut tirer de tous ces événements les trésors d'expérience et d'enseignement qu'ils comportent. Ce serait en effet une folie de croire qu'au premier essai d'importance mondiale de dictature de la classe ouvrière, et cela dans les conditions les plus difficiles qu'on puisse imaginer, au milieu de l'embrasement et du chaos d'une conflagration mondiale, sous la menace constante d'une intervention militaire de la part de la puissance militaire la plus réactionnaire d'Europe, et en face de la carence complète du prolétariat international, ce serait une folie, dis-je, de croire que, dans cette première expérience de dictature ouvrière réalisée dans des conditions aussi anormales, tout ce qui a été fait ou n'a pas été fait en Russie ait été le comble de la perfection. Tout au contraire, la compréhension la plus élémentaire de la politique socialiste et de ses conditions historiques nécessaires obligent à admettre que, dans des conditions aussi défavorables, l'idéalisme le plus gigantesque et l'énergie révolutionnaire la plus ferme ne peuvent réaliser ni la démocratie ni le socialisme, mais seulement de faibles rudiments de l'une et de l'autre.

C'est un devoir élémentaire pour les socialistes de tous les pays de bien se représenter ces causes profondes et leurs conséquences, car ce n'est qu'à une telle compréhension amère qu'on peut mesurer toute l'étendue de la responsabilité propre du prolétariat international dans le sort de la Révolution russe. D'autre part, ce n'est que de cette manière qu'apparaît l'importance décisive de l'action internationale de la révolution prolétarienne – comme une condition essentielle, sans laquelle les plus grands efforts et les plus sublimes sacrifices du prolétariat dans un seul pays doivent inévitablement s'enliser dans un chaos de contradictions et d'erreurs.

Il ne fait d'ailleurs aucun doute que c'est avec les plus grandes hésitations que Lénine et Trotski, les cerveaux éminents qui dirigent la révolution russe, ont fait plus d'un pas décisif sur leur chemin épineux, semé de pièges de toutes sortes, et que rien ne saurait être plus éloigné de leur esprit que de voir l'Internationale accepter comme un modèle suprême de politique socialiste, ne laissant place qu'à l'admiration béate et à l'imitation servile, tout ce qu'ils ont dû faire ou ne pas faire sous la contrainte et dans le tumulte des événements.

Ce serait une erreur de craindre qu'un examen critique des voies suivies jusqu'ici par la révolution russe soit de nature à ébranler le prestige du prolétariat russe, dont le fascinant exemple pourrait seul triompher de l'inertie fatale des masses ouvrières allemandes. Rien de plus faux. Le réveil de la combativité révolutionnaire du prolétariat allemand ne saurait plus être provoqué par le recours à la tutelle, comme celle de la social-démocratie allemande de bienheureuse mémoire, par des moyens de suggestion collective, par la foi aveugle en quelque autorité infaillible, que ce soit celle de ses propres «instances» ou celle de l'«exemple russe». Ce n'est pas en créant un enthousiasme artificiel, mais, au contraire, uniquement en lui faisant comprendre la terrible gravité, la complexité des tâches à accomplir, en développant sa maturité politique et sa capacité de jugement, que la social-démocratie, pendant de longues années, et sous les prétextes les plus divers, a étouffées systématiquement, que naîtra la capacité d'action historique du prolétariat allemand. Se livrer à une étude critique de la révolution russe, sous tous ses aspects historiques, c'est le meilleur moyen d'éduquer la classe ouvrière, tant allemande qu'internationale, en vue des tâches que lui impose la situation présente.

II. Le parti bolchevik, force motrice de la révolution russe

La première période de la révolution russe, depuis le moment où elle a éclaté, en mars, jusqu'au coup d'État d'octobre, répond exactement, dans son cours général, au schéma du développement tant de la Révolution anglaise que de la Révolution française. C'est la forme de développement typique de tout premier grand heurt des forces révolutionnaires créées au sein de la société bourgeoise contre les chaînes de la vieille société.

Son développement se poursuit naturellement selon une ligne ascendante, en partant de débuts modérés, jusqu'à des buts de plus en plus radicaux, et, parallèlement, de la collaboration des classes et des partis à la domination exclusive du parti le plus radical.

Au début, en mars 1917, la révolution fut dirigée par les « cadets[2] », c'est-à-dire la bourgeoisie libérale. La première vague du flot révolutionnaire emporta tout : la quatrième Douma, le produit le plus réactionnaire du plus réactionnaire des systèmes électoraux, celui des quatre classes, issu du coup d'État[3], se transforma du jour au lendemain en un organe de la révolution. Tous les partis bourgeois, y compris les droites nationalistes, formèrent soudain un seul bloc uni contre l'absolutisme. Celui-ci s'écroula dès le premier choc, presque sans combat, comme un organe déjà mort qu'il suffisait de toucher du doigt pour le faire tomber. De même, la courte tentative faite par la bourgeoisie libérale pour sauver au moins la dynastie et le trône fut brisée en quelques heures. Le flot impétueux des événements sub-

---

2. Les cadets : parti constitutionnel démocrate apparu en 1905. Ses dirigeants étaient Milioukov et Strouvé. (NdE)

3. La dissolution en juin 1907 de la IIe Douma. (NdE)

mergea en quelques jours, quelques heures, des territoires que la Révolution française avait mis des dizaines d'années à conquérir. On vit alors que la Russie réalisait les résultats d'un siècle de développement européen, et, avant tout, que la révolution de 1917 était une continuation directe de celle de 1905-1907, et non un cadeau des «libérateurs» allemands. En somme, la révolution reprenait en mars 1917 au point exact où la précédente avait interrompu son œuvre, dix ans auparavant. La République démocratique était le produit tout prêt, intérieurement mûr, du premier assaut de la révolution.

Alors commença la seconde étape, la plus difficile. Dès le début, la force motrice de la révolution fut la masse du prolétariat des villes. Mais ses revendications étaient loin d'être épuisées par l'instauration de la démocratie politique, elles portaient avant tout sur la question brûlante de la politique internationale: la paix immédiate. En même temps, la révolution se précipita sur la masse de l'armée, qui exprima la même revendication d'une paix immédiate, et sur la masse de la paysannerie, qui mit au premier plan la question agraire, ce pivot de la révolution depuis 1905.

La paix immédiate et la terre: avec ces deux mots d'ordre, la scission intérieure du bloc révolutionnaire était assurée. La revendication d'une paix immédiate était en contradiction absolue avec les tendances impérialistes de la bourgeoisie libérale, dont le porte-parole était Milioukov. La question agraire était le cauchemar de l'autre aile de la bourgeoisie, la noblesse terrienne, en même temps qu'un attentat à la sacro-sainte propriété individuelle, un point douloureux pour l'ensemble des classes possédantes.

C'est ainsi que, au lendemain même de la première victoire de la révolution, commença dans son sein une lutte autour de ces deux questions brûlantes: la paix et la question agraire. La bourgeoisie libérale se lança dans une tactique de diversion et de faux-fuyants. Les masses ouvrières, l'armée, les paysans, exerçaient une pression de plus en plus impétueuse. Il ne fait aucun doute qu'à ces deux questions, celle de la paix et celle de la terre, étaient liés les destins mêmes de la démocratie politique, de la république. Les classes bourgeoises qui, submergées par la première vague de la révolution, s'étaient laissé entraîner jusqu'à la forme d'État républicain, commencèrent à chercher bientôt des points d'appui pour pouvoir organiser en silence la contre-révolution. La marche sur Petrograd des cosaques de Kalédine exprima nettement cette tendance. Si ce premier assaut avait été couronné de succès, c'en était fait, non seulement de la question de la paix et de la question agraire, mais aussi du sort de la démocratie, de la république. Une dictature militaire, avec un régime de terreur contre le prolétariat, puis le retour à la monarchie, en auraient été les conséquences inévitables.

On peut mesurer par là ce qu'a d'utopique et au fond de réactionnaire la tactique suivie par les socialistes russes de la tendance Kautsky, les mencheviks. C'est, à vrai dire, un étonnement que d'observer comment cet homme laborieux (Kautsky) a, durant les quatre années de la guerre mondiale, par un travail d'écriture infatigable, paisible et méthodique, creusé trou après trou dans la théorie du socialisme, une besogne dont le socialisme sort pareil à une passoire sans une place saine. L'impassibilité dénuée de sens critique avec laquelle ses partisans assistent à ce travail appliqué de leur théoricien officiel et avalent ses découvertes toujours nouvelles sans battre d'un cil ne rencontre d'équivalent que dans l'impassibilité avec laquelle les partisans de Scheidemann et Cie assistent à la façon dont ceux-ci percent en pratique trou après trou dans le socialisme. De fait, les deux besognes se complètent parfaitement; Kautsky, gardien officiel du temple du marxisme, ne fait en réalité, depuis qu'a éclaté la guerre, qu'accomplir théoriquement ce que les Scheidemann font dans la pratique : 1° l'Internationale, un instrument de paix ; 2° désarmement et Société des nations, nationalisme ; 3° enfin, démocratie et non socialisme.

Entêtés dans leur fiction du caractère bourgeois de la révolution russe – puisque la Russie n'était pas encore mûre pour la révolution sociale –, ils s'accrochaient désespérément à la collaboration avec les libéraux bourgeois, c'est-à-dire à l'union forcée des éléments, qui, séparés par la marche logique, interne, du développement révolutionnaire, étaient déjà entrés en opposition violente. Les Axelrod, les Dan, voulaient à tout prix collaborer avec les classes et les partis qui menaçaient précisément des plus grands dangers la révolution et sa première conquête, la démocratie.

Dans cette situation, c'est à la tendance bolcheviste que revient le mérite historique d'avoir proclamé dès le début et suivi avec une logique de fer la tactique qui seule pouvait sauver la démocratie et pousser la révolution en avant. Tout le pouvoir aux masses ouvrières et paysannes, tout le pouvoir aux soviets – c'était là en effet le seul moyen de sortir de la difficulté où se trouvait engagée la révolution, c'était là le coup d'épée qui pouvait trancher le nœud gordien, tirer la révolution de l'impasse et lui ouvrir le vaste champ d'un développement sans entraves.

Le parti de Lénine fut ainsi le seul en Russie qui comprit les vrais intérêts de la révolution ; dans cette première période, il en fut la force motrice, en tant que seul parti qui poursuivit une politique réellement socialiste.

C'est ce qui explique également pourquoi les bolcheviks, au début minorité calomniée et traquée de toutes parts, furent en peu de temps poussés à la pointe du mouvement, et purent rassembler sous leur drapeau toutes les masses vraiment populaires, le prolétariat des villes, l'armée, la paysannerie, ainsi que les éléments révolutionnaires de la démocratie, à savoir l'aile gauche des socialistes-révolutionnaires.

Au bout de quelques mois, la situation réelle de la révolution russe se trouva résumée dans l'alternative suivante : ou victoire de la contre-révolution ou dictature du prolétariat, ou Kalédine ou Lénine. Telle est la situation qui se présente très rapidement dans chaque révolution, une fois dissipée l'ivresse des premiers moments, et qui découlait en Russie des questions brûlantes de la paix et de la terre, pour lesquelles il n'y avait pas de solution possible dans les cadres de la révolution « bourgeoise ».

La révolution russe n'a fait que confirmer par là l'enseignement fondamental de toute grande révolution, dont la loi vitale est la suivante : ou aller de l'avant rapidement et résolument, abattre d'une main de fer tous les obstacles, et se fixer des objectifs de plus en plus loin, ou être bientôt rejetée en arrière de son point de départ et écrasée par la contre-révolution. S'arrêter, piétiner sur place, se contenter des premiers résultats obtenus, cela est impossible dans une révolution. Et quiconque veut transporter dans la tactique révolutionnaire la petite cuisine de la lutte parlementaire, montre uniquement que non seulement la psychologie, la loi profonde de la révolution mais aussi l'expérience historique lui sont un livre aux sept sceaux.

Le cours de la Révolution anglaise de 1642 montre comment précisément les tergiversations lamentables des presbytériens, la guerre menée sans résolution contre l'armée royale, guerre au cours de laquelle les chefs presbytériens évitèrent de propos délibéré une bataille décisive et une victoire sur Charles 1er, obligèrent les Indépendants à les chasser du parlement et à s'emparer du pouvoir. Et de même, au sein de l'armée des Indépendants, ce fut la masse petite-bourgeoise des soldats, les « niveleurs » de Lilburn, qui constituèrent la force de choc de tout le mouvement indépendant ; de même qu'enfin ce furent les éléments prolétariens de la masse des soldats, ceux qui étaient les plus radicaux du point de vue social, regroupés dans le mouvement des « diggers », qui représentèrent à leur tour le levain du parti démocratique des « niveleurs ».

Sans l'action exercée par les éléments révolutionnaires prolétariens sur la masse des soldats, sans la pression de la masse démocratique des soldats sur la couche inférieure bourgeoise du parti des Indépendants, il n'y aurait eu ni « épuration » du Long Parlement, ni victoire sur l'armée des Cavaliers et sur les Écossais, ni procès et exécution de Charles Ier, ni suppression de la Chambre des Lords et proclamation de la République.

Que se passa-t-il pendant la Révolution française ? Après quatre années de luttes, la prise du pouvoir par les jacobins apparut comme le seul moyen de sauver les conquêtes de la révolution, de réaliser la république, de détruire la féodalité, d'organiser la défense révolutionnaire à l'intérieur comme à l'extérieur, d'étouffer les conspirations de la contre-révolution, d'étendre à toute l'Europe la vague révolutionnaire venue de France.

Kautsky et ses compères politiques russes, qui voulaient que la révolution russe conservât son « caractère bourgeois » du début, sont le pendant exact de ces libéraux allemands et anglais du siècle dernier, qui distinguaient dans la révolution française deux périodes bien distinctes, la « bonne », celle des girondins, et la « mauvaise », après leur expulsion par les jacobins, et qui, dans cette conception tout à fait plate de l'Histoire, ne peuvent naturellement pas comprendre que, sans le coup d'État des jacobins, même les premières conquêtes timides et incomplètes de la phase girondine auraient été bientôt ensevelies sous les ruines de la révolution ; que la seule possibilité réelle, en dehors de la dictature jacobine, telle que l'imposait la marche inexorable du développement historique en 1793, était, non pas une démocratie « modérée », mais la restauration des Bourbons ! Dans aucune révolution on ne peut observer le « juste milieu », car sa loi naturelle exige une décision rapide. De deux choses l'une : ou bien la locomotive escalade la côte historique à toute vapeur aussi loin qu'elle le peut, ou bien, entraînée par son propre poids, elle redescend la pente jusqu'au point d'où elle était partie, entraînant avec elle dans l'abîme tous ceux qui tenteraient, à l'aide de leurs faibles forces, de la retenir à mi-chemin.

Ainsi s'explique que, dans toute révolution, le seul parti qui puisse s'emparer du pouvoir est celui qui a le courage de lancer le mot d'ordre le plus radical et d'en tirer toutes les conséquences. Ainsi s'explique le rôle pitoyable des mencheviks russes, des Dan, Tseretelli[4], etc., qui, après avoir exercé au début une influence énorme sur les masses, ont été, après une longue période d'oscillations, où ils se débattirent des pieds et des mains pour n'avoir pas à prendre le pouvoir, ignominieusement balayés de la scène.

Le parti de Lénine a été le seul qui ait compris le devoir d'un parti vraiment révolutionnaire, et qui, par son mot d'ordre, « Tout le pouvoir aux ouvriers et aux paysans ! », ait assuré la marche en avant de la révolution.

Par là, les bolcheviks ont résolu la fameuse question de la « majorité du peuple » qui, depuis toujours, pèse comme un cauchemar sur la poitrine des socialistes allemands. Élèves du crétinisme parlementaire, ils transfèrent simplement à la révolution les recettes de la cour

---

4. Iraklii Gueorguevich Tserettelli (1882-1959). Menchevik, leader du POSDR en Géorgie, député à la IIe Douma et président du groupe social-démocrate de la Douma. Emprisonné puis exilé en Sibérie de novembre 1907 à mars 1917. Membre du soviet de Petrograd en 1917, il devint ministre de l'Intérieur du gouvernement provisoire. Retourne en Géorgie en 1918 et émigre l'année suivante. (NdE)

de récréation parlementaire : pour faire passer quelque chose, il faudrait d'abord avoir la majorité. De même, par conséquent, pour la révolution : « Devenons d'abord majorité. » La véritable dialectique de la révolution renverse cette sagesse de taupe parlementaire : la voie n'est pas de la majorité à la tactique révolutionnaire, mais de la tactique révolutionnaire à la majorité. Seul un parti qui sait les conduire, c'est-à-dire les pousser en avant, gagne dans la tempête la masse des adhérents. La détermination avec laquelle Lénine et ses camarades ont, au moment décisif, lancé le seul mot d'ordre capable de mobiliser, « tout le pouvoir aux mains du prolétariat et des paysans », a fait d'eux, en une nuit, d'une minorité persécutée, calomniée, illégale, dont les chefs étaient, comme Marat, forcés de se cacher dans les caves, les maîtres absolus de la situation.

Les bolcheviks ont, de même, posé immédiatement comme but à cette prise du pouvoir le programme révolutionnaire le plus avancé : non pas défense de la démocratie bourgeoise, mais dictature du prolétariat en vue de la réalisation du socialisme. Ils ont ainsi acquis devant l'Histoire le mérite impérissable d'avoir proclamé pour la première fois le but final du socialisme comme un programme immédiat de la politique pratique.

Tout ce qu'un parti peut apporter, en un moment historique, en fait de courage, d'énergie, de compréhension révolutionnaire et de cohérence, les Lénine, Trotski et leurs camarades l'ont réalisé pleinement. L'honneur et la capacité d'action révolutionnaire, qui ont manqué à la social-démocratie à l'Ouest, c'est chez eux qu'on les a trouvés. En ce sens, leur insurrection d'Octobre n'a pas sauvé seulement la révolution russe, mais aussi l'honneur du socialisme international.

III. Deux mots d'ordre petit-bourgeois

Les bolcheviks sont les héritiers historiques des « niveleurs » anglais et des jacobins français. Mais la tâche qui leur incombait dans la Révolution russe au lendemain de la prise du pouvoir était incomparablement plus difficile que celle de leurs devanciers. (Importance de la question agraire. Dès 1905. Puis, dans la troisième Douma, les paysans *de droite*! Question paysanne et défense nationale. Armée.) Assurément, le mot d'ordre de la prise et du partage des terres par les paysans était la formule la plus brève, la plus simple et la plus lapidaire pour atteindre un double but: détruire la grande propriété foncière; lier les paysans au gouvernement révolutionnaire. Comme mesure politique pour renforcer le gouvernement socialiste-prolétarien, c'était là une tactique excellente. Malheureusement, elle avait deux faces, et son revers, c'est que la prise directe des terres et leur partage entre les paysans n'a absolument rien de commun avec le socialisme.

La transformation socialiste de l'économie suppose, en ce qui concerne l'agriculture, deux choses:

Tout d'abord, la nationalisation immédiate de la grande propriété, comme présentant le degré techniquement le plus avancé de la concentration des moyens et des méthodes de production agricole, qui seule peut servir de base à l'économie socialiste dans les campagnes. Si, bien entendu, il n'est pas nécessaire d'enlever au petit cultivateur son lopin de terre et si on peut lui laisser tranquillement le soin de se convaincre par lui-même des avantages de l'exploitation collective, pour le gagner d'abord au groupement coopératif, puis au système de l'exploitation collective, toute transformation socialiste de l'économie agricole doit commencer naturellement par la grande et la moyenne propriété. Elle doit transférer, avant tout, le droit de propriété à la nation, ou, ce qui revient au même avec un gouvernement socialiste, à l'État, car cela seul garantit la possibilité d'organiser la production agricole sur une base socialiste.

Mais, deuxièmement, l'une des conditions indispensables de cette transformation, c'est de supprimer l'opposition entre l'agriculture et l'industrie, qui constitue le trait caractéristique de la société bourgeoise, pour faire place à une pénétration et à une fusion complète de ces deux branches de production, à une transformation, tant de la production agraire que de la production industrielle, selon un point de vue commun. De quelque façon qu'en soit pratiquement organisée la gestion, qu'elle soit confiée aux municipalités urbaines, comme certains le proposent, ou à l'État, en tout cas, la condition préalable est une réforme réalisée d'une façon unitaire et dirigée par le centre, cette réforme supposant elle-même la nationalisation des terres. Nationalisation de la grande et moyenne propriété, union de l'industrie et de l'agriculture, telles sont les deux conditions fondamentales de toute transformation socialiste de l'économie, sans lesquelles il n'y a pas de socialisme.

Que le gouvernement des soviets en Russie n'ait pas réalisé ces réformes considérables, qui pourrait le lui reprocher? Ce serait une mauvaise plaisanterie d'exiger ou d'attendre de Lénine et de ses camarades que, dans cette brève période depuis la prise du pouvoir, dans le tourbillon vertigineux des luttes intérieures et extérieures, confrontés de tous côtés à des ennemis et des résistances sans nombre, ils résolvent l'un des problèmes les plus difficiles, nous pouvons assurément même dire le plus difficile, de la transformation socialiste, ou seulement s'y attaquent. Quand nous serons au pouvoir, même en Occident et dans les conditions les plus favorables, nous nous casserons plus d'une dent sur cette noix avant d'avoir résolu même les plus simples parmi les mille difficultés complexes de cette tâche gigantesque.

Mais il y a une chose, en tout cas, qu'un gouvernement socialiste au pouvoir doit faire: c'est prendre des mesures qui aillent dans le sens de ces conditions fondamentales d'une transformation socialiste de l'agriculture. Il doit au moins éviter tout ce qui barrerait la route conduisant à cette transformation.

Or le mot d'ordre lancé par les bolcheviks, «prise immédiate et partage des terres par les paysans», devait agir précisément dans le sens inverse. Car non seulement ce n'est pas une mesure socialiste, mais elle barre la route qui y mène, elle accumule devant la transformation socialiste de l'agriculture des difficultés insurmontables.

La prise de possession des terres par les paysans, conformément au mot d'ordre bref et lapidaire de Lénine et de ses amis «Allez et prenez la terre!» conduisait au passage subit et chaotique de la grande propriété foncière non à la propriété sociale, mais à une nouvelle propriété privée, et cela par l'émiettement de la grande propriété en une foule de petites et moyennes propriétés, de la grande exploitation relativement avancée en une quantité de petites exploitations primitives, travaillant, du point de vue technique, avec les méthodes de l'époque des pharaons. Mais ce n'est pas tout : par cette mesure et la façon chaotique, purement arbitraire, dont elle fut appliquée, les différences sociales dans les campagnes n'ont pas été supprimées, mais au contraire aggravées. Quoique les bolcheviks aient recommandé aux paysans de former des comités pour faire de la prise de possession des terres de la noblesse en quelque sorte une action collective, il est clair que ce conseil d'un caractère tout à fait général ne pouvait rien changer à la pratique véritable et aux rapports de classes à la campagne. Avec ou sans comités, ce sont les paysans riches et les usuriers, lesquels représentent la bourgeoisie rurale et détiennent, dans tous les villages russes, le pouvoir effectif, qui ont été, en réalité, les principaux profiteurs de la révolution agraire. Sans qu'il soit nécessaire de l'avoir vu de ses propres yeux, chacun peut se rendre compte que le résultat du partage des terres n'a pas été de supprimer, mais d'accroître au contraire l'inégalité sociale et économique au sein de la paysannerie et d'y aggraver les antagonismes de classes. Mais ce déplacement de forces s'est fait *au détriment* des intérêts prolétariens et socialistes. Discours de Lénine sur la centralisation nécessaire dans l'industrie : nationalisation des banques, du commerce et de l'industrie. Pourquoi pas la propriété foncière et du sol ? Ici, au contraire, décentralisation et propriété privée.

Le programme agraire de Lénine avant la révolution était différent. Le mot d'ordre a été emprunté aux socialistes-révolutionnaires, si vilipendés, ou plus exactement au mouvement spontané de la paysannerie.

Pour introduire des principes socialistes dans l'agriculture, le gouvernement soviétique a cherché à présent à créer avec des prolétaires – pour la plupart des chômeurs des villes – des communes agricoles. Mais on pouvait facilement prévoir que les résultats de ces efforts, en comparaison de la situation agraire dans son ensemble, ne pouvaient forcément que rester microscopiques et ne pas même entrer en considération pour l'appréciation du problème. (Après avoir déchiqueté la grande propriété foncière, point de départ le plus approprié pour l'économie socialiste, en petites exploitations, on cherche maintenant, par petites touches, à édifier des exploitations communistes modèles.) Dans ces conditions, ces communes ne peuvent avoir que la valeur d'une expérience, non d'une réforme sociale étendue[5].

Autrefois, une réforme socialiste à la campagne se heurtait uniquement à la résistance d'une petite caste de grands propriétaires fonciers, tant nobles que capitalistes, ainsi que d'une petite fraction de la bourgeoisie rurale, dont l'expropriation par une masse populaire révolutionnaire n'est qu'un jeu d'enfant. Maintenant, après la prise de possession de la terre par les paysans, l'ennemi se dresse devant toute socialisation de l'agriculture, c'est une masse énorme et considérablement grossie de paysans propriétaires qui défendront de toutes leurs forces leur propriété nouvellement acquise contre toutes les atteintes du pouvoir socialiste. Maintenant, la question de la socialisation future de l'agriculture, et par conséquent de la production, en Russie, est devenue une question de lutte entre le prolétariat des villes et la masse paysanne. À quel point cet antagonisme s'est aggravé aujourd'hui, c'est ce que prouve le boycottage des villes par les paysans, lesquels conservent par devers eux les denrées alimentaires, afin d'en tirer des profits usuraires, exactement comme le font les hobereaux prussiens.

Le petit paysan français était devenu le plus vaillant défenseur de la révolution française, qui lui avait donné la terre enlevée aux émigrés. Il porta, comme soldat de Napoléon, le drapeau français à la victoire, parcourut en tous sens l'Europe entière et détruisit la féodalité dans un pays après l'autre. Il se peut que Lénine et ses amis aient attendu un effet semblable de leur mot d'ordre agraire. Mais le paysan russe, ayant pris la terre de sa propre autorité, n'a pas songé même en rêve à défendre la Russie et la révolution, à qui il la devait. Il s'est claquemuré dans sa nouvelle propriété, abandonnant la révolution à ses ennemis, l'État à la ruine et la population des villes à la famine.

La réforme agraire de Lénine a créé pour le socialisme dans les campagnes une nouvelle et puissante couche d'ennemis, dont la résis-

5. Note en marge : Monopole des céréales avec primes. *Maintenant*, ils veulent *postfestum* introduire la lutte des classes au village.

tance sera beaucoup plus dangereuse et plus opiniâtre que l'était celle de l'aristocratie foncière.

Si la défaite militaire a abouti à l'effondrement et à la ruine de la Russie, les bolcheviks en portent incontestablement une part de responsabilité. Les difficultés objectives de la situation, les bolcheviks les ont aggravées eux-mêmes par ce mot d'ordre, qu'ils ont mis au premier plan de leur politique, du droit des peuples à disposer d'eux-mêmes, ou ce qui se cachait en réalité derrière ce mot d'ordre : le morcèlement en États de la Russie. Cette formule, proclamée sans cesse avec une obstination dogmatique, du droit des différentes nations de l'empire russe à décider elles-mêmes de leur propre sort, « jusque et y compris leur séparation complète d'avec la Russie », était un cri de guerre propre à Lénine et à ses camarades dans leur lutte contre la politique de guerre de Milioukov comme de celle de Kerensky. Elle fut l'axe de leur politique intérieure après le coup d'État d'Octobre. Elle constitua toute la plateforme des bolcheviks à Brest-Litovsk, la seule arme qu'ils eussent à opposer à la puissance de l'impérialisme allemand.

Ce qui frappe, tout d'abord, dans l'obstination et l'entêtement avec lesquels Lénine et ses camarades se sont tenus à ce mot d'ordre, c'est qu'il est en contradiction flagrante, tant avec le centralisme, si souvent affirmé, de leur politique, qu'avec leur attitude à l'égard des autres principes démocratiques. Tandis qu'ils faisaient preuve du mépris le plus glacial à l'égard de l'assemblée constituante, du suffrage universel, de la liberté de la presse et de réunion, bref de tout l'appareil des libertés démocratiques fondamentales des masses populaires, libertés dont l'ensemble constituait le « droit de libre détermination » en Russie même, ils faisaient de ce droit des peuples à disposer d'eux-mêmes un noyau de la politique démocratique, pour l'amour duquel il fallait faire taire toutes les considérations pratiques de la critique réaliste. Alors qu'ils ne s'en laissaient imposer en rien par le vote populaire pour l'assemblée constituante en Russie, vote émis sur la base du suffrage le plus démocratique du monde et dans la pleine liberté d'une république populaire, et que, pour de froides considérations critiques, ils en déclaraient les résultats simplement nuls et non avenus, ils défendaient à Brest-Litovsk le « droit des peuples» des différentes nations de la Russie à disposer d'eux-mêmes comme le vrai palladium de toute liberté et de toute démocratie, quintessence inaltérée de la volonté des peuples, et comme l'instance décisive suprême dans la question du sort politique des nations.

La contradiction, qui est ici flagrante, est d'autant plus incompréhensible que, quant aux formes démocratiques de la vie politique de tous les pays, il s'agit effectivement, comme nous le verrons encore plus loin, de bases extrêmement précieuses et même indispensables de la politique socialiste, alors que ce fameux droit des peuples à disposer d'eux-mêmes n'est qu'une phrase creuse, une foutaise petite-bourgeoise.

Que signifie ce droit en effet? C'est dans l'abc de la politique socialiste de combattre, comme toute sorte d'oppression, celle d'une nation par une autre. Si, malgré tout, des hommes politiques aussi réfléchis que Lénine, Trotski et leur amis, qui n'ont que haussements d'épaules ironiques pour des mots d'ordre utopiques tels que «désarmement», «société des nations», etc., ont fait cette fois leur dada d'une phrase creuse du même genre, cela est dû, nous semble-t-il, à une sorte de politique d'opportunité. Lénine et ses camarades estimaient manifestement qu'il n'y avait pas de plus sûr moyen de gagner à la cause de la révolution et du prolétariat socialiste les nombreuses nationalités allogènes que comptait l'empire russe que de leur accorder au nom de la révolution et du socialisme le droit absolu de disposer de leur propre sort. C'était une politique analogue à celle que les bolcheviks adoptaient à l'égard des paysans russes, dont ils pensaient satisfaire la faim de terres à l'aide du mot d'ordre de prise de possession directe des terres et les lier ainsi au drapeau de la révolution et du gouvernement prolétarien. Malheureusement, dans un cas comme dans l'autre, le calcul s'est révélé entièrement faux. Tandis que Lénine et ses camarades espéraient manifestement que, parce qu'ils avaient été les défenseurs de la liberté nationale, et cela «jusqu'à la séparation complète», la Finlande, l'Ukraine, la Pologne, la Lituanie, les pays baltes, le Caucase, etc., deviendraient autant d'alliés fidèles de la révolution russe, nous avons précisément assisté au spectacle inverse: l'une après l'autre, toutes ces «nations» utilisèrent la liberté qu'on venait de leur octroyer pour s'allier à l'impérialisme allemand et, sous sa protection, pour porter le drapeau de la contre-révolution en Russie même. L'intermède avec l'Ukraine à Brest-Litovsk, qui a conduit à un tournant décisif des négociations et de toute la situation politique, tant intérieure qu'extérieure, des bolcheviks, en est un exemple frappant. L'attitude de la Finlande, de la Pologne, de la Lituanie, des pays baltes, et des nations du Caucase montre de la façon la plus convaincante que nous n'avons pas affaire ici à une exception fortuite, mais à un phénomène typique.

Assurément, dans tous les cas, ce ne sont pas les «nations» qui ont mené cette politique réactionnaire, mais seulement les classes bourgeoises et petites-bourgeoises, qui, en opposition complète avec les masses prolétariennes de leur pays, ont fait de ce «droit des peuples à disposer d'eux-mêmes» un instrument de leur politique de classe contre-révolutionnaire. Mais – et nous touchons ici au nœud du problème –, le caractère utopique, petit-bourgeois, de ce mot d'ordre nationaliste consiste précisément en ceci, que, dans la dure réalité de la société de classes, surtout dans une période d'antagonismes extrêmes, il se transforme en un moyen de domination de la classe bourgeoise. Les bolcheviks devaient apprendre à leurs dépens et à ceux de la révolution que, sous le règne du capitalisme, il n'y a pas de libre détermination de la «nation», que, dans une société de classes, chaque classe de la nation cherche à se «déterminer» d'une manière différente, que, pour les classes bourgeoises, les considérations de liberté nationale passent complètement après celles de la domination de classe. La bourgeoisie finlandaise, comme la petite-bourgeoisie ukrainienne, étaient entièrement d'accord pour préférer la domination allemande à la liberté nationale, dès que celle-ci devait être liée au danger du «bolchevisme».

L'espoir de changer ces rapports réels de classes en leur contraire au moyen des «plébiscites» – pivot des négociations de Brest – et, en se basant sur les sentiments de la masse populaire, d'obtenir un vote en faveur du rattachement à la Révolution russe, cet espoir témoignait, s'il était sincère, d'un optimisme incompréhensible de la part de Lénine et de Trotski ; s'il n'était qu'un coup d'estoc tactique dans le duel avec la politique de force allemande, c'était jouer avec le feu. Même sans l'occupation militaire allemande, le fameux «plébiscite», à supposer qu'on en serait venu là dans les pays limitrophes, eût, vu l'état d'esprit de la masse paysanne et des couches importantes de prolétaires encore indifférents, les tendances réactionnaires de la petite-bourgeoise et les mille moyens dont disposait la bourgeoisie pour influencer le vote, donné partout un résultat dont les bolcheviks n'eussent pas eu lieu de se féliciter. On peut, en matière de plébiscite sur la question nationale, admettre comme une règle absolue que les classes dominantes s'arrangent ou bien pour l'empêcher, quand elles n'en ont pas le goût, ou, s'il y a lieu, pour en influencer les résultats à l'aide de toutes les manœuvres qui font précisément que nous ne pourrons jamais introduire le socialisme par voie de plébiscite.

Portées par le traité de Brest-Litovsk au premier plan et même considérées comme le «schibboleth[6]» de la politique socialiste et révolutionnaire, les revendications nationales et les tendances séparatistes ainsi jetées en plein milieu des luttes révolutionnaires ont jeté le plus grand trouble dans les rangs du socialisme et ont ébranlé les positions du prolétariat précisément dans les pays limitrophes. En Finlande, le prolétariat socialiste, aussi longtemps qu'il luttait en tant que partie intégrante de la phalange révolutionnaire de Russie, avait déjà conquis une position dominante. Il possédait la majorité à la Diète, dans l'armée, il avait réduit la bourgeoisie à une impuissance complète, et était maître de la situation dans le pays. L'Ukraine russe avait été, au début du siècle, alors que les folies du «nationalisme ukrainien», avec les «karbovanets» et les «Universals[7]» de même que le dada de Lénine d'une «Ukraine indépendante» n'avaient pas encore été inventés, la forteresse du mouvement révolutionnaire russe. C'est de là, de Rostov, d'Odessa, de la région du Donets, qu'avaient jailli les premiers torrents de lave de la révolution dès les années 1902-1904, qui embrasèrent rapidement toute la Russie du sud, préparant ainsi l'explosion de 1905. Le même phénomène se reproduisit dans la révolution actuelle, où le prolétariat de la Russie du sud fournit les troupes d'élite de la phalange prolétarienne. La Pologne et les États

6. Mot de passe d'une secte juive. (NdE)

7. Le karbovanets était la monnaie introduite en Ukraine en 1917, les Universals les décrets pris par le conseil (Rada) central d'Ukraine; l'Ukraine avait été invitée à participer aux pourparlers de Brest-Litovsk. À la suite de l'intervention des forces bolcheviques, la Rada centrale avait proclamé l'indépendance de l'Ukraine en janvier 1918. (NdE)

baltes étaient, depuis 1905, les foyers les plus ardents et les plus sûrs de la révolution, où le prolétariat socialiste joue un rôle prépondérant.

Comment se fait-il que, dans ces pays, la contre-révolution ait soudainement triomphé? C'est que, précisément, le mouvement nationaliste a, en le détachant de la Russie, paralysé le prolétariat, et l'a livré à la bourgeoisie nationale. Au lieu de viser, selon l'esprit même de la nouvelle politique internationale de classe, qu'ils représentaient par ailleurs, à grouper en une masse la plus compacte possible les forces révolutionnaires sur tout le territoire de l'empire russe pour en défendre becs et ongles l'intégrité, en tant que territoire de la révolution, d'opposer, en tant que commandement suprême de leur politique, la solidarité des prolétaires de toutes les nationalités à l'intérieur de l'empire russe à toutes les séparations nationalistes, les bolcheviks ont, par leur mot d'ordre nationaliste retentissant du «droit des peuples à disposer d'eux-mêmes, jusque et y compris la séparation complète», fourni à la bourgeoisie, dans tous les pays limitrophes, le prétexte le plus commode, on pourrait même dire la bannière, pour leur politique contre-révolutionnaire. Au lieu de mettre en garde les prolétaires dans les pays limitrophes contre tout séparatisme, comme piège de la bourgeoisie, pour qu'ils arrachent les germes des tentatives séparatistes d'une main de fer, dont l'utilisation dans *ce* cas est la véritable signification et le véritable esprit de la dictature du prolétariat, ils ont, au contraire, par leur mot d'ordre, égaré les masses, les livrant ainsi à la démagogie des classes possédantes. Ils ont, par cette revendication nationaliste, provoqué, préparé eux-mêmes le dépeçage de la Russie, et mis ainsi aux mains de leurs propres ennemis le poignard qu'ils devaient plonger au cœur de la Révolution russe.

Certes, sans l'aide de l'impérialisme allemand, sans «les crosses allemandes dans les poings allemands», comme l'écrivait la *Neue Zeit* de Kautsky, jamais les Liubynsky et autres canailles de l'Ukraine, jamais les Erich, les Mannerheim[8], en Finlande, et les barons baltes, ne seraient

---

8. Mykola Liubynsky (1891-1938), l'un des négociateurs ukrainiens à Brest-Litovsk, brièvement ministre des Affaires étrangères de l'Ukraine. Demeuré en Ukraine désormais soviétique, il fut condamné en 1930 à la déportation puis liquidé. Rafael Erich (1879-1946), homme politique finlandais qui obtint en février 1918 le concours de l'Allemagne contre les forces révolutionnaires; Karl-Gustav-Emil Mannerheim (1867-1951), général de l'armée russe, devint le premier commandant en chef de l'armée finlandaise. (NdE)

venus à bout des masses prolétariennes socialistes de leur pays. Mais le séparatisme national fut le cheval de Troie grâce auquel les «camarades» allemands ont été introduits, fusil au poing, dans tous ces pays. Certes, ce sont les antagonismes de classes réels et les rapports de forces militaires qui ont amené l'intervention de l'Allemagne. Mais ce sont les bolcheviks qui ont fourni *l'idéologie* à l'aide de laquelle on masque cette campagne de la contre-révolution, renforçant ainsi les positions de la bourgeoisie et affaiblissant celles du prolétariat. La meilleure preuve en est l'Ukraine, qui devait jouer un rôle si néfaste dans les destinées de la Révolution russe. Le nationalisme ukrainien était en Russie quelque chose de tout à fait différent de ce qu'était par exemple le nationalisme tchèque, polonais ou finlandais, une simple lubie, une sorte de manie de quelques douzaines d'intellectuels petits-bourgeois, n'ayant aucune base dans les conditions économiques, politiques ou intellectuelles du pays, ne s'appuyant sur aucune tradition historique, étant donné que l'Ukraine n'a jamais constitué une nation ou un État indépendant, n'a jamais possédé une culture nationale, en dehors du poète romantico-réactionnaire Chevtchenko. C'est absolument comme si, un beau matin, les gens du littoral voulaient fonder sur Fritz Reuter[9] une nouvelle nation et un État bas-allemand. Et ce sont ces bouffonneries insensées de quelques professeurs et étudiants d'université que Lénine et ses camarades ont, par leur agitation doctrinaire au nom du «droit à l'autodétermination jusque et y compris, etc.», gonflées artificiellement en un facteur politique. À ce qui n'était au début que farce, ils ont donné une importance telle qu'elle devint d'une gravité des plus sanglante: non pas un mouvement national sérieux, qui n'a de toutes façons toujours pas de racines, mais une enseigne et un fanion de rassemblement pour la contre-révolution! C'est de cet œuf sans coquille que les baïonnettes allemandes sont sorties à Brest-Litovsk.

Cette sorte de phraséologie a parfois dans l'histoire des luttes de classes une importance très réelle. C'est une véritable fatalité pour le socialisme que, dans cette guerre mondiale, il lui ait été réservé de fournir des mots d'ordre à la politique contre-révolutionnaire. Au

9. Fritz Reuter (1810-1874), écrivain allemand de Poméranie occidentale rendu célèbre par son œuvre rédigée en dialecte bas-allemand. (NdE)

moment de la déclaration de guerre, la social-démocratie allemande se hâta de couvrir le brigandage de l'impérialisme allemand d'un manteau idéologique tiré du magasin d'accessoires du marxisme, en déclarant qu'elle était la guerre de libération contre le tsarisme russe que souhaitaient nos vieux maîtres en 1848. Avec le mot d'ordre du «droit des peuples à disposer d'eux-mêmes», il était réservé à l'antithèse des socialistes de gouvernement, aux bolcheviks, d'apporter de l'eau au moulin de la contre-révolution et de fournir ainsi un prétexte idéologique, non seulement pour l'écrasement de la Révolution russe elle-même, mais aussi pour la perspective de liquidation contre-révolutionnaire de la guerre mondiale. Sous ce rapport, nous avons de bonnes raisons d'examiner de très près la politique des bolcheviks. Le «droit des peuples à disposer d'eux-mêmes», accouplé à la société des nations et au désarmement, par la grâce de Wilson, est le cri de guerre sous lequel se déroulera le conflit imminent entre le socialisme international et le monde bourgeois. Il est clair que ce mot d'ordre et toute l'idéologie nationale, qui constituent actuellement le plus grand danger pour le socialisme international, ont reçu précisément de la révolution russe et des négociations de Brest-Litovsk un renforcement extraordinaire. Nous aurons encore à nous occuper en détail de cette plateforme. Les conséquences tragiques de ce mot d'ordre dans la révolution russe, aux épines duquel les bolcheviks devaient se prendre et s'écorcher jusqu'au sang, doivent servir d'avertissement au prolétariat international.

De tout cela est sortie la dictature de l'Allemagne. Du traité de Brest-Litovsk au «traité annexe»! Les 200 victimes expiatoires de Moscou[10]. C'est de là que sont venus la terreur et l'écrasement de la démocratie.

---

10. Le 6 juillet, les socialistes-révolutionnaires de gauche, qui s'étaient opposés à la signature du traité, avaient organisé l'assassinat de l'ambassadeur allemand von Mirbach et tenté un soulèvement contre le pouvoir bolchevik. Celui-ci les réprima durement, notamment en en faisant rapidement fusiller un certain nombre. Trois accords complémentaires au traité de Brest-Litovsk ont été signés à Berlin le 27 août 1918. Pour les positions défendues par les socialistes-révolutionnaires de gauche, voir *Les socialistes-révolutionnaires de gauche dans la révolution russe*, Spartacus, 1983. (NdE)

IV. La dissolution de l'Assemblée constituante

Nous allons examiner cela de plus près, d'après quelques exemples.

Un fait qui a joué un rôle prépondérant dans la politique des bolcheviks, c'est la fameuse dissolution de l'assemblée constituante en novembre 1917. Cette mesure a exercé une influence décisive sur toute leur attitude ultérieure, elle fut en quelque sorte le point crucial de leur tactique. C'est un fait que Lénine et ses camarades, jusqu'à leur victoire d'octobre, exigeaient avec fureur la convocation de l'assemblée constituante, et que la politique d'atermoiements du gouvernement Kerensky sur ce point était un de leurs principaux griefs contre ce gouvernement qui leur fournissait un motif d'attaques extrêmement violentes. Dans son étude intitulée *De la révolution d'Octobre au traité de Brest-Litovsk*, Trotski dit même que le coup d'État d'Octobre a été en fait « le salut pour la Constituante », comme pour la révolution, en général. « *Et quand nous disions*, poursuit-il, *que la voie d'accès vers la Constituante passait, non par le pré-parlement de Tseretelli, mais par la prise du pouvoir par les soviets, nous étions tout à fait sincères.* »

Et voilà qu'après ces déclarations le premier acte de Lénine, au lendemain de la révolution d'Octobre, fut précisément de dissoudre cette même assemblée constituante dont elle devait être la voie d'accès ! Quels sont les motifs qui ont amené cette volte-face si stupéfiante ? Trotski s'en explique longuement dans l'ouvrage susmentionné, et nous allons rapporter ici ses arguments : « *Si les mois qui précédèrent la révolution d'Octobre furent une période de poussée à gauche des masses et d'afflux irrésistible des ouvriers, soldats et paysans, du côté des bolcheviks, ce mouvement se manifesta au sein du parti socialiste-révolutionnaire par le renforcement de l'aile gauche aux dépens de la droite. Cependant, dans les listes du parti, dominaient encore pour les trois quarts des vieux noms de l'aile droite…*

À cela s'ajoutait encore cette circonstance que les élections elles-mêmes eurent lieu pendant les premières semaines qui suivirent la révolution d'Octobre. La nouvelle du changement qui s'était produit se répandit d'une façon relativement lente, en cercles concentriques, de la capitale à la province, et des villes aux villages. Dans beaucoup d'endroits, les masses paysannes étaient très peu au courant de ce qui se passait à Petrograd et à Moscou. Elles votèrent pour le groupe "Terre et Liberté" et pour leurs représentants dans les comités agraires, qui étaient, pour la plupart, des partisans des "Narodniki"[11].

Mais, par là, elles votaient en même temps pour Kerensky et Avxentief, qui avaient dissous ces mêmes comités et fait arrêter leurs membres… Cet état de choses permet de comprendre à quel point la Constituante était restée en arrière du développement de la lutte politique et des changements réalisés dans le rapport des forces entre les différents partis.»

Tout cela est bel et bon et très convaincant. Seulement, on ne peut que s'étonner que des gens aussi intelligents que Lénine et Trotski ne soient pas arrivés à la conclusion toute indiquée qui découlait des faits ci-dessus. Étant donné que l'assemblée constituante avait été élue longtemps avant le tournant décisif d'Octobre et reflétait dans sa composition l'image du passé périmé et non pas le nouvel état de choses, la conclusion s'imposait d'elle-même qu'il fallait limoger cette constituante surannée, donc mort-née, et prescrire sans tarder de nouvelles élections en vue d'une nouvelle constituante ! Ils ne pouvaient ni ne voulaient confier le sort de la révolution à une assemblée qui représentait la Russie de Kerensky, la période d'hésitations et de coalition avec la bourgeoisie. Parfait ! Il ne restait plus, dès lors, qu'à convoquer immédiatement à sa place une assemblée issue de la Russie rénovée et plus avancée.

Au lieu de cela, Trotski conclut de l'insuffisance particulière de l'assemblée constituante formée en octobre à l'inutilité absolue de toute assemblée constituante, en général, et, même, il va jusqu'à nier la valeur de toute représentation populaire issue d'élections générales en période de révolution : « *Grâce à la lutte ouverte et directe pour le pouvoir, les masses laborieuses accumulent en peu de temps une expérience politique considérable, et montent rapidement, dans leur évolution, d'un degré à l'autre. Le lourd mécanisme des institutions démocratique est d'autant plus incapable de suivre cette évolution que le pays est plus grand et son outillage technique plus imparfait.* » (Trotski.)

11. Trotski utilise «Terre et liberté» et «Narodniki», qui renvoient aux mouvements populistes du XIXe siècle, pour désigner de façon péjorative les socialistes-révolutionnaires, le parti bénéficiant au moment des élections du plus grand soutien de la part des paysans. (NdE)

Nous voilà déjà arrivés au « mécanisme des institutions démocratiques » en général. À cela on peut objecter tout d'abord que cette appréciation des institutions représentatives exprime une conception quelque peu schématique et rigide, que contredit expressément l'expérience de toutes les époques révolutionnaires du passé. D'après la théorie de Trotski, toute assemblée élue ne reflète une fois pour toutes les idées, la maturité politique et l'état d'esprit du corps électoral que juste au moment où il se rend aux urnes. Ainsi l'assemblée démocratique serait toujours le reflet de la masse à l'époque des élections, tout comme, d'après Herschel[12], le ciel étoilé nous montre les astres, non pas tels qu'ils sont au moment où nous les contemplons, mais tels qu'ils étaient au moment où ils envoyaient leurs rayons d'une distance incommensurable sur la Terre. Ce qui revient à nier complètement tout lien vivant entre les élus et leurs électeurs, toute influence réciproque des uns sur les autres.

Cette conception est en contradiction complète avec toute l'expérience de l'Histoire. Celle-ci nous montre, au contraire, que le fluide vivant de l'opinion populaire baigne constamment les corps représentatifs, les pénètre, les dirige. Sinon comment expliquer que, dans tous les parlements bourgeois, nous assistons de temps à autre aux plus réjouissantes cabrioles des « représentants du peuple », qui, animés soudain d'un « esprit nouveau », font entendre des accents tout à fait inattendus, que, de temps à autre, les momies les plus desséchées prennent des airs de jeunesse, et que les Scheidemann de tout acabit trouvent tout à coup dans leur poitrine des accents révolutionnaires, quand ça gronde dans les usines, dans les ateliers et dans les rues ?

Et cette action vivante et permanente des masses sur les corps élus devrait s'arrêter juste en période de révolution devant le schéma figé des enseignes de partis et des listes de candidats ? Tout au contraire ! La révolution crée précisément, par la flamme qui l'anime, cette atmosphère politique vibrante, impressionnable, où les vagues de l'opinion publique, le pouls de la vie populaire, agissent instantané-

---

12. Probablement Sir William Herschel (1738-1822), astronome britannique né à Hanovre, découvreur entre autres d'Uranus. (NdE)

ment et de la façon la plus admirable sur les corps représentatifs. C'est ce qui explique les scènes émouvantes bien connues au début de toutes les révolutions, où l'on voit des parlements réactionnaires ou très modérés, élus sous l'ancien régime par un suffrage restreint, se transformer soudain en porte-parole héroïques de la révolution, en champions de la liberté. L'exemple classique, c'est le fameux «Long parliament» en Angleterre, qui, élu et réuni en 1642, resta sept ans en fonctions, et refléta successivement tous les changements de l'opinion publique, des rapports des classes, du progrès de la révolution, jusqu'à son point culminant, depuis la timide escarmouche du début avec la Couronne sous le contrôle d'un *speaker* «à genoux», jusqu'à la suppression de la Chambre des Lords, l'exécution de Charles 1er et la proclamation de la république!

Et cette même transformation merveilleuse ne s'est-elle pas reproduite dans les états généraux de France, dans le parlement censitaire de Louis-Philippe, et même – le dernier exemple, le plus frappant, que Trotski avait à sa portée – dans la quatrième Douma, qui, élue en l'an de grâce 1909[13], sous la domination la plus figée de la contre-révolution, se sentit animée soudain, en 1917, du souffle ardent de l'insurrection et devint le point de départ de la révolution?

Tout cela montre que «le lourd mécanisme des institutions démocratiques» trouve un correctif puissant précisément dans le mouvement vivant des masses, dans leur pression continue. Et plus l'institution est démocratique, plus le pouls de la vie politique des masses est vivant et fort, et plus directe et précise est l'action exercée par elles, en dépit du caractère figé des programmes des partis et du caractère périmé des listes de candidats, etc. Assurément toute institution démocratique, comme toutes les institutions humaines d'ailleurs, a ses limites et ses défauts. Mais le remède inventé par Lénine et Trotski, qui consiste à supprimer la démocratie en général, est pire que le mal qu'il est censé guérir: il obstrue en effet la seule source vivante d'où peuvent sortir les moyens de corriger les insuffisances congénitales

13.La quatrième Douma a été élue en novembre 1912 ; elle siégeait encore au début de 1917. (NdE)

des institutions sociales, à savoir la vie politique active, libre, énergique, de larges masses populaires.

Prenons un autre exemple frappant : le suffrage élaboré par le gouvernement des soviets. On ne voit pas très bien quelle portée pratique on lui attribue. De la critique que font Trotski et Lénine des institutions démocratiques, il ressort qu'ils repoussent en principe les représentations nationales émanant d'élections générales et ne veulent s'appuyer que sur les soviets. Mais alors pourquoi a-t-on proclamé le suffrage universel ? C'est ce qu'on ne voit pas très bien. D'ailleurs, autant que nous sachions, ce suffrage universel n'a jamais été appliqué : on n'a jamais entendu parler d'élections à aucune sorte de représentation populaire faite sur cette base. Il est plus probable qu'il n'est resté qu'un droit théorique, existant uniquement sur le papier, mais, tel qu'il est, il n'en constitue pas moins un produit très remarquable de la théorie bolcheviste de la dictature. Tout droit de vote, comme d'ailleurs tout droit politique, doit être mesuré, non pas d'après des schémas abstraits de « justice » et autres poncifs tirés de la phraséologie bourgeoise-démocratique, mais d'après les conditions économiques et sociales pour lesquelles il est fait. Le suffrage élaboré par le gouvernement des soviets est précisément calculé en vue de la période de transition de la forme de société bourgeoise-capitaliste à la forme de société socialiste, en vue de la période de dictature du prolétariat. Conformément à l'interprétation de cette dictature, que représentent Lénine et Trotski, ce droit n'est accordé qu'à ceux qui vivent de leur propre travail, et refusé aux autres.

Or il est clair qu'un pareil système électoral n'a de sens que dans une société qui est aussi, économiquement, en état de permettre à tous ceux qui veulent travailler de vivre d'une façon décente et civilisée de leur propre travail. Est-ce le cas de la Russie actuelle ? Étant donné les difficultés énormes contre lesquelles a à lutter la Russie, séparée du marché mondial et coupée de ses principales sources de matières premières, étant donnés la désorganisation épouvantable de la vie économique, le bouleversement total des rapports de production, par suite des transformations des rapports de propriété dans l'agriculture comme dans l'industrie et le commerce, il est évident qu'un nombre considérable d'existences sont tout à coup déracinées, poussées hors des rails, sans aucune possibilité matérielle de trouver dans le mécanisme économique quelque emploi que ce soit pour leur force de travail. Cela ne s'applique pas seulement à la classe des capitalistes et des propriétaires fonciers, mais encore aux larges couches de la classe moyenne et à la classe ouvrière elle-même. Car c'est un fait que l'effondrement de l'industrie a provoqué un reflux en masse du prolétariat des villes à la campagne, où il cherche à s'employer dans l'agriculture. Dans de telles conditions, un suffrage politique qui a pour condition économique l'obligation pour tous de travailler est une mesure absolument incompréhensible. Elle a pour but, dit-on, d'enlever les droits politiques aux seuls exploiteurs. Et tandis que des forces de travail productives sont déracinées en masse, le gouvernement des soviets se voit obligé, au contraire, dans un grand nombre de cas, de remettre pour ainsi dire en ferme l'industrie nationale aux anciens propriétaires capitalistes. De même, il s'est vu contraint en avril 1918 de conclure un compromis avec les coopératives de consommation bourgeoises. En outre, l'utilisation des techniciens bourgeois s'est révélée indispensable. Une autre conséquence de ce phénomène est que des couches croissantes du prolétariat, tels que les gardes rouges, etc., sont entretenues par l'État à l'aide des fonds publics. En réalité, ce système prive de leurs droits des couches croissantes de la petite-bourgeoise et du prolétariat, pour lesquelles l'organisation économique ne prévoit aucun moyen d'exercer l'obligation au travail.

Un système électoral, qui fait du droit de vote un produit utopique de l'imagination, sans aucun lien avec la réalité sociale, est une pure absurdité. Et c'est pourquoi ce n'est pas un instrument sérieux de la dictature prolétarienne. C'est un anachronisme, une anticipation de la situation juridique qui pourrait se concevoir dans une économie socialiste déjà réalisée, mais non pas dans la période transitoire de la dictature prolétarienne.

Lorsque toute la classe moyenne, les intellectuels bourgeois et petits-bourgeois, au lendemain de la révolution d'Octobre, boycottaient pendant des mois le gouvernement des soviets, paralysaient les communications par chemins de fer, par postes et télégraphes, l'enseignement, l'appareil administratif, se révoltant ainsi contre le gouvernement ouvrier, alors toutes les mesures de pression contre eux, retrait des droits politiques, de moyens d'existence économique, etc., s'imposaient bien entendu pour briser leur résistance avec un poing de fer. C'est en cela que se manifestait justement la dictature socialiste, laquelle ne doit reculer devant aucun moyen de contrainte pour imposer certaines mesures dans l'intérêt de la collectivité. Par contre, un système électoral qui prononce contre de vastes couches de la société une privation générale de droits, qui les met politiquement hors des cadres de la société, alors qu'il est lui-même hors d'état de leur faire économiquement une place à l'intérieur de ces cadres, une privation de droits qui n'est pas une mesure concrète en vue d'un but concret, mais une règle générale d'effet durable, ce n'est pas une nécessité de la dictature, mais une improvisation non viable. Aussi bien soviets, comme épine dorsale, que constituante et suffrage universel.

Les bolcheviks traitaient les soviets de réactionnaires parce que la majorité y était constituée par les paysans (délégués paysans et délégués soldats). Une fois les soviets rangés de leur côté, ils sont devenus les vrais représentants de l'opinion populaire. Mais ce revirement subit n'avait de rapport qu'à la *paix* et à la question agraire.

V. Démocratie et dictature

Mais l'assemblée constituante et le droit de vote n'épuisent pas la question : nous n'avons pas fait entrer en ligne de compte la suppression plus importante des garanties démocratiques d'une vie publique saine et de l'activité politique des masses ouvrières : les libertés de la presse, d'association et de réunion, qui ont été entièrement supprimées pour tous les adversaires du gouvernement des soviets. Pour justifier la suppression de ces droits, l'argumentation de Trotski sur la lourdeur des corps élus démocratiques est tout à fait insuffisante. Par contre, c'est un fait absolument incontestable que, sans une liberté illimitée de la presse, sans une liberté de réunion et d'association sans entraves, la domination des larges masses populaires est inconcevable.

Lénine dit : l'État bourgeois est un instrument d'oppression de la classe ouvrière, l'État socialiste un instrument d'oppression de la bourgeoisie. C'est en quelque sorte l'État capitaliste renversé sur la tête. Cette conception simpliste oublie l'essentiel: c'est que si la domination de classe de la bourgeoisie n'avait pas besoin d'une éducation politique des masses populaires, tout au moins au-delà de certaines limites assez étroites, pour la dictature prolétarienne, au contraire, elle est l'élément vital, l'air sans lequel elle ne peut vivre.

« *Grâce à la lutte ouverte et directe pour le pouvoir, les masses laborieuses accumulent en peu de temps une expérience politique considérable, et montent rapidement, dans leur évolution, d'un degré à l'autre.* »

Ici, Trotski se réfute lui-même, et réfute en même temps ses propres amis. C'est justement parce que cela est vrai qu'ils ont, en supprimant toute vie publique, obstrué eux-mêmes la source de l'expérience politique et des progrès du développement. Ou faut-il admettre que l'expérience et le développement étaient nécessaires jusqu'à la prise du pouvoir par les bolcheviks, mais qu'à ce moment-là ils avaient atteint leur apogée et devenaient désormais superflus? (Discours de Lénine: La Russie est plus que mûre pour le socialisme!!!)

En réalité, c'est tout le contraire. Précisément les tâches gigantesques auxquelles les bolcheviks se sont attelés avec courage et résolution nécessitaient l'éducation politique des masses la plus intense et une accumulation d'expérience qui n'est pas possible sans liberté politique.

La liberté seulement pour les partisans du gouvernement, pour les membres d'un parti, aussi nombreux soient-ils, ce n'est pas la liberté. La liberté, c'est toujours la liberté de celui qui pense autrement. Non pas par fanatisme de la « justice », mais parce que tout ce qu'il y a d'instructif, de salutaire et de purifiant dans la liberté politique tient à cela et perd de son efficacité quand la « liberté » devient un privilège.

Les bolcheviks ne pourraient pas la main sur le cœur nier qu'ils ont dû aller pas à pas, tâtonner, faire des essais, des expériences en tout sens, et qu'une bonne part de leurs mesures ne sont pas des perles. Il en va ainsi pour nous tous, quand on s'y met – bien que ne règne pas forcément partout des conditions aussi difficiles. Il doit en être ainsi et il en sera ainsi.

La condition que suppose tacitement la théorie de la dictature selon Lénine et Trotski, c'est que la transformation socialiste est une chose pour laquelle le parti de la révolution a en poche une recette toute prête, qu'il ne s'agit plus que d'appliquer avec énergie. Par malheur – ou, si l'on veut, par bonheur –, il n'en est pas ainsi. Bien loin d'être une somme de prescriptions toutes faites qu'on n'aurait plus qu'à appliquer, la réalisation pratique du socialisme en tant que système économique, juridique et social, est une chose qui reste complètement enveloppée dans les brouillards de l'avenir. Ce que nous possédons dans notre programme, ce ne sont que quelques grands poteaux indicateurs qui montrent la direction générale dans laquelle il faut s'engager, indications d'ailleurs d'un caractère surtout négatif. Nous savons à peu près ce que nous aurons à supprimer tout d'abord pour rendre la voie libre à l'économie socialiste. Par contre, de quelle sorte seront les mille et une grandes et petites mesures concrètes en vue d'introduire les principes socialistes dans l'économie, dans le droit, dans tous les rapports sociaux, là, aucun programme de parti, aucun manuel de socialisme ne peut fournir de renseignement. Ce n'est pas une infériorité, mais précisément une supériorité du socialisme scientifique sur le socialisme utopique, que le socialisme ne doit et ne peut être qu'un produit historique, né de l'école même de l'expérience, à l'heure des réalisations, de la marche vivante de l'Histoire, laquelle, tout comme la nature organique dont elle est en fin de compte une partie, a la bonne habitude de faire naître toujours, avec un besoin social véritable, les moyens de le satisfaire, avec le problème sa solution. Mais s'il en est ainsi, il est clair que le socialisme, d'après son essence même, ne peut être octroyé, introduit par des oukases. Il suppose toute une série de mesures violentes, contre la propriété, etc. Ce qui est négatif, la destruction, on peut le décréter, ce qui est positif, la construction, on ne le peut pas. Terres vierges. Problèmes par milliers. Seule l'expérience est capable d'apporter les correctifs nécessaires et d'ouvrir des voies nouvelles. Seule une vie bouillonnante, absolument libre, s'engageant dans mille formes et improvisations nouvelles, conserve une *force créatrice,* corrigeant elle-même ses propres fautes. Si la vie publique des États à liberté limitée est si pauvre, si schématique, si inféconde, c'est précisément parce qu'en excluant la démocratie elle ferme les sources vives de toute richesse et de tout progrès intellectuels. (À preuve les années 1905 et suivantes et les mois de février-octobre 1917.) Ce qui vaut pour le domaine politique vaut également pour le domaine économique et social. Le peuple tout entier doit y prendre part. Autrement le socialisme sera décrété, octroyé, par une douzaine d'intellectuels réunis autour d'un tapis vert.

Un contrôle public est absolument nécessaire. Sinon l'échange des expériences n'est possible que dans le cercle fermé des fonctionnaires du nouveau gouvernement. La corruption est inévitable (paroles de Lénine, *Bulletin d'informations* n° 36). La pratique du socialisme exige toute une transformation intellectuelle dans les masses dégradées par des siècles de domination bourgeoise. Instincts sociaux à la place des instincts égoïstes, initiative des masses à la place de l'inertie, idéalisme, qui fait passer par-dessus toutes les souffrances, etc. Personne ne le sait mieux, ne le montre avec plus de force, ne le répète avec plus d'obstination que Lénine. Seulement il se trompe complètement sur les moyens : décrets, puissance dictatoriale des directeurs d'usines, punitions draconiennes, règne de la terreur ne sont que des palliatifs, autant de moyens qui empêchent cette renaissance. Un seul chemin y conduit : l'école même de la vie publique, la démocratie la plus large et la plus illimitée, l'opinion publique. C'est justement la terreur qui démoralise.

Tout cela ôté, que reste-t-il ? Lénine et Trotski ont mis à la place des corps représentatifs issus d'élections générales les soviets comme la seule représentation véritable des masses ouvrières. Mais en étouffant la vie politique dans tout le pays, il est fatal que la vie dans les soviets eux-mêmes soit de plus en plus paralysée. Sans élections générales, sans liberté illimitée de la presse et de réunion, sans confrontation libre entre les opinions, la vie se meurt dans toutes les institutions publiques, elle devient une vie apparente, où la bureaucratie reste le seul élément actif. La vie publique entre peu à peu en sommeil. Quelques douzaines de chefs du parti d'une énergie inlassable et d'un idéalisme sans borne dirigent, et, parmi eux, ceux qui dirigent et gouvernent en réalité, ce sont une douzaine de têtes éminentes, tandis qu'une élite de la classe ouvrière est convoquée de temps à autre à des réunions, pour applaudir aux discours des chefs, voter à l'unanimité les résolutions qu'on lui présente, au fond par conséquent un gouvernement de coterie – une dictature, il est vrai, non celle du prolétariat, mais celle d'une poignée de politiciens, c'est-à-dire une dictature au sens bourgeois, au sens de la domination jacobine (le recul des congrès des soviets de trois mois à six mois !). Et il y a plus : un tel état de choses doit provoquer nécessairement un ensauvagement de la vie publique, attentats, fusillades d'otages, etc.

Discours de Lénine sur la discipline et la corruption.

La lutte contre le lumpenprolétariat constitue, dans toute révolution, un problème en soi d'une grande importance. Nous aussi, en Allemagne comme partout, nous aurons à nous en occuper. Le lumpenprolétariat a des attaches profondes avec la société bourgeoise, non seulement comme couche spéciale, comme déchet social qui s'accroît énormément, notamment quand les murailles de l'ordre social s'écroulent, mais aussi comme partie intégrante de la société dans son ensemble. Les événements ont montré en Allemagne – et plus ou moins dans les autres États – avec quelle facilité toutes les couches de la société bourgeoise s'encanaillent. Les gradations entre usure marchande, opérations frauduleuses des hobereaux polonais, transactions fictives, adultérations d'aliments, chantage, corruption de fonctionnaires, vols, effractions et brigandage, se sont si bien mêlées que la limite séparant l'honorable bourgeoisie de la pègre a disparu. C'est la répétition du même phénomène régulier et rapide d'encanaillement de ces ornements de la bourgeoisie quand ils sont transplantés dans un univers colonial d'outre-mer, en terrain social étranger. En faisant tomber les barrières conventionnelles et les piliers de la morale et du droit, la société bourgeoise, dont l'existence a pour loi la plus intériorisée l'immoralité la plus profonde, l'exploitation de l'homme par l'homme, est immédiatement et sans frein vouée à l'encanaillement. La révolution prolétarienne aura partout à combattre cet ennemi, instrument de la contre-révolution.

Et pourtant, dans ce cas aussi, la terreur est une épée émoussée, et même à double tranchant. La plus draconienne des justices de guerre est impuissante contre les explosions de désordre du lumpenprolétariat. Bien plus, tout régime d'état de siège prolongé mène inéluctablement à l'arbitraire, et tout arbitraire exerce sur la société une action dépravante. L'unique moyen efficace qu'a en main la révolution prolétarienne, c'est, ici aussi, des mesures radicales de nature sociale et politique, une transformation aussi rapide que possible des garanties sociales d'existence de la masse et le déploiement de l'idéalisme révolutionnaire, qui ne saurait se maintenir durablement que par une vie intensément active des masses dans une liberté politique illimitée.

De même que contre les infections et germes morbides l'action libre des rayons du soleil est le plus efficace des moyens de purification et de guérison, de même c'est la révolution elle-même et son principe rénovateur, la vie intellectuelle, l'activité, l'auto-responsabilité qu'elle suscite dans les masses, par conséquent sa forme de liberté politique la plus large, qui est le seul soleil salvateur et purificateur[14].

C'est une loi toute-puissante, objective, à laquelle aucun parti ne peut se soustraire.

L'erreur fondamentale de la théorie Lénine-Trotski est précisément que, tout comme Kautsky, ils opposent la démocratie à la dictature. «Dictature *ou* démocratie», ainsi se pose la question pour les bolcheviks comme pour Kautsky[15]. Ce dernier se prononce bien entendu pour la démocratie, et même pour la démocratie *bourgeoise*, puisqu'il l'oppose à la transformation socialiste. Lénine-Trotski se prononcent au contraire pour la dictature d'une poignée de personnes, c'est-à-dire pour la dictature bourgeoise. Ce sont là deux pôles opposés, tout aussi éloignés l'un et l'autre de la véritable politique socialiste. Le prolétariat, une fois au pouvoir, ne peut, suivant le bon conseil de Kautsky, renoncer à la transformation socialiste sous

14. Ce commentaire sur le lumpenprolétariat se trouve sur une feuille volante du manuscrit ; il semble s'insérer le mieux à cet endroit du texte. (NdE)

15. Karl Kautsky a développé son analyse critique de la révolution bolchevique dans *La dictature du prolétariat*, parue à l'automne de 1918. On en trouvera l'essentiel, ainsi que les principaux arguments que Lénine lui opposa dans *La révolution prolétarienne et le renégat Kautsky* et un aperçu du processus d'instauration du nouvel État dans l'année qui suivit Octobre dans *Russie 1917 : l'épreuve du pouvoir*, Spartacus, 2005. (NdE)

prétexte que « le pays n'est pas mûr » et se vouer à la seule démocratie, sans se trahir lui-même et sans trahir en même temps l'Internationale et la révolution. Il a le devoir et l'obligation, justement, de se mettre immédiatement, de la façon la plus énergique, la plus inexorable, la plus brutale, à l'application des mesures socialistes, et, par conséquent, d'exercer la dictature, mais une dictature de *classe*, non celle d'un parti ou d'une clique, dictature de classe, c'est-à-dire avec la publicité la plus large, la participation la plus active, la plus illimitée, des masses populaires, dans une démocratie complète.

« *En tant que marxistes, nous n'avons jamais été idolâtres de la démocratie formelle* », écrit Trotski. Assurément, nous n'avons jamais été idolâtres de la démocratie formelle. Mais du socialisme et du marxisme non plus, nous n'avons jamais été idolâtres. S'ensuit-il pour cela que nous ayons le droit, à la façon de Cunow-Lensch-Parvus[16], de jeter au rancart le socialisme ou le marxisme quand ils nous gênent ? Trotski et Lénine sont la négation vivante de cette question. Nous n'avons jamais été idolâtres de la démocratie formelle, cela ne veut dire qu'une chose : nous avons toujours distingué le noyau social de la forme politique de la démocratie bourgeoise, nous avons toujours démasqué le dur noyau d'inégalité et de servitude sociales qui se cache sous l'enveloppe sucrée de l'égalité et de la liberté formelles, non pour la rejeter, mais pour inciter la classe ouvrière à ne pas se contenter de l'enveloppe, tout au contraire à conquérir le pouvoir politique pour la remplir d'un contenu social nouveau. La tâche historique qui incombe au prolétariat, une fois arrivé au pouvoir, c'est de créer, à la place de la démocratie *bourgeoise*, la démocratie socialiste, et non pas de supprimer toute démocratie. Mais la démocratie socialiste ne commence pas seulement en terre promise, quand aura été créée l'infrastructure de l'économie socialiste, à titre de cadeau de Noël pour le bon peuple qui aura entretemps fidèlement soutenu la poignée de dictateurs socialistes. La démocratie socialiste commence avec la destruction de

---

16. Heinrich Cunow (1862-1936), Alexander L. Helphand, dit Parvus (1867-1924) et Paul Lensch (1873-1926), trois membres connus du SPD aux parcours bien différents mais qui pendant la guerre se rassemblèrent en 1915 autour du journal *Die Glocke* fondé par Parvus pour promouvoir un « socialisme de guerre ». (NdE)

la domination de classe et la prise du pouvoir par le parti socialiste. Elle n'est pas autre chose que la dictature du prolétariat.

Parfaitement: dictature! Mais cette dictature consiste dans *la manière d'appliquer la démocratie,* non dans son abolition, dans des interventions énergiques, résolues, dans les droits acquis et les rapports économiques de la société bourgeoise, sans lesquelles la transformation socialiste ne peut être réalisée. Mais cette dictature doit être l'œuvre de la *classe* et non d'une petite minorité dirigeante, au nom de la classe, autrement dit, elle doit sortir pas à pas de la participation active des masses, être sous leur influence directe, soumise au contrôle de l'opinion publique, produit de l'éducation politique croissante des masses populaires.

Et c'est certainement ainsi que procéderaient les bolcheviks, s'ils ne subissaient pas l'effroyable pression de la guerre mondiale, de l'occupation allemande, de toutes les difficultés énormes qui s'y rattachent, qui doivent nécessairement défigurer toute politique socialiste animée des meilleures intentions et s'inspirant des plus beaux principes.

Un argument très net en ce sens est fourni par l'emploi si abondant de la terreur par le gouvernement des soviets, et notamment au cours de la période précédant l'effondrement de l'impérialisme allemand qui a commencé après l'attentat contre l'ambassadeur allemand. Cette vérité banale que les révolutions ne sont pas baptisées à l'eau de rose est en soi assez insuffisante.

Tout ce qui se passe en Russie s'explique parfaitement: c'est une chaîne inévitable de causes et d'effets dont les points de départ et d'arrivée sont la carence du prolétariat allemand et l'occupation de la Russie par l'impérialisme allemand. Ce serait exiger de Lénine et de ses amis une chose surhumaine que de leur demander encore, dans des conditions pareilles, de créer, par une sorte de magie, la plus belle des démocraties, la dictature du prolétariat la plus exemplaire et une économie socialiste florissante. Par leur attitude résolument révolutionnaire, leur énergie sans exemple et leur fidélité inébranlable au socialisme international, ils ont vraiment fait tout ce qu'il était possible de faire dans des conditions si terriblement difficiles. Le danger commence là où, faisant de nécessité vertu, ils créent une théorie de la tactique que leur ont imposée ces conditions fatales, et veulent la recommander au prolétariat international comme le modèle de la tactique socialiste. De même que, par là, ils s'exposent eux-mêmes tout à fait inutilement et placent leur véritable et incontestable mérite historique sous le boisseau de fautes imposées par la nécessité, ils rendent aussi au socialisme international, pour l'amour duquel ils ont lutté et souffert, un mauvais service quand ils prétendent apporter à son arsenal comme des idées nouvelles toutes les erreurs commises en Russie sous la contrainte de la nécessité, qui ne furent au bout du compte que des conséquences de la faillite du socialisme international dans cette guerre mondiale.

Les socialistes de gouvernement d'Allemagne peuvent bien crier que la domination des bolcheviks en Russie n'est qu'une caricature de dictature du prolétariat. Qu'elle le soit ou non, ce n'est précisément que parce qu'elle est une conséquence de l'attitude du prolétariat allemand, laquelle n'est pas autre chose qu'une caricature de lutte de classe. Nous vivons tous sous la loi de l'Histoire, et l'ordre socialiste ne peut précisément s'établir qu'internationalement. Les bolcheviks ont montré qu'ils peuvent faire tout ce qu'un parti vraiment révolutionnaire peut faire dans les limites des possibilités historiques. Qu'ils ne cherchent pas à faire des miracles. Car une révolution prolétarienne modèle et impeccable dans un pays isolé, épuisé par la guerre, étranglé par l'impérialisme, trahi par le prolétariat international, serait un miracle. Ce qui importe, c'est de distinguer dans la politique des bolcheviks l'essentiel de l'accessoire, la substance de l'accident. Dans cette dernière période, où nous sommes à la veille de luttes décisives dans le monde entier, le problème le plus important du socialisme, la question brûlante du moment ne sont pas telle ou telle question de détail de la tactique, mais ceux de la capacité d'action du prolétariat, de la combativité des masses, de leur énergie révolutionnaire, de leur volonté d'imposer un pouvoir socialiste. Sous ce rapport, Lénine, Trotski et leurs amis ont été les *premiers* qui aient montré l'exemple au prolétariat mondial; ils sont jusqu'ici encore les *seuls* qui puissent s'écrier avec Hutten: «*J'ai osé!*[17]»

17. Ulrich von Hutten, (1488-1523). Poète et satiriste allemand, il choisit de combattre pour la Réforme par les armes. (NdE)

C'est là ce qui est essentiel, ce qui est *durable* dans la politique des bolcheviks. En *ce* sens, il leur reste le mérite historique impérissable d'avoir, en conquérant le pouvoir et en posant pratiquement le problème de la réalisation du socialisme, montré l'exemple au prolétariat international, et fait faire un pas énorme dans la voie du règlement de comptes final entre le Capital et le Travail dans le monde entier. En Russie, le problème ne pouvait être que posé. Et c'est *dans ce sens* que l'avenir appartient partout au « bolchevisme ».

Que veut Spartacus ?

(Programme de la Ligue Spartacus)

Publié dans la *Rote Fahne* du 14 décembre 1918 et adopté avec des modifications insignifiantes lors du congrès de fondation du KPD[1].

I

Le 9 novembre, les ouvriers et les soldats ont détruit le vieux régime en Allemagne. Sur les champs de bataille de France s'étaient dissoutes les illusions sanglantes d'une domination mondiale par le sabre prussien. Les bandes de criminels qui avaient allumé l'incendie universel et poussé l'Allemagne dans une mer de sang se sont trouvées au bout de leur latin. Le peuple, dupé pendant quatre ans, qui avait au service de Moloch oublié tout sentiment de culture, d'honneur et d'humanité, qui s'est laissé utiliser pour toutes les infamies, s'est réveillé après quatre ans d'engourdissement, en face de l'abîme.

Le 9 novembre, le prolétariat allemand s'est soulevé pour rejeter le joug infâme. Les Hohenzollern ont été chassés, des conseils d'ouvriers et de soldats ont été élus. Mais les Hohenzollern n'étaient rien de plus que les commis de la bourgeoisie impérialiste et des hobereaux. La bourgeoisie avec sa domination de classe : voilà la vraie coupable de la guerre mondiale, en Allemagne comme en France, en Russie comme en Angleterre, en Europe comme en Amérique. Les capitalistes de tous les pays : tels sont les vrais instigateurs de l'assassinat des peuples. Le Baal insatiable, dans la gueule sanglante duquel ont été jetés en sacrifice millions sur millions de vies humaines, c'est le capital international.

1. La première édition française de ce texte et du discours prononcé à son sujet par Rosa Luxemburg lors du congrès de fondation du Parti communiste d'Allemagne est due à André et Dora Prudhommeaux qui la confièrent à René Lefeuvre, qui en fit une brochure (*Masses* 15-16, 1934), puis une nouvelle édition en 1949 dans les Cahiers Spartacus (*Spartacus et la Commune de Berlin*, 1977). La traduction en a été revue pour la présente édition.

La guerre mondiale a placé la société devant l'alternative : ou bien continuation du capitalisme, avec de nouvelles guerres et la chute prochaine dans le chaos et l'anarchie, ou bien le renversement de l'exploitation capitaliste.

Par la guerre, la domination de classe bourgeoise a perdu son droit à l'existence ; elle n'est plus en état de tirer la société du terrible effondrement économique que l'orgie impérialiste a laissé derrière soi.

Des moyens de production ont été anéantis en quantités inouïes ; des millions de forces de travail, les rameaux les meilleurs et les plus vigoureux de la classe ouvrière, ont été immolés. Quant à ceux qui restent en vie, la misère du chômage les attend en ricanant à leur retour au foyer. La famine et les maladies menacent de détruire la force du peuple à sa racine. La banqueroute financière de l'État sera le résultat inévitable du fléau monstrueux des dettes de guerre.

Pour sortir de ce désordre sanglant, pour échapper à l'abîme béant, il n'y a pas d'autre recours, d'autre issue, d'autre salut que dans le socialisme. Seule la Révolution mondiale du prolétariat peut mettre de l'ordre dans ce chaos, peut assurer à tous du travail et du pain, peut mettre fin à l'étripage mutuel des peuples, peut apporter à l'humanité épuisée dans sa chair ce qu'elle attend depuis si longtemps : la paix, la liberté, une civilisation véritable. À bas le salariat ! Voilà la solution de l'heure. Au travail salarié et à la domination de classe, il faut substituer le travail en coopération. Les instruments de travail doivent cesser d'être le monopole d'une classe, ils doivent devenir le bien commun de tous. Plus d'exploiteur, plus d'exploité ! Régulation de la production et de la distribution des produits dans l'intérêt de tous. Abolition des formes de production actuelles, qui ne sont qu'exploitation et que brigandage, du commerce actuel, qui n'est que fraude.

À la place des patrons et de leurs esclaves salariés, libre coopération. Le travail ne sera plus une torture pour personne quand il sera un devoir pour tout le monde ! Une vie digne à celui qui remplit son devoir envers la société. Que la faim ne soit plus désormais la malédiction du travail, mais la punition des oisifs !

Pour la première fois dans une telle société seront déracinés la haine des peuples et le servage. Ce n'est que par l'avènement d'une telle société que la terre cessera d'être déshonorée par le meurtre des hommes. Alors pourra-t-on dire: *cette guerre est la dernière des guerres.*

Le socialisme est à cette heure la seule ancre de salut de l'humanité. Au-dessus des murailles croulantes du monde capitaliste flamboient comme une prophétie de feu les mots du *Manifeste Communiste* : *Socialisme ou chute dans la barbarie.*

II

La réalisation de l'ordre social socialiste est la tâche la plus impérieuse qui soit jamais échue à une classe et à une révolution dans toute l'histoire du monde. Cette tâche exige un complet renversement de l'État, un bouleversement complet de toutes les bases économiques et sociales du monde actuel.

Ce renversement, ce bouleversement, ne peuvent résulter des décrets d'une autorité quelconque, d'une commission ou d'un parlement; ils ne peuvent être entrepris et menés à bien que par les masses populaires elles-mêmes.

Dans toutes les révolutions précédentes, ce fut une petite minorité du peuple qui prit la direction de la lutte révolutionnaire, qui lui donna un but et une orientation, et qui ne se servit de la masse que comme d'un instrument pour assurer la victoire de ses propres intérêts, les intérêts d'une minorité. La révolution socialiste est la première qui ne puisse être victorieuse que dans l'intérêt de la grande majorité, et par l'action de la grande majorité des travailleurs.

La masse du prolétariat n'est pas seulement appelée à fonder la révolution dans la connaissance claire de ses buts et de ses orientations. Elle doit aussi, par elle-même, par son activité propre, donner pas à pas vie au socialisme.

L'essence de la société socialiste consiste en ceci que la grande masse travailleuse cesse d'être une masse dirigée, mais au contraire se met à vivre par elle-même toute la vie politique et économique active, à la diriger par son auto-détermination toujours plus consciente et plus libre.

Des sommets de l'État jusqu'à la plus petite commune, la masse prolétarienne doit remplacer les organes actuels de la domination de classe – les conseils fédéraux, les parlements, les conseils municipaux – par ses propres organes de classe, les conseils d'ouvriers et de soldats ; à travers ceux-ci, elle devra occuper tous les postes, surveiller toutes les fonctions, mesurer tous les besoins de l'État à l'aune de son intérêt de classe et des tâches socialistes. Seule une relation permanente, vivante, entre les masses populaires et leurs organes, les conseils d'ouvriers et de soldats, pourra imprégner l'activité de l'État d'un esprit socialiste.

De même le bouleversement économique ne peut s'accomplir que comme un processus de l'action responsable des masses prolétariennes. Pour la socialisation, des décrets purs et simples d'instances révolutionnaires supérieures sont en eux-mêmes une formule vide. C'est seulement par l'activité propre de l'ensemble des ouvriers que la parole se fera chair – c'est dans la lutte tenace contre le capital, corps à corps, dans chaque entreprise, sous la pression directe de la masse, par la grève, par l'édification d'organes permanents de représentation, que les ouvriers peuvent exercer le contrôle prolétarien sur la production et finalement s'en approprier effectivement la direction.

Les masses prolétariennes doivent apprendre, de machines mortes que le capital place dans le processus de production, à devenir les maîtres pensants, libres, autonomes, de ce processus. Elles doivent acquérir le sentiment de leur responsabilité comme membres de la collectivité, unique propriétaire de toute la richesse sociale. Elles doivent faire preuve de zèle en l'absence du fouet patronal, atteindre une productivité soutenue sans garde-chiourme capitaliste, obtenir de la discipline sans contrainte et de l'ordre sans domination. Le plus haut idéalisme dans l'intérêt de la collectivité, la plus rigoureuse autodiscipline, le sens civique le plus véritable sont les fondements moraux de la société socialiste comme l'abrutissement, l'égoïsme et la corruption sont ceux de la société capitaliste.

Toutes ces vertus civiques du socialisme, de même que les connaissances et les capacités nécessaires pour la conduite des entreprises socialistes, la masse ouvrière ne peut les acquérir que par sa propre activité, son expérience propre.

La socialisation de la société ne peut être obtenue que par la lutte infatigable des masses ouvrières, dans toute leur étendue, partout où le travail et le capital, où le peuple et la domination de classe de la bourgeoisie se regardent dans le blanc des yeux. La libération de la classe ouvrière doit être l'œuvre de la classe ouvrière.

III

Dans la révolution bourgeoise, le sang versé, la terreur, le meurtre politique furent l'arme indispensable dans les mains des classes montantes.

La révolution prolétarienne n'implique dans ses buts aucune terreur, elle hait et abhorre le meurtre. Elle n'a pas le besoin de verser le sang, car elle ne s'attaque pas aux êtres humains, mais aux institutions. Elle ne descend pas dans l'arène avec de naïves illusions dont elle ait à venger la déception par le sang. Elle n'est pas la tentative désespérée d'une minorité cherchant à modeler le monde à son idéal par la force ; elle résulte au contraire de l'action des grandes masses qui sont appelées par millions à remplir leur mission historique et à transformer en réalités les nécessités qui s'impriment sur le peuple tout entier.

Mais la révolution prolétarienne sonne en même temps le glas de tout servage et de toute oppression. C'est pourquoi se lèvent contre la révolution prolétarienne, comme un seul homme dans cette lutte pour la vie ou pour la mort, tous les capitalistes, tous les propriétaires fonciers, tous les petits bourgeois, tous les officiers, tous les profiteurs et les parasites de l'exploitation et de la domination de classe.

C'est un songe creux de croire que les capitalistes se conformeront de bon gré aux verdicts socialistes d'un parlement, d'une assemblée nationale, qu'ils renonceront pacifiquement à leurs possessions, aux profits, aux privilèges de l'exploitation. Toutes les classes dominantes ont toujours défendu leurs privilèges jusqu'au bout avec l'énergie la plus acharnée. Les patriciens de Rome comme les barons féodaux du Moyen Âge, les Cavaliers anglais comme les marchands d'esclaves américains, les boyards valaques comme les patrons des tissages lyonnais – tous ont versé des torrents de sang, tous ont semé les cadavres, le meurtre et l'incendie, tous ont provoqué à la guerre civile et recouru à la haute trahison, dans le seul but de maintenir leurs privilèges et leurs pouvoirs.

La classe des capitalistes impérialistes, dernier rejet des castes exploiteuses, dépasse tous ses prédécesseurs en bestialité, en cynisme effronté et en ignominie. Pour défendre son Saint des Saints – le profit et l'exploitation –, elle emploiera les dents et les ongles, elle utilisera au maximum chacune des méthodes froidement implacables qui ont fait leur apparition quotidienne dans l'histoire de la politique coloniale et dans la dernière guerre mondiale. Elle déchaînera le ciel et l'enfer contre le prolétariat. Elle mobilisera la paysannerie contre les villes, elle excitera les couches arriérées contre l'avant-garde socialiste ; avec ses officiers elle provoquera des carnages, elle paralysera chaque mesure socialiste par les mille et un moyens de la résistance passive, elle lancera à la gorge de la révolution une meute de Vendées, elle aura recours à l'ennemi extérieur, elle appellera en sauveur le sabre assassin des Clemenceau, Lloyd George et Wilson. Elle transformera le pays en un tas de ruines fumantes plutôt que de renoncer de bon gré à l'esclavagisme du salariat.

Toutes ces résistances devront être brisées pas à pas, avec un poing de fer, avec une énergie inébranlable. Il faut opposer à la violence de la contre-révolution bourgeoise la violence révolutionnaire du prolétariat tout entier. Aux guets-apens, aux pièges et aux traquenards de la bourgeoisie, l'implacable clarté du but, la vigilance et l'initiative permanente de la masse prolétarienne. Au danger menaçant de la contre-révolution, l'armement du peuple et le désarmement des classes possédantes. Aux manœuvres bourgeoises d'obstruction parlementaire, l'activité intensifiée de la masse des ouvriers et des soldats. À l'omniprésence et aux innombrables instruments de pouvoir de la société bourgeoise, la puissance élevée à son plus haut degré de concentration, de cohésion et d'intensité de toute la classe travailleuse. Front inébranlable de tout le prolétariat allemand : le sud avec le nord, celui des villes et celui des campagnes, les ouvriers et les soldats. Contact actif et vivace de la révolution allemande avec l'Internationale, élargissement de la révolution allemande en révolution du prolétariat mondial. Tels sont les fondements de granit seuls capables d'asseoir l'édifice de l'avenir.

La lutte pour le socialisme est la plus violente des guerres civiles que l'Histoire ait jamais vue, et la révolution prolétarienne doit préparer, en vue de cette guerre civile, l'armement nécessaire et apprendre à s'en servir pour combattre et vaincre.

Cet équipement des masses compactes du peuple travailleur investies de tout le pouvoir politique en vue des tâches de la révolution, c'est cela qui est la « dictature du prolétariat » et en même temps la vraie démocratie. Ce n'est pas là où les esclaves salariés à côté des capitalistes, les prolétaires de la campagne à côté des propriétaires, siègent sur un pied d'égalité mensonger pour débattre de leurs questions vitales à la manière parlementaire, que la démocratie existe – mais c'est là où les masses prolétariennes aux millions de têtes prennent elles-mêmes dans leurs mains calleuses tout le pouvoir d'État pour, comme le dieu Thor, lancer son marteau à la tête des classes dominantes, oui, c'est là seulement qu'est une démocratie qui ne soit pas une tromperie pour le peuple.

IV

Pour permettre au prolétariat de réaliser ces tâches, voici ce que propose la Ligue Spartacus :

A) Mesures immédiates d'auto-protection de la Révolution.

1. Désarmement de toute la police, de tous les officiers et des soldats non-prolétariens. Désarmement de tous ceux qui s'apparentent aux classes dominantes.

2. Réquisition de tous les dépôts d'armes et de munitions, ainsi que des entreprises d'armement par les conseils d'ouvriers et soldats.

3. Armement de toute la population prolétarienne mâle et adulte comme *milice ouvrière*. Formation d'une *garde rouge* prolétarienne comme partie active de la milice chargée de défendre la révolution en permanence contre les coups de force et les traîtrises de la réaction.

4. Dans l'armée, suppression du pouvoir de commandement des officiers et sous-officiers. Remplacement de la discipline passive par la discipline librement consentie des soldats. Élection par la troupe de

tous les chefs, révocables à tout moment. Suppression de la justice militaire. Discipline librement consentie.

5. Exclusion des officiers et des engagés volontaires de tous les conseils de soldats.

6. Remplacement de tous les organes politiques et administratifs de l'ancien régime par les hommes de confiance des conseils d'ouvriers et de soldats.

7. Création d'un tribunal révolutionnaire qui jugera en dernière instance les principaux responsables de la guerre et de sa prolongation, les deux Hohenzollern, Ludendorff, Hindenburg, Tirpitz et leurs complices, de même que tous les conspirateurs de la contre-révolution.

8. Réquisition immédiate de toutes les subsistances pour assurer l'alimentation du peuple.

B) Premières mesures sur le plan politique et social.

1. Liquidation des différents États du Reich ; république socialiste une et indivisible.

2. Suppression de tous les parlements et de toutes les municipalités, dont les fonctions seront assumées par les conseils d'ouvriers et de soldats, et par les comités et organes qui en relèvent.

3. Élections de conseils ouvriers dans toute l'Allemagne, avec la participation de toute la population ouvrière adulte des deux sexes, à la ville et à la campagne, sur la base de l'entreprise. De même, élections de conseils de soldats par les hommes de troupe, à l'exclusion des officiers et des engagés volontaires. Droit pour les ouvriers et soldats de révoquer en tout temps leurs délégués.

4. Élection par les conseils d'ouvriers et de soldats de toute l'Allemagne de délégués au *conseil central* des conseils d'ouvriers et de soldats qui aura à élire une délégation exécutive, comme instance suprême du pouvoir à la fois législatif et exécutif.

5. Réunion du conseil central des Conseils provisoirement au moins tous les trois mois – avec à chaque fois complète réélection des membres – de façon à exercer un contrôle permanent sur l'activité de l'Exécutif et maintenir un contact vivant entre la masse des conseils locaux d'ouvriers et de soldats dans le Reich et leur organe suprême

de gouvernement. Droit pour les conseils locaux d'ouvriers et de soldats de révoquer et de remplacer à tout moment leurs représentants au conseil central, au cas où ceux-ci ne se conduiraient pas dans le sens de leurs mandants. Droit pour l'Exécutif de nommer et de révoquer les commissaires du peuple et toute l'administration centrale.

6. Abolition de tous les privilèges, ordres et titres. Égalité complète des sexes devant la loi et devant la société.

7. Introduction des lois sociales décisives, raccourcissement de la journée de travail en vue de remédier au chômage et de tenir compte de l'affaiblissement corporel des ouvriers pendant la guerre mondiale. Journée de travail de six heures au maximum.

8. Transformation immédiate des conditions d'alimentation, d'habitation, d'hygiène et d'éducation dans le sens et l'esprit de la révolution prolétarienne.

C) Revendications économiques immédiates.

1. Confiscation de toutes les fortunes et revenus dynastiques au profit de la collectivité.

2. Annulation de toutes les dettes d'État et toutes les autres dettes publiques, de même que de tous les emprunts de guerre, à l'exception des souscriptions inférieures à un certain niveau, que fixera le conseil central des Conseils d'ouvriers et de soldats.

3. Expropriation de la propriété foncière de toutes les entreprises agraires grosses et moyennes ; création de coopératives agricoles socialistes avec une direction unifiée et centralisée pour tout le Reich ; les petites exploitations agricoles resteront entre les mains de leurs propriétaires jusqu'à ce que ceux-ci rejoignent volontairement les coopératives socialistes.

4. Expropriation de toutes les banques, des mines et carrières, comme de toutes les autres entreprises importantes de l'industrie et du commerce par la république des Conseils.

5. Expropriation de toutes les fortunes à partir d'un certain niveau qui sera fixé par le conseil central.

6. Prise en charge par la république des Conseils de l'ensemble des moyens de transports publics.

7. Élection dans chaque entreprise d'un conseil qui aura à régler les affaires intérieures en accord avec les conseils ouvriers, à fixer les conditions de travail, à contrôler la production, et finalement, à se substituer complètement à la direction de l'entreprise.

8. Formation d'une commission centrale de grève qui, en coordination permanente avec les conseils d'entreprise, assurera dans tout le Reich la direction unifiée, l'orientation socialiste du mouvement de grève qui commence, et lui apportera le soutien le plus énergique du pouvoir politique des conseils d'ouvriers et de soldats.

D) Tâches internationales.

Reprise immédiate des relations avec les partis-frères à l'étranger, pour donner à la révolution socialiste une base internationale et pour imposer et maintenir la paix par la fraternisation internationale et le soulèvement révolutionnaire du prolétariat dans chaque pays.

Voilà ce que veut la Ligue Spartacus.

Et parce que Spartacus veut cela, parce qu'il est celui qui exhorte, celui qui pousse, parce qu'il est la conscience socialiste de la révolution, il est haï, persécuté et calomnié par tous les ennemis déclarés ou secrets de la révolution et du prolétariat.

Crucifiez-le ! crient les capitalistes qui tremblent pour leurs coffres-forts.

Crucifiez-le ! crient les petits bourgeois, les officiers, les antisémites, les laquais de presse de la bourgeoisie qui tremblent pour le pot-au-feu que leur assure la domination de classe de la bourgeoisie.

Crucifiez-le ! crient les Scheidemann, qui tel Judas Iscariote ont vendu les ouvriers à la bourgeoisie et qui tremblent pour les pièces d'argent de leur domination politique.

Crucifiez-le ! répètent encore comme un écho les couches trompées, aveuglées et bafouées des travailleurs et des soldats, qui ne savent pas qu'ils tournent leur fureur contre leur propre chair et leur propre sang, lorsqu'ils la tournent contre Spartacus.

Dans la haine, dans la calomnie contre la Ligue Spartacus s'unifie tout ce qui est contre-révolutionnaire, hostile au peuple, antisocialiste, tout ce qui est équivoque, tout ce qui craint la lumière, tout ce qui est trouble. Par là-même se vérifie qu'en elle bat le cœur de la révolution, que l'avenir lui appartient.

La Ligue Spartacus n'est pas un parti qui veut parvenir au pouvoir par-dessus la masse des ouvriers ou à travers la masse des ouvriers elle-même. La Ligue Spartacus n'est que la partie du prolétariat la plus consciente du but, celle qui, à chaque pas du chemin parcouru par toute la large masse ouvrière, rappelle celle-ci à la conscience de ses tâches historiques, celle qui représente à chaque stade particulier de la révolution son but final socialiste, et dans toutes les questions nationales les intérêts de la révolution mondiale prolétarienne.

La Ligue Spartacus se refuse à partager le pouvoir gouvernemental avec les petites mains de la bourgeoisie, les Scheidemann-Ebert, parce qu'elle voit dans une telle collaboration une trahison des principes fondamentaux du socialisme, un renforcement de la contre-révolution et une paralysie de la révolution.

La Ligue Spartacus refusera également de prendre le pouvoir uniquement parce que les Scheidemann-Ebert se seraient épuisés et que les Indépendants auraient abouti à une impasse en collaborant avec eux.

La Ligue Spartacus ne prendra jamais le pouvoir gouvernemental que par la volonté claire et sans équivoque de la grande majorité des masses prolétariennes dans toute l'Allemagne, que par la force de leur approbation consciente des conceptions, des buts et des méthodes de lutte de la Ligue Spartacus.

La révolution prolétarienne ne peut parvenir à une totale lucidité et maturité qu'en gravissant graduellement, pas à pas, le chemin du Golgotha de ses propres expériences amères, de défaites et de victoires.

La victoire de la Ligue Spartacus ne se situe pas au début, mais à la fin de la révolution: elle est identique à la victoire des grandes masses, des millions qui forment le prolétariat socialiste.

Debout prolétaire! À la lutte! Il y va d'un monde à conquérir et d'un monde à combattre. Dans ce dernier combat de classe de l'histoire du monde pour les buts les plus élevés de l'humanité, voici les seuls mots qui vaillent pour l'ennemi: les pouces dans les yeux et le genou sur la poitrine!

Discours sur le programme[1] par Rosa Luxemburg

Congrès de fondation du Parti communiste d'Allemagne (KPD)
Berlin, 30 décembre 1918 – 1er janvier 1919

Si nous assumons, aujourd'hui, la tâche de discuter et d'adopter notre programme, ce n'est pas pour le motif purement formel que nous avons constitué hier un parti autonome et neuf, et qu'un nouveau parti est obligé de justifier officiellement son existence au moyen d'un nouveau programme. Aujourd'hui, la discussion du programme tire sa nécessité de grands événements historiques : nous sommes arrivés à un moment où le programme social-démocrate, socialiste-réformiste du prolétariat, doit être édifié dans son ensemble sur une base nouvelle.

Camarades, nous renouons ainsi avec le fil du *Manifeste Communiste* écrit par Marx et Engels il y a exactement soixante-dix ans.

Comme vous le savez, le *Manifeste Communiste* traitait du socialisme, de sa réalisation et de la révolution prolétarienne comme tâche immédiate. Telle était la position que défendaient Marx et Engels dans la révolution de 1848, et qu'ils considéraient aussi comme la base de l'action prolétarienne au sens international. À cette époque ils pensaient – et toutes les têtes dirigeantes du mouvement prolétarien pensaient comme eux – que l'instauration du socialisme était la tâche immédiate.

Pour cela, il suffisait d'accomplir la révolution politique, de s'emparer du pouvoir d'État pour qu'immédiatement le socialisme prît corps. Vous savez que, par la suite, Marx et Engels ont complètement révisé ce point de vue. Voici ce qu'ils en disent dans la préface qu'ils ont rédigée ensemble pour l'édition de 1872 du *Manifeste* (reproduite dans l'édition de 1894) en se reportant aux conclusions du chapitre II (*Mesures pratiques pour l'établissement du socialisme*) :

1. Les intertitres sont dus aux traducteurs. (NdE)

« À bien des égards, il faudrait aujourd'hui remanier ces passages. En face des immenses progrès de la grande industrie au cours de ces vingt-cinq dernières années et du développement parallèle de l'organisation du parti de la classe ouvrière ; en face des expériences pratiques, d'abord de la révolution de Février, ensuite et surtout de la Commune de Paris où, pour la première fois, le prolétariat a pu tenir entre ses mains le pouvoir politique pendant deux mois, ce programme a perdu, par endroits, de son actualité. La Commune, notamment, a démontré que "la classe ouvrière ne peut pas simplement prendre possession de la machine d'État telle quelle et l'utiliser pour ses propres fins"[2]. »

Que disait-il, ce passage auquel Marx et Engels faisaient allusion et qu'ils désignaient comme dépassé par la critique des événements ?

« Le Prolétariat se servira de sa suprématie politique pour arracher peu à peu toute espèce de capital à la bourgeoisie, pour centraliser tous les instruments de production dans les mains de l'État – du prolétariat organisé en classe dominante – et pour accroître le plus rapidement possible la masse des forces productives.

Naturellement, tout cela ne peut se faire dès l'abord sans attenter despotiquement au droit de propriété et aux rapports de production bourgeois, donc sans prendre des mesures apparemment insuffisantes et inconsistantes du point de vue économique. Mais au cours du mouvement, ces mesures se dépassent elles-mêmes et sont indispensables comme moyens de bouleverser le mode de production tout entier. Il va de soi que ces mesures seront différentes selon qu'il s'agira de tel pays ou de tel autre. Toutefois, pour les pays les plus avancés, les mesures suivantes pourront assez généralement être mises en application :

1° Expropriation de la propriété foncière et affectation de la rente foncière aux dépenses de l'État.

2° Impôt sur le revenu fortement progressif.

3° Abolition du droit d'héritage.

4° Confiscation des biens de tous les émigrés et rebelles.

5° Centralisation du crédit entre les mains de l'État, par le moyen d'une banque nationale à capital d'État et à monopole exclusif.

2. Karl Marx, Œuvres, Économie, I, Gallimard, 1963, p. 1481.

6° Centralisation entre les mains de l'État de tous les moyens de transport et de communication.

7° Multiplication des manufactures nationales et des instruments de production ; défrichement des terrains incultes et amélioration des terres conformément à un plan décidé en commun.

8° Travail obligatoire pour tous, constitution d'armées industrielles, particulièrement dans l'agriculture.

9° Combinaison de l'exploitation agricole et industrielle ; mesures tendant à faire disparaître progressivement la différence entre la ville et la campagne.

10° Éducation publique et gratuite de tous les enfants. Abolition du travail des enfants dans les fabriques, tel qu'il existe aujourd'hui ; éducation combinée avec la production matérielle, etc.[3] »

Vous voyez que devant Marx et Engels se posaient alors, quoique d'une façon un peu différente, les mêmes tâches devant lesquelles nous sommes directement placés aujourd'hui : la mise en pratique du socialisme.

Depuis l'époque où ce programme a été élaboré, soixante-dix ans de développement capitaliste se sont écoulés et par la dialectique historique nous en revenons aujourd'hui à cette perspective que Marx et Engels avaient ensuite jugée erronée. Ils avaient eu alors de bonnes raisons de l'abandonner comme erronée. Le développement du capital qui s'est produit entretemps a transformé l'erreur d'hier en vérité d'aujourd'hui ; et aujourd'hui, la tâche immédiate à accomplir se présente comme elle se présentait à Marx et Engels en 1848. Par contre, entre ce point de départ et notre conception et notre tâche actuelles, s'intercale tout un développement, non seulement du capitalisme, mais aussi du mouvement ouvrier socialiste – en premier lieu en Allemagne, le pays phare du prolétariat moderne. Ce développement a pris une forme particulière. Après les déceptions de 1848, Marx et Engels avaient abandonné le point de vue selon lequel le prolétariat était alors directement capable de réaliser le socialisme. Dans tous les pays naquirent des partis social-démocrates qui adoptèrent un tout autre point de vue. Ils considérèrent que leur tâche immédiate était de

3. *Ibid.*, p. 181-182.

mener la lutte quotidienne dans les domaines politiques et économiques pour peu à peu bâtir les armées du prolétariat qui seraient appelées à réaliser le socialisme quand le développement capitaliste se trouverait mûr.

Ce revirement, qui servit de base entièrement nouvelle au programme socialiste, a revêtu, en Allemagne surtout, une forme très caractéristique. Ainsi, jusqu'à son effondrement du 4 août, la social-démocratie continua de se référer au programme d'Erfurt, dans lequel les revendications immédiates, dites minimales, figuraient au premier plan, et où le socialisme n'apparaissait que comme une étoile brillant au loin, comme un but final. Mais ce qui importe, ce n'est pas tant ce qui est écrit dans un programme mais comment on le conçoit dans la pratique; et c'est un document fondamental dans l'histoire du marxisme et du mouvement ouvrier, la préface écrite par Engels en 1895 pour *La Lutte de Classe en France*, qui définissait ce contenu pratique du programme.

Camarades, ce n'est pas à cause de son intérêt purement historique que j'aborde cette question mais parce que c'est un problème tout à fait actuel, c'est la tâche historique que nous avons devant nous, qui nous oblige à mettre aujourd'hui notre programme sur le terrain où se plaçaient jadis Marx et Engels, en 1848. Les changements amenés par le développement historique nous imposent le devoir de réviser en toute conscience la conception qui a conduit la social-démocratie allemande jusqu'à l'effondrement du 4 août. C'est cette révision que nous allons entreprendre ici officiellement.

Camarades, comment Engels a-t-il traité cette question dans la fameuse préface de *La Lutte de Classe en France* de Marx (écrite en 1895, donc déjà après la mort de Marx)? Se retournant vers 1848, il constate d'abord que la conception de l'imminence de la révolution socialiste était périmée. Et il continue ainsi:

«L'Histoire nous a donné tort, à nous et à tous ceux qui pensaient de façon analogue. Elle a montré clairement que l'état du développement économique sur le continent était alors bien loin encore d'être mûr pour l'élimination de la production capitaliste; elle l'a prouvé par la révolution économique qui, depuis 1848, a gagné tout le continent, et a naturalisé enfin

réellement la grande industrie en France, Autriche, Hongrie, Pologne, et récemment en Russie: mais pour ce qui est de l'Allemagne, elle en a fait tout de go un pays industriel de premier ordre – le tout sur une base capitaliste, donc encore parfaitement extensible en 1848[4]. »

Ensuite, il expose comment la situation a évolué depuis, et en arrive à la question pratique des tâches du parti en Allemagne :

« *La guerre de 1870-71 et la défaite de la Commune avaient déplacé, comme l'avait prédit Marx, le centre de gravité du mouvement ouvrier européen, pour un temps, de France en Allemagne. Il va de soi qu'en France, il fallut des années pour se remettre de la saignée de mai 1871. En Allemagne, au contraire, où l'industrie, favorisée de surcroît comme en serre chaude par la manne des milliards français, se développait à un rythme de plus en plus rapide, la social-démocratie s'épanouissait avec une rapidité et avec une efficacité plus grandes encore. Grâce à l'intelligence avec laquelle les travailleurs allemands ont utilisé le suffrage universel institué en 1866, l'étonnant accroissement du parti apparaît ouvertement aux yeux du monde entier dans des chiffres indiscutables*[5]. »

Vient ensuite la fameuse énumération montrant l'accroissement des voix social-démocrates, d'une élection au Reichstag à l'autre, jusqu'à atteindre les millions ; et voici ce qu'en conclut Engels :

« *Or, grâce à cette utilisation efficace du suffrage universel, le prolétariat a mis en œuvre une méthode de lutte toute nouvelle, laquelle a connu une extension rapide. On se rendait compte que les institutions d'État où s'organise la domination de la bourgeoisie offrent encore d'autres possibilités au moyen desquelles la classe ouvrière est en mesure de combattre ces mêmes institutions d'État. On participait aux élections de diverses diètes, conseils municipaux, conseils de prudhommes, on disputait à la bourgeoisie chaque poste dont le titulaire ne pouvait être désigné sans une participation suffisante du prolétariat. Et on en arriva ainsi à ce que bourgeoisie et gouvernement finirent par craindre l'action légale du parti ouvrier beaucoup plus que son action illégale, les succès des élections plutôt que ceux de la rébellion*[6]. »

4. *In* Karl Marx, Œuvres, Politique, I, Gallimard, 1994, p. 1129.

5. *Ibid.*, p. 1131.

6. *Ibid.*, p. 1133.

Et Engels enchaîne sur une critique détaillée de l'illusion selon laquelle dans la situation moderne du capitalisme le prolétariat pourrait obtenir quoi que ce soit par la révolution de la rue.

Étant donné que nous sommes aujourd'hui en pleine révolution – dans une révolution de rue, avec tout ce qu'elle comporte – je pense qu'il est temps de s'expliquer sur la conception qui avait officiellement cours dans la social-démocratie allemande jusqu'aujourd'hui et qui est en partie responsable de ce que nous avons vu le 4 août ! (*Très juste !*)

Je ne veux pas dire par là qu'Engels, par sa conception, se soit fait personnellement responsable du tour qu'ont pris les choses en Allemagne ; je dis seulement : voilà un document qui résume la conception avec laquelle vivait la social-démocratie allemande, ou plutôt dont elle est morte. Ici, camarades, la science d'Engels, toute la connaissance qu'il avait de la technique militaire le conduit à démontrer que c'est pure illusion de croire qu'en l'état actuel du militarisme, de l'industrie et des grandes villes, le peuple travailleur puisse faire des révolutions dans la rue, et en sortir vainqueur. Et cette opposition eut deux conséquences : premièrement, la lutte parlementaire, antithèse de l'action révolutionnaire directe du prolétariat, fut considérée comme seul moyen de la lutte de classe. C'est le parlementarisme pur et simple qui résultait de cette critique. Deuxièmement, il fut remarquable que l'organisation la plus puissante de l'État de classe, le militarisme, fut considérée d'emblée comme inaccessible, comme immunisée contre toute influence socialiste. Et quand la préface, compte tenu de la constitution d'armées gigantesques, considère qu'il serait insensé de penser que le prolétariat pourrait venir à bout de ces soldats pourvus de mitrailleuses et des techniques de combat les plus modernes, elle semble considérer aussi que celui qui est soldat devait être dans tous les cas et rester une fois pour toutes le défenseur inébranlable de la classe dominante. Cette erreur jugée du point de vue de nos expériences d'aujourd'hui, serait incompréhensible de la part d'un homme ayant une responsabilité à la tête de notre mouvement, si on ne savait pas dans quelles circonstances de fait ce document historique a été rédigé.

À l'excuse de nos deux grands maîtres et particulièrement d'Engels, qui se voulait le défenseur de la renommée et de l'opinion de Marx, et qui mourut de beaucoup le dernier, il importe de mentionner qu'Engels écrivit cette préface sous la pression directe de la fraction parlementaire social-démocrate de l'époque. C'était à une époque où, en Allemagne – après l'expiration des lois antisocialistes au début des années 1890 – un courant radical très orienté à gauche était apparu dans le mouvement ouvrier allemand qui voulait alerter les camarades du parti contre une chute complète dans le combat exclusivement parlementaire. Afin de battre théoriquement les éléments avancés et de les soumettre pratiquement, afin de détourner d'eux les larges masses en s'armant de l'autorité des grands maîtres, Bebel et ses camarades – déjà à ce moment, la fraction parlementaire du parti au Reichstag décidait du sort et des tâches du parti, dans la direction spirituelle comme dans l'application – se tournèrent vers Engels, qui vivait à l'étranger, et en était réduit à se fier à leurs assertions ; ils obtinrent de lui qu'il écrivit cette préface en le persuadant que le mouvement ouvrier allemand était menacé d'un dévoiement anarchiste et qu'il était tout à fait urgent de l'en sauver. Dès lors, cette conception domina de plus belle les faits et gestes de la social-démocratie allemande, jusqu'à la belle expérience du 4 août 1914. C'était la proclamation du parlementarisme pur et simple. Mais Engels n'a pas pu connaître les effets, les suites pratiques de l'emploi qu'on fit de sa préface, de sa théorie.

J'en suis certaine : quand on connaît les œuvres de Marx et d'Engels, quand on connaît cet esprit vivant et sincèrement révolutionnaire qui se dégage de tous leurs écrits, de tous leurs enseignements, on est convaincu qu'Engels, s'il avait vécu, aurait été le premier à protester de toutes ses forces contre les abus qui ont résulté du parlementarisme, contre cet embourbement, cette dégradation du mouvement ouvrier qui s'est manifestée en Allemagne des dizaines d'années avant le 4 août. Car le 4 août n'est pas tombé du ciel, il n'est pas un tournant brusque, mais une suite logique de ce que nous avons vécu jour par jour pendant les années précédentes.

Marx et Engels auraient été les premiers à freiner et retenir le véhicule d'une main puissante pour qu'il ne s'enlise pas dans la boue…

Mais Engels est mort en 1895, l'année même où il a écrit sa préface. Depuis lors la direction théorique est malheureusement passée des mains d'Engels à celles d'un Kautsky, et nous avons assisté à ce phénomène: toute contestation contre le parlementarisme exclusif, contestation qu'exprimait à chaque congrès du parti la gauche, un nombre plus ou moins grand de camarades qui menaient un combat tenace contre cet enlisement dont les conséquences menaçantes commençaient à devenir claires, était taxée d'anarchisme, d'anarcho-socialisme ou au moins d'antimarxisme.

Le marxisme officiel devait servir de couverture à toutes les déviations et à tous les abandons de la véritable lutte de classe révolutionnaire, à toute cette politique de demi-mesures qui condamnait la social-démocratie allemande, et le mouvement ouvrier en général, y compris le mouvement syndical, à dépérir dans les cadres et sur le terrain de la société capitaliste, sans effort sérieux pour l'ébranler et la faire dérailler.

Eh bien, camarades, nous vivons aujourd'hui le moment où nous pouvons dire: nous sommes de nouveau aux côtés de Marx, sous son drapeau. Quand nous déclarons aujourd'hui dans notre programme que la tâche immédiate du prolétariat – en peu de mots – n'est autre que de faire du socialisme une vérité et un fait et de détruire le capitalisme de fond en comble, nous nous plaçons sur le terrain sur lequel étaient Marx et Engels en 1848 et qu'ils n'ont, dans leurs principes, jamais quitté.

Maintenant on peut voir enfin ce qu'est le marxisme véritable et ce qu'était cet ersatz du marxisme (*Très bien!*) qui s'étala si longtemps dans la social-démocratie comme marxisme officiel. Car vous voyez bien, d'après ses représentants, où en est arrivé ce marxisme aujourd'hui, comme collaborateurs ou adjoints de David, Ebert et consorts. Nous voyons là les représentants officiels de la doctrine que, pendant des dizaines d'années, on a fait passer pour le marxisme pur, véritable. Non, le marxisme ne conduit pas là, à faire avec les Scheidemann une politique contre-révolutionnaire! Le marxisme véritable lutte aussi contre ceux qui cherchent à le falsifier, il fouille comme une taupe les fondements de la société capitaliste, et il a conduit aujourd'hui la meilleure partie du prolétariat allemand à marcher sous notre étendard, sous l'étendard de la tempête révolutionnaire, il fait que nous aussi avons de l'autre côté, là où semble encore régner la contre-révolution, des partisans et des frères de lutte futurs.

La révolution sociale à l'ordre du jour

Camarades, comme je l'ai déjà mentionné, nous sommes aujourd'hui – conduits par la dialectique de l'Histoire et enrichis par l'expérience du développement capitaliste des soixante-dix dernières années – à la place même où étaient Marx et Engels en 1848, lorsqu'ils déroulèrent pour la première fois l'étendard du socialisme international. Autrefois, lorsqu'on révisa les erreurs et les illusions de 1848, on pensa que le prolétariat avait encore devant lui un très long parcours avant de pouvoir réaliser le socialisme. Naturellement, jamais les théoriciens sérieux ne se sont laissés aller à présenter un terme quelconque pour l'effondrement du capitalisme comme fixe et obligatoire, mais on supposait vaguement que le chemin serait encore très long et c'est ce qui ressort à chaque ligne de la préface qu'Engels a écrite en 1895.

Or, nous pouvons, à présent, dresser le bilan. Est-ce que le temps n'a pas été très court en comparaison du développement des luttes de classes de jadis ? Soixante-dix ans de développement du grand capitalisme ont suffi pour que nous puissions songer sérieusement aujourd'hui à débarrasser le monde du capitalisme. Et plus encore : non seulement nous sommes aujourd'hui en mesure d'accomplir cette tâche, non seulement c'est notre devoir envers le prolétariat, mais c'est surtout aujourd'hui le seul salut pour la survie de la société humaine. (*Vifs applaudissements*)

Car, camarades, qu'est-ce que cette guerre a laissé subsister de la société bourgeoise, si ce n'est un énorme amas de décombres ? Formellement, tous les moyens de production et la plus grande partie des moyens de domination sociale, presque tous les moyens de domination décisifs, sont encore dans les mains des classes dirigeantes ; nous ne nous faisons pas d'illusions à ce sujet. Mais ce qu'elles peuvent en faire, à part leurs tentatives convulsives pour rétablir, par des bains de sang, le mécanisme de l'exploitation, n'est qu'anarchie. Elles en sont à un tel point qu'aujourd'hui le dilemme devant lequel se trouve l'humanité est celui-ci : naufrage dans l'anarchie ou salut par le socialisme. Les résultats de la guerre mondiale ne laissent aux classes dirigeantes aucune nouvelle issue, car il n'en existe plus sur la base de la domination de classe et du capitalisme. Ainsi nous vivons aujourd'hui au sens le plus strict la vérité que justement Marx et Engels ont formulée pour la première fois, comme base scientifique du socialisme, dans le grand document qu'est le *Manifeste Communiste* : le socialisme est devenu une nécessité historique. Le socialisme est devenu une nécessité, non seulement parce que le prolétariat ne veut plus vivre dans les conditions matérielles que lui réservent les classes capitalistes, mais aussi parce que, si le prolétariat ne remplit pas son devoir de classe en réalisant le socialisme, l'abîme nous attend tous, tant que nous sommes. (*Vive approbation*)

Voilà donc, camarades, la base générale sur laquelle est érigé le programme que nous adoptons aujourd'hui officiellement et dont vous avez lu le projet dans la brochure *Que veut Spartacus ?* Il se trouve en opposition consciente avec le point de vue défini dans le programme d'Erfurt, en opposition consciente avec toute séparation des exigences immédiates, des prétendues revendications minimales du combat politique et économique, et du but final qui est le socialisme qui serait le programme maximum. En opposition consciente avec cette façon de voir, nous liquidons les résultats des soixante-dix dernières années et avant tout le résultat immédiat de la guerre mondiale en disant : il n'y a maintenant pour nous ni programme minimum ni programme maximum ; le socialisme est un et indivisible, et c'est là le minimum que nous avons à réaliser aujourd'hui. (*Très bien !*)

Je ne m'étendrai pas ici sur les diverses mesures que nous vous avons soumises dans notre projet de programme, car la possibilité vous est donnée d'autre part de prendre position sur les détails, et cela mènerait trop loin de les discuter ici par le menu. Je considère comme mon devoir de ne caractériser et de ne formuler ici que les grands traits généraux qui distinguent notre conception du programme et l'opposent à celle de la social-démocratie allemande officielle, telle qu'elle s'est manifestée jusqu'à ce jour. Par contre, je considère comme plus important et plus urgent de savoir maintenant comment il faut apprécier les circonstances concrètes, sur quoi doivent se baser notre attitude tactique et notre agitation pratique – en parlant de la situation politique, du cours qu'a pris la révolution jusqu'ici, et des lignes directrices prévisibles de son développement futur.

Camarades, nous envisagerons donc la situation politique selon la conception que j'ai essayé de caractériser: du point de vue de la réalisation du socialisme comme tâche immédiate qui doit éclairer chacune de nos mesures, chacune de nos positions.

Notre congrès d'aujourd'hui, qui est, je crois pouvoir le dire fièrement, le congrès constitutif du seul parti socialiste révolutionnaire du prolétariat allemand, coïncide par hasard, ou plutôt, pour parler en toute exactitude, non, pas par hasard, avec un tournant dans le développement de la révolution allemande elle-même. On peut affirmer que les événements des jours derniers achèvent la phase première de la révolution allemande. Nous entrons maintenant dans un second stade du développement; et notre devoir, comme aussi la première source d'une connaissance meilleure et plus profonde pour l'avenir, c'est d'exercer une autocritique, d'entreprendre un examen critique et réfléchi de ce qui a été accompli, de ce qui a été créé et aussi de ce qui a été négligé, afin d'avoir en main de quoi aller plus loin. Livrons-nous à un examen de la première phase de la révolution qui vient de se clore.

Les illusions et comment elles se dissipent

Son point de départ fut le 9 novembre. Le 9 novembre fut une révolution pleine d'insuffisances et de faiblesses. Ce n'est pas étonnant. C'était la révolution, survenant après quatre ans de guerre, après les quatre ans pendant lesquels le prolétariat allemand, grâce à l'éducation que lui ont fait subir la social-démocratie et les syndicats, a fait preuve le jour venu d'une telle mesure de faiblesse et de reniement de ses tâches socialistes que nous n'en trouvons d'exemple dans aucun autre pays. En se plaçant sur le terrain du développement historique – et c'est ce que nous faisons en tant que marxistes et que socialistes – il était certes impossible, dans cette Allemagne qui a offert l'image épouvantable du 4 août et des quatre années suivantes, qu'on assiste soudain le 9 novembre 1918 à une grandiose révolution de classe consciente de ses buts ; ce que nous a fait vivre le 9 novembre 1918, c'était pour les trois-quarts l'effondrement de l'impérialisme existant plutôt que la victoire d'un principe nouveau. (*Assentiment*)

Le moment était simplement venu où l'impérialisme, tel un colosse aux pieds d'argile, pourri à l'intérieur, devait s'écrouler ; il devait s'ensuivre un mouvement plus ou moins chaotique, sans but, à peine conscient, dans lequel le principe d'unité, le principe permanent de salut n'était résumé que dans le mot d'ordre de création des conseils d'ouvriers et de soldats. C'est là le mot de ralliement de cette révolution qui lui a immédiatement imprimé le cachet particulier de la révolution socialiste prolétarienne – cela malgré toutes les insuffisances et les faiblesses du premier moment. Et nous ne devons jamais oublier, quand on viendra nous servir les calomnies contre les bolcheviks russes, de répondre en demandant : où avez-vous appris l'A B C de votre révolution actuelle ? C'est aux Russes que vous avez emprunté les conseils d'ouvriers et de soldats. (*Assentiment*)

Et ces petits personnages qui, à la tête du gouvernement allemand soi-disant socialiste, considèrent comme leur fonction d'assaillir traîtreusement les bolcheviks russes, la main dans la main des impérialistes anglais ? Ils prétendent, pour la forme, s'appuyer eux aussi sur des conseils d'ouvriers et de soldats, et ils doivent reconnaître que c'est la révolution russe qui a émis les premiers mots d'ordre de la révolution mondiale. Nous pouvons le dire avec certitude – et cela résulte spontanément de toute la situation – quel que soit le pays dans lequel, après l'Allemagne, éclatera la révolution, son premier geste sera la création de conseils d'ouvriers et de soldats. (*Très juste*)

C'est justement en cela que consiste le lien international unificateur de notre mouvement, c'est là le mot de ralliement qui distingue notre révolution de toutes les révolutions bourgeoises qui ont précédé. C'est là un fait très caractéristique pour les contradictions dialectiques dans lesquelles se meut cette révolution, comme d'ailleurs toutes les révolutions : dès le 9 novembre, poussant son premier cri, son cri de naissance en quelque sorte, elle a trouvé le mot d'ordre qui nous conduira jusqu'au socialisme : Conseils d'ouvriers et de soldats.

C'est autour de ces mots que tout s'est groupé. Il est remarquable que la révolution les ait trouvés, bien que le 9 novembre elle ait été si en retard que, par insuffisance, par faiblesse, par manque d'initiative propre et de clarté quant à ses tâches, elle s'est laissé enlever dès le deuxième jour de la révolution la moitié des instruments de pouvoir qu'elle avait conquis ce jour-là.

Mais il apparaît par là d'une part que la révolution d'aujourd'hui subit la loi toute puissante de la nécessité historique, qui nous garantit que nous atteindrons pas à pas notre but malgré toutes les difficultés, les complications et les fautes. D'autre part, si l'on compare ce mot d'ordre limpide avec les insuffisances de sa mise en pratique, on doit reconnaître qu'il n'y avait là encore que les premiers pas hésitants d'une révolution qui a encore un effort formidable à fournir, un long chemin à parcourir pour arriver à la pleine réalisation de ses premiers mots d'ordre.

Camarades, cette première phase de la révolution, qui va du 9 novembre jusqu'à ces derniers jours, est caractérisée par des illusions de tous les côtés. La première illusion du prolétariat et des soldats qui ont fait la révolution fut l'illusion de l'unité sous le drapeau du soi-disant socialisme. Y a-t-il quelque chose de plus caractéristique de la faiblesse interne de la révolution du 9 novembre que son premier résultat ? À la tête du mouvement se sont mis des éléments qui, deux heures avant l'explosion de la révolution, regardaient encore comme leur fonction de la pourchasser, de la rendre impossible (*Très juste !*) : Ebert-Scheidemann avec Haase ! L'idée de l'union des différents courants socialistes dans l'allégresse générale de l'unité, voilà la devise de la révolution du 9 novembre – illusion qui devait prendre une sanglante revanche et qui ne s'est dissipée et évanouie que dans la réalité de ces derniers jours. Illusion également du côté des Ebert-Scheidemann, ainsi que du côté de la bourgeoisie – elle était de tous les côtés. Plus précisément, l'illusion de la bourgeoisie, dans cette phase qui vient de se terminer, qu'au moyen de la combinaison Ebert-Haase, du soi-disant gouvernement socialiste, elle pourrait vraiment tenir les masses prolétariennes en laisse et étrangler la révolution ; et du côté du gouvernement Ebert-Scheidemann, qu'il pourrait étouffer la lutte de classe socialiste des masses ouvrières en utilisant les masses de soldats revenant du front.

Voilà les différentes illusions qui expliquent aussi les événements de ces temps derniers. Toutes ces illusions se sont complètement dissipées. On a vu que l'union de Haase avec Ebert-Scheidemann sous l'enseigne du « socialisme » s'est révélée n'être rien d'autre qu'une feuille de vigne sur une politique purement contre-révolutionnaire, et l'expérience nous a guéris de cette illusion comme c'est le cas dans toutes les révolutions.

Il existe une méthode révolutionnaire certaine pour guérir le peuple de ses illusions ; par malheur, cette cure se paie avec le sang du peuple. Ce qui était le cas dans toutes les révolutions antérieures l'a été ici.

Ce fut le sang des victimes de la Chausseestrasse le 6 décembre, ce fut le sang des marins assassinés le 24 décembre, qui confirmèrent aux larges masses ce constat et cette vérité : ce que vous avez assemblé là sous l'apparence d'un gouvernement soi-disant socialiste n'est qu'un gouvernement de la contre-révolution bourgeoise ; et qui continue à tolérer cet état de choses, travaille contre le prolétariat et contre le socialisme. (*Très bien !*)

Camarades, l'illusion de messieurs Ebert-Scheidemann de pouvoir contenir le prolétariat d'une façon durable à l'aide des soldats du front s'est aussi évanouie. Car quel est le résultat du 6 et du 24 décembre ? Nous avons tous pu constater un abattement profond des soldats ; ils commençaient à regarder d'un œil critique ces chefs qui voulaient les utiliser comme chair à canon contre le prolétariat socialiste. C'est aussi une conséquence de la loi du développement objectivement nécessaire de la révolution socialiste que les troupes isolées du mouvement ouvrier trouvent petit à petit, par des expériences amères, le vrai chemin de la révolution. On a amené à Berlin des masses fraîches de soldats qui devaient servir de chair à canon pour réprimer l'agitation du prolétariat révolutionnaire – et nous savons que de différentes casernes viennent des demandes de tracts de la Ligue Spartacus.

Camarades, telle est la conclusion de la première phase. Les espérances des Ebert-Scheidemann de pouvoir dominer le prolétariat à l'aide des soldats arriérés sont en grande partie déjà déçues. Ce qui les attend dans un proche avenir, c'est un état d'esprit révolutionnaire de plus en plus conscient dans les casernes, et par là, l'accroissement de l'armée du prolétariat en lutte, l'affaiblissement du camp de la contre-révolution. Il en résulte que quelqu'un d'autre encore devait perdre ses illusions : c'est la bourgeoisie, la classe dominante. En lisant les journaux de ces derniers jours après les événements du 24 décembre, vous remarquerez un ton qui est nettement celui de la déception, de l'indignation : les valets là-haut se sont montrés bons à rien. (*Très bien!*)

On attendait qu'Ebert-Scheidemann se montrent les hommes forts qui domptent la bête féroce. Et qu'ont-ils fait ? Ils ont fait quelques médiocres coups de main qui ont permis, au contraire, à l'hydre de la révolution de lever la tête d'une manière encore plus résolue. Donc désillusion réciproque de tous côtés ! Le prolétariat a perdu toute illusion au sujet de l'accouplement Ebert-Scheidemann-Haase en tant que gouvernement soi-disant socialiste. Ebert-Scheidemann ont perdu l'illusion de dompter à la longue les prolétaires en bleu de travail à l'aide des prolétaires en uniforme, et la bourgeoisie a perdu l'illusion de frustrer la révolution socialiste allemande de ses objectifs grâce à la combinaison Ebert-Scheidemann-Haase.

Ce n'est là qu'un compte négatif, ce ne sont que des lambeaux d'illusions déçues. Mais le plus grand profit que le prolétariat peut tirer de la première phase de la révolution, c'est justement la mise en lambeaux de ses illusions, car il n'est rien qui soit aussi nuisible à la révolution que des illusions, rien qui lui soit plus utile que la vérité pure et claire. Je peux ici me référer à l'opinion d'un esprit allemand classique qui n'était pas un révolutionnaire du prolétariat mais un révolutionnaire intellectuel de la bourgeoisie : c'est à Lessing que je pense – lui qui, dans une de ses dernières œuvres, étant bibliothécaire à Wolfenbüttel, écrivait ces phrases qui me paraissent très intéressantes et sympathiques : « *Je ne sais pas si c'est un devoir de sacrifier le bonheur et la vie à la vérité mais je sais que c'est un devoir, quand on veut enseigner la vérité, de l'enseigner complètement ou pas du tout, de l'enseigner clairement et carrément, sans mystère, sans retenue, sans méfiance et dans toute sa force et son utilité... Car plus grossière est l'erreur, plus le chemin de la vérité est court et direct; tandis que l'erreur raffinée peut nous tenir éternellement éloignés de la vérité, tant il nous est difficile de la reconnaître pour erreur... Celui qui ne pense qu'à présenter la vérité à l'humanité sous toutes sortes de masques et de fards voudrait bien être son entremetteur, il n'a jamais été son amant.»*

Entre le socialisme et la terreur blanche

Camarades, ces messieurs Haase, Dittmann, etc., ont voulu présenter à l'humanité leur «révolution», leur marchandise socialiste sous toutes sortes de masques et de fards; ils ont été les entremetteurs de la contre-révolution. Aujourd'hui nous sommes libérés de ces équivoques, la masse du peuple allemand peut voir la marchandise sous l'aspect brutal et carré de messieurs Ebert et Scheidemann. Aujourd'hui il n'y a pas moyen, même pour le plus idiot, de s'y tromper: c'est la contre-révolution sans fard.

Quelle est maintenant la perspective du développement futur, cette première phase étant dépassée?

Il va de soi qu'il ne peut s'agir de prophétiser, mais seulement de tirer les conséquences logiques des événements vécus jusqu'ici et d'en déduire les voies prévisibles de l'évolution prochaine, pour fixer en conséquence notre tactique, notre propre méthode de lutte. Où conduit désormais la route, camarades? Vous avez déjà une certaine indication à ce sujet dans les dernières déclarations du nouveau gouvernement Ebert-Scheidemann, d'une nuance pure et sans falsification. Dans quelle direction peut aller le cours du soi-disant gouvernement socialiste, à présent que, comme je l'ai montré, toutes les illusions ont disparu?

Ce gouvernement perd chaque jour son appui dans les grandes masses du prolétariat; il n'y a plus, derrière lui, à côté de la petite-bourgeoisie, que des restes, de tristes restes, de prolétaires.

Encore est-il fort incertain de savoir combien de temps ils resteront derrière Ebert-Scheidemann. Ceux-ci vont perdre de plus en plus l'appui des masses de soldats qui ont pris le chemin de la critique et de la décision par eux-mêmes, d'abord encore lentement, mais ils ne pourront s'arrêter avant une pleine adoption du socialisme.

Les Ebert-Scheidemann ont perdu leur crédit chez la bourgeoisie, parce qu'ils ne se sont pas prouvé assez forts. Où peut aller maintenant leur chemin ?

Ils en finiront très vite avec la comédie de la politique socialiste ; et si vous lisez le nouveau programme de ces messieurs, vous verrez qu'ils naviguent à toute vapeur vers la deuxième phase, celle de la contre-révolution ouverte et j'emploierais même la formule suivante : vers le retour aux conditions d'avant la révolution, vers la restauration.

Quel est le programme du nouveau gouvernement ? C'est l'élection d'un président qui ait une situation intermédiaire entre celle du roi d'Angleterre et celle du président d'Amérique (*Très bien !*), donc presque un roi Ebert ; et deuxièmement la reconstitution du Conseil fédéral. Vous avez pu lire aujourd'hui les revendications propres des gouvernements de l'Allemagne du Sud, qui soulignent le caractère fédératif de l'État allemand. La reconstitution du vieux et brave Conseil fédéral et naturellement de son appendice, le Reichstag, n'est plus qu'une question de quelques semaines. Camarades, les Ebert-Scheidemann sont donc sur la voie de la simple restauration des conditions d'avant le 9 novembre.

Mais ce faisant, ils se sont placés eux-mêmes sur un plan incliné, qui les déposera, les membres en compote, au fond de l'abîme. Car la reconstitution des conditions d'avant le 9 novembre était déjà impossible le 9 novembre, et aujourd'hui l'Allemagne est à cent lieues de cette possibilité. Pour obtenir l'appui renforcé de la seule classe dont il défende vraiment les intérêts, la bourgeoisie, – et cet appui lui manque visiblement depuis les récents événements, – le gouvernement sera obligé de poursuivre une politique de plus en plus férocement contre-révolutionnaire.

Parmi les exigences des États du sud, que publient aujourd'hui les journaux de Berlin, apparaît clairement le désir d'établir, comme il y est dit, « une sécurité renforcée en Allemagne ». Ceci veut dire, en bon allemand : déclarer l'état de siège contre les éléments « anarchistes », « putschistes », « bolchévistes », c'est-à-dire contre les éléments socialistes.

Les circonstances pousseront Ebert-Scheidemann à la dictature avec ou sans état de siège. Mais d'une part le développement passé, grâce à la logique des événements mêmes, et d'autre part la nécessité qui pèse sur Ebert-Scheidemanm de procéder à une restauration nous jetteront, durant la seconde phase de la révolution dans une collision beaucoup plus accentuée, dans des luttes de classes beaucoup plus violentes que jusqu'à maintenant. (*Très juste!*) Ce sera alors une confrontation bien plus violente, une lutte sans illusion, au corps à corps et les yeux dans les yeux, entre la révolution et la contre-révolution, et non seulement parce que les circonstances politiques l'exigent, mais aussi parce qu'une nouvelle flamme, un nouvel incendie venant des profondeurs gagne de plus en plus de terrain, et ce sont les luttes économiques.

Camarades, il est très caractéristique que la première période de la révolution que j'ai décrite, on peut dire jusqu'au 24 décembre, ait été – nous devons nous en rendre compte en toute conscience – uniquement une révolution politique; c'est là qu'il faut chercher l'hésitation, l'insuffisance, la demi-mesure et l'inconscience de cette révolution. C'était le premier stade d'un bouleversement dont les tâches principales sont du domaine économique: renversement des rapports économiques.

Jusqu'ici, la révolution était naïve, inconsciente, comme une enfant qui marche à tâtons, sans savoir où elle va, elle n'avait encore, comme je viens de le dire, qu'un caractère purement politique. C'est uniquement dans les dernières semaines que, tout à fait spontanément, les grèves ont commencé à se faire remarquer.

Déclarons-le dès à présent, il est tout à fait dans la nature de cette révolution, que les grèves augmentent de plus en plus, que de plus en plus elles doivent devenir le centre, l'affaire principale de la révolution. (*Très juste!*) C'est alors une révolution économique et c'est par là qu'elle deviendra une révolution socialiste. Mais cette lutte pour le socialisme ne peut être menée que par les masses directement au corps à corps avec le capitalisme, dans chaque entreprise, c'est-à-dire par chaque prolétaire contre son employeur. Alors seulement ce sera une révolution socialiste.

Faute de pensée réfléchie, on se représentait, il est vrai, la marche des choses d'une manière différente. On pensait qu'il suffisait de renverser l'ancien gouvernement, d'installer à la tête un gouvernement socialiste, puis de publier des décrets qui instaureraient le socialisme. Ce n'était là encore qu'une illusion. On ne fait pas et on ne peut pas faire le socialisme au moyen de décrets, pas même lorsqu'existe un gouvernement socialiste, si parfait soit-il. Le socialisme doit être fait par les masses, par chaque prolétaire. Là où les prolétaires sont rivés à la chaîne du capitalisme, c'est là que la chaîne doit être rompue. C'est ça le socialisme et ce n'est qu'ainsi qu'on peut le réaliser.

Et quelle est la forme extérieure de la lutte pour le socialisme? C'est la grève, et c'est pourquoi nous avons vu maintenant que la phase économique du développement va venir au premier plan de la seconde période de la révolution. Je voudrais souligner ici aussi ce que nous pouvons dire avec fierté et ce que personne ne contestera : nous, la Ligue Spartacus, le Parti communiste d'Allemagne, nous sommes les seuls dans toute l'Allemagne à être du côté des ouvriers en grève et en lutte. (*Très juste !*)

Vous avez lu et vous avez vu dans toutes les occasions quelle a été l'attitude du parti des Indépendants à l'égard des grèves. Il n'y avait absolument aucune différence entre l'attitude du *Vorwärts* et celle de la *Freiheit*. On a dit : « soyez appliqués à la tâche », « socialisme veut dire "travailler beaucoup" ». Et on dit cela alors que le capitalisme tient encore le manche ! Ce n'est pas ainsi qu'on fait du socialisme, mais uniquement par la lutte la plus énergique contre le capitalisme, dont les intérêts sont partout la base de toute politique, à commencer par les plus extrêmes réactionnaires jusqu'au parti des Indépendants et la *Freiheit*, notre seul parti communiste étant excepté. C'est dire par ce seul exposé qu'aujourd'hui les grèves sont combattues de la manière la plus âpre par tous ceux qui ne sont pas sur notre terrain communiste-révolutionnaire.

Il en résulte ceci : dans la phase révolutionnaire à venir, non seulement les grèves s'étendront de plus en plus, mais elles seront au centre, au cœur décisif de la révolution, refoulant les questions purement politiques. Vous vous rendez ainsi compte qu'il va se produire dans la lutte économique une énorme aggravation de la situation. Ici la révolution en arrive au point où la bourgeoisie ne comprend plus la plaisanterie. La bourgeoisie peut se payer les mystifications dans le domaine politique, là où une mascarade est encore possible, où des gens comme Ebert-Scheidemann peuvent entrer en scène avec des pancartes socialistes, mais elle ne l'admet plus quand il s'agit de son profit. Alors elle mettra le gouvernement Ebert-Scheidemann devant l'alternative : ou bien en finir avec les grèves, écarter de la bourgeoisie la menace d'étranglement par le mouvement de grève ; ou bien messieurs Ebert-Scheidemann auront fini de jouer ! Je pense aussi que les mesures politiques qu'ils ont prises leur vaudront à elles seules d'être bientôt au bout de leur rouleau. Il leur est particulièrement douloureux de ne pas avoir acquis la confiance absolue de la bourgeoisie. La bourgeoisie réfléchira avant de couvrir du manteau d'hermine le rustre parvenu Ebert. En pareil cas, il ne suffit pas d'avoir du sang sur les mains, il faut encore avoir du sang bleu dans les veines. (*Très bien !*) On dira : si nous voulons un roi nous n'avons pas besoin d'un arriviste qui ne sait même pas se tenir en roi. (*Hilarité*)

Sur le chemin de la réaction

C'est ainsi, camarades, que messieurs Ebert-Scheidemann favorisent un mouvement contre-révolutionnaire. Ils ne viendront pas à bout des flammes qui s'élèvent de la lutte de classe économique, pas plus qu'ils ne pourront satisfaire les exigences de la bourgeoisie. Ils sombreront – soit pour céder la place à la tentative contre-révolutionnaire qui se rassemble en toute hâte autour d'un Groener pour un combat désespéré ou pour une véritable dictature militaire sous Hindenburg – soit pour céder devant d'autres forces contre-révolutionnaires.

On ne peut rien dire de précis, on ne peut pas faire de déclaration positive sur ce qui doit arriver. Mais il ne s'agit pas du tout des formes extérieures, du moment où ceci ou cela arrivera. Il nous suffit, à nous, de voir les grandes lignes du développement futur et voilà où elles nous mènent : la première phase de la révolution, celle de la lutte qui a un caractère politique, est suivie d'une phase où la lutte est renforcée, où elle redouble de vigueur, où elle a un caractère économique et où le gouvernement Ebert-Scheidemann, dans un délai plus ou moins long, est appelé à disparaître dans les enfers.

Il est tout aussi difficile de prévoir ce qu'il adviendra de l'Assemblée nationale dans cette seconde phase. Si elle est constituée, il est possible qu'elle devienne une nouvelle école pour la classe ouvrière. Il se peut aussi qu'elle ne soit pas constituée du tout; on ne peut rien prédire. Je veux seulement ajouter ceci entre parenthèses pour vous faire comprendre de quel point de vue nous avons défendu hier notre position[7] : nous nous opposions à ce que notre tactique ne portât que sur une seule de ces éventualités. Je ne veux pas entamer ici une nouvelle discussion, mais seulement dire ceci pour que personne d'entre vous, à m'entendre superficiellement, n'ait l'idée de se dire : «Ah! Ah! Voici une autre musique.» Nous sommes dans l'ensemble exactement sur le même terrain qu'hier. Nous ne voulons pas orienter notre tactique vis-à-vis de l'Assemblée nationale sur une seule éventualité – qu'elle se volatilise – qui peut bien se produire mais pas nécessairement. Nous voulons la fonder sur toute éventualité, y compris celle d'utiliser révolutionnairement l'Assemblée nationale, si elle se constitue. Il est indifférent qu'elle se constitue ou non; de toute façon la révolution ne peut que gagner.

Et que restera-t-il alors, au gouvernement en déconfiture d'Ebert-Scheidemann, ou à n'importe quel autre gouvernement dit social-démocrate qui tiendra le gouvernail? J'ai dit que le prolétariat en tant que masse leur a déjà échappé des mains; les soldats de leur côté ne sont plus utilisables comme chair à canon contre-révolutionnaire. Que restera-t-il donc à ces pauvres petits bonhommes pour sauver leur situation?

Il ne leur restera qu'une chance, et si vous avez lu les nouvelles dans la presse d'aujourd'hui, camarades, vous avez vu où sont les dernières réserves que la contre-révolution allemande utilisera contre nous à l'heure décisive. Vous avez lu qu'à Riga les troupes allemandes marchent déjà contre les bolcheviks russes, main dans la main avec les Anglais. Camarades, j'ai entre les mains des documents, à l'aide desquels nous pouvons nous rendre compte de ce

7. La veille, Paul Levi, au nom de la direction de la Ligue Spartacus, avait soutenu la participation du Parti communiste d'Allemagne aux élections, une proposition que le congrès avait rejetée. (NdE)

qui se passe actuellement à Riga. Toute l'affaire part du commandement en chef de la VIIIe armée, de concert avec Monsieur August Winnig, le social-démocrate et chef syndical allemand. On a toujours présenté les choses de façon à faire croire que les pauvres Ebert-Scheidemann étaient les victimes de l'Entente. C'était une tactique du *Vorwärts* depuis des semaines déjà, depuis le début de la révolution, de faire croire que l'étranglement de la révolution en Russie était le désir réel de l'Entente, et c'est tout bonnement ce qui en a donné l'idée à l'Entente. Nous avons établi ici, par des documents, comment cela a été fait aux dépens du prolétariat russe et de la révolution allemande. Dans un télégramme du 26 décembre, le lieutenant-colonel Bürkner, chef de l'état-major de la VIIIe armée, fait connaître les pourparlers qui ont abouti à cet arrangement de Riga. Le télégramme en question est ainsi conçu :

« *Le 23 décembre a eu lieu un entretien entre le plénipotentiaire allemand Winnig et le représentant du gouvernement anglais Monsanquet, autrefois consul général à Riga, à bord du navire anglais* Princess Margaret *auquel fut convoqué aussi le commandant allemand ou son représentant. J'ai été désigné pour y participer.*

But des pourparlers : exécution des conditions d'armistice. Déroulement des pourparlers. Les Anglais : Bateaux en rade doivent surveiller exécution des conditions. Sur la base des conditions d'armistice il sera exigé :

Que les Allemands aient à entretenir dans cette région une force armée suffisante pour tenir les bolchévistes en échec et pour ne pas leur permettre d'avancer au delà de leurs positions actuelles.

Plus loin :

Un exposé des dispositions présentes pour les troupes qui se battent contre les bolchévistes, aussi bien allemandes que lettones, doit être envoyé à l'officier d'état-major britannique pour que le plus ancien officier de marine en prenne connaissance. Le même officier devra transmettre toutes les dispositions ultérieures concernant les troupes désignées pour la lutte contre les bolchévistes.

Une force armée suffisante devra être tenue sous les armes aux points désignés ci-dessous, pour empêcher leur occupation par les bolchévistes ou leur progression sur une ligne générale qui relie les places suivantes : Walk, Wolmar, Wenden, Friedrichstadt, Pensk, Mitau.

La voie ferrée entre Riga et Libau doit être assurée contre les attaques bolchévistes ; toutes les provisions et le courrier britanniques, qui utilisent cette voie, doivent jouir d'un traitement de faveur.»

Suit une autre série de demandes. Et voici la réponse du plénipotentiaire allemand, M. Winnig :

«*Bien qu'il ne soit pas habituel de vouloir forcer un gouvernement à occuper un État étranger, cela serait cependant, dans ce cas particulier, notre propre désir* (ainsi parle M. Winnig, le chef des syndicats allemands !) *car il s'agit de protéger un sang allemand* (les barons baltes).

«*Nous nous sentons moralement forcés d'aider le pays que nous avons délivré de son attache politique d'autrefois. Mais nos tentatives seraient rendues difficiles : premièrement, par l'état des troupes, qui sous l'influence des conditions de l'armistice, ne veulent plus se battre, mais rentrer chez elles, et qui d'ailleurs se composent de vieux et d'invalides de guerre ; deuxièmement, par l'attitude des gouvernants d'ici* (il s'agit des gouvernants lettons) *qui présentent les Allemands comme leurs oppresseurs. Nous nous efforçons cependant de créer des formations volontaires et combatives, ce qui, en partie, a déjà été réalisé.*»

C'est la contre-révolution, ce qu'on fait ici. Il y a quelque temps, vous avez été informés de la création de la «Division de fer» qui a été mise sur pied expressément pour lutter contre les bolchévistes dans les pays baltes. La position du gouvernement Ebert-Scheidemann à son sujet n'était pas très claire. Vous savez maintenant que c'était ce gouvernement lui-même qui en a fait la proposition.

Camarades, encore une petite réflexion au sujet de Winnig. Nous pouvons tranquillement dire que les chefs syndicaux allemands – et ce n'est pas par hasard qu'un chef de syndicat rend de pareils services politiques – que les chefs syndicaux allemands et les social-démocrates allemands sont les plus grandes, les plus infâmes crapules que le monde ait jamais vues. (*Salve d'applaudissements*) Savez-vous où devraient être ces gens, Winnig, Ebert, Scheidemann ? Selon le code pénal allemand, qu'ils déclarent eux-mêmes pleinement valable, et selon lequel ils font eux-mêmes dire le droit, ces gens devraient être aux travaux forcés. (*Cris et applaudissements*) Car selon le code pénal allemand, on punit de travaux forcés quiconque entreprend d'enrôler les soldats allemands pour un service étranger. Et nous pouvons dire tranquillement qu'aujourd'hui nous avons, à la tête du «gouvernement socialiste», non seulement des gens qui sont des judas du mouvement socialiste, de la révolution prolétarienne, mais des gibiers de bagne qui ne devraient même pas se trouver dans une société convenable. (*Vague d'approbation*)

Pour en finir avec ce point, je vous lirai, au terme de mon exposé, une résolution que j'espère voir voter à l'unanimité, pour que nous mettions toute la pression nécessaire sur ces gens qui dirigent désormais les destinées de l'Allemagne.

Le communisme sera l'œuvre des masses

Camarades, pour reprendre le fil de mon exposé : il est clair que toutes ces machinations, la formation de «divisions de fer» et surtout l'accord que j'ai cité avec l'impérialisme anglais n'ont qu'un sens : ce sont les dernières réserves destinées à étrangler le mouvement socialiste en Allemagne ; mais il s'y lie des plus étroitement la question cardinale, celle des perspectives de paix. Que voyons-nous dans ces arrangements, si ce n'est la possibilité de rallumer la guerre ? Tandis que ces canailles-là jouent en Allemagne la comédie, comme s'ils en avaient plein les bras à rétablir la paix et que nous soyons, nous, les gens de discorde qui suscitons le mécontentement de l'Entente, et reculons l'heure de la paix, ils préparent de leurs propres mains la reprise de la guerre, la guerre à l'Est, que suivra de près la guerre en Allemagne.

Vous avez ici de nouveau une situation qui nécessairement nous mène à une période de conflits aigus. Nous allons avoir à défendre, avec les intérêts du socialisme et ceux de la révolution, aussi ceux de la paix du monde. Voici donc qui confirme la tactique que nous, les gens de Spartacus, avons été déjà seuls à présenter durant les quatre années de la guerre en toute occasion. La paix, cela veut dire révolution mondiale du prolétariat ! Pas d'autre voie pour rétablir vraiment et assurer la paix que la victoire du prolétariat socialiste. (*Vive approbation*)

Camarades, qu'en résulte-t-il pour nous comme ligne tactique générale en vue de la situation où nous allons prochainement nous trouver? La première conséquence que vous en tirerez, c'est sans doute l'espoir d'en voir résulter la chute du gouvernement Ebert-Scheidemann et son remplacement par un gouvernement expressément prolétarien, révolutionnaire et socialiste. Je voudrais seulement attirer votre attention non vers le sommet, vers le haut, mais vers le bas. Nous n'avons pas le droit de reprendre et de répéter l'illusion de la première phase de la révolution, celle du 9 novembre, qu'il suffirait en somme pour la victoire de la révolution prolétarienne de renverser le gouvernement capitaliste et de le remplacer par un autre. Le seul moyen d'amener la victoire de la révolution prolétarienne, c'est, au rebours, de commencer par miner le gouvernement Ebert-Scheidemann, pas à pas, par une lutte sociale révolutionnaire de masse du prolétariat.

Et je voudrais aussi, ici, rappeler quelques graves insuffisances de la révolution allemande qui n'ont pas été surmontées dans la première phase et qui montrent clairement que nous n'en sommes pas encore, par malheur, au point d'assurer par la chute du gouvernement la victoire du socialisme. J'ai tâché de vous expliquer que le 9 novembre, la révolution a été avant tout politique, tandis qu'elle doit être aussi une révolution principalement économique. Mais elle a été aussi une révolution urbaine; la campagne, jusqu'à présent, n'a, peut-on dire, pas été touchée. Ce serait une illusion de réaliser le socialisme sans le monde rural. Du point de vue de l'économie socialiste, l'industrie ne peut aucunement être transformée sans que se fasse immédiatement l'amalgame avec une agriculture réorganisée de manière socialiste. L'idée la plus importante de l'ordre économique socialiste est que soient supprimées l'opposition et la séparation entre ville et campagne. Cette séparation, ce contraste, cette opposition est un phénomène purement capitaliste, qui doit être supprimé tout de suite si nous nous plaçons au point de vue socialiste. Si nous voulons travailler sérieusement à une révolution socialiste, nous devons diriger notre attention autant sur les campagnes que sur les centres industriels, et c'est là un point où, malheureusement, nous ne sommes même pas au commencement du commencement. Il faut maintenant s'occuper de cela sérieusement ; non pas seulement parce que nous ne saurions socialiser sans agriculture, mais aussi parce que, quand nous avons aujourd'hui énuméré les dernières réserves de la contre-révolution contre nous et nos efforts, il y a une réserve importante que nous n'avons pas encore fait entrer en ligne de compte : la paysannerie. Justement parce qu'elle n'a pas jusqu'à présent été touchée, la paysannerie est restée une réserve pour la bourgeoisie contre-révolutionnaire.

Et la première chose que fera la contre-révolution, quand elle va sentir sur ses talons la flamme de la grève socialiste, c'est de mobiliser la paysannerie, le plus fanatique partisan de la propriété individuelle. Contre cette puissance contre-révolutionnaire menaçante, il n'y a qu'un moyen : transporter la lutte de classe dans les campagnes, mobiliser contre la paysannerie propriétaire le prolétariat sans terre et la petite paysannerie. (*Bravo ! Applaudissements*)

De tout cela résulte ce que nous allons avoir à faire pour assurer les conditions préalables au succès de la révolution. Aussi voudrais-je résumer ainsi nos tâches les plus prochaines : avant toute chose, bâtir dans toutes les directions le système des conseils d'ouvriers et de soldats, principalement le système des conseils ouvriers. Ce que nous avons entrepris au 9 novembre n'était que faibles commencements. Et ce n'est pas tout. Dans la première phase de la révolution, nous avons même reperdu de grandes forces. Vous le savez bien, la contre-révolution a entrepris une démolition en règle du système des conseils d'ouvriers et soldats. Dans la Hesse, ceux-ci ont été en somme simplement supprimés par le gouvernement ; en d'autres endroits, on leur a enlevé les moyens du pouvoir. C'est pourquoi nous ne devons pas seulement construire le système des conseils d'ouvriers et de soldats, mais aussi y faire entrer les ouvriers agricoles et les petits paysans. Il nous faut prendre le pouvoir ; à nous de nous représenter la question de la prise du pouvoir comme ceci : que fait, que peut faire, que doit faire chaque conseil d'ouvriers et de soldats dans toute l'Allemagne ? (*Bravo !*)

C'est là que réside le pouvoir ; c'est d'en dessous que nous devons saper l'État bourgeois, en faisant que partout les pouvoirs publics, législation et administration, ne soient plus séparés, mais réunis, et remis aux mains des conseils d'ouvriers et de soldats.

Camarades, c'est un vaste champ qui est à labourer. Ce que nous devons préparer, c'est que les conseils d'ouvriers et de soldats acquièrent un pouvoir tel que, si le gouvernement Ebert-Scheidemann ou n'importe quel gouvernement analogue est renversé, ce ne soit là que l'acte final.

C'est ainsi que la conquête du pouvoir doit se faire, non d'un seul coup, mais par une marche progressive, en nous enfonçant dans l'État bourgeois jusqu'à ce que nous occupions toutes les positions et les défendions bec et ongles. La lutte économique, d'ailleurs, doit, elle aussi, d'après ma conception et celle de mes amis les plus proches dans le Parti, être menée par les conseils ouvriers. Entre les mains des conseils ouvriers doit résider la direction de la bataille économique et la tâche de l'élargir en permanence. Les conseils ouvriers doivent avoir tout le pouvoir dans l'État. Voici la direction dans laquelle nous devons travailler dans la période qui vient, et en nous attelant à cette tâche, nous aurons à compter avec une amplification de la lutte. Un combat pas à pas, au corps à corps, dans chaque État, dans chaque ville, dans chaque village, dans chaque commune, pour que tous les instruments du pouvoir d'État, qu'il faudra arracher pièce par pièce à la bourgeoisie, passent aux conseils d'ouvriers et de soldats. C'est tout d'abord à cela que doivent d'ailleurs être formés nos camarades du parti et les prolétaires. Là même où existent les conseils d'ouvriers et soldats, manque encore la conscience de la mission qui s'impose à ces conseils. (*Très juste !*) D'où le devoir d'apprendre aux masses que le conseil d'ouvriers et de soldats doit être dans toutes les directions le levier de la machinerie de l'État, qu'il lui faut assumer tous les pouvoirs et les canaliser dans un même sens : la transformation socialiste. Même les masses ouvrières déjà organisées en conseils d'ouvriers et de soldats sont encore à mille lieues de ces devoirs à remplir – sauf naturellement quelques petites minorités isolées de prolétaires qui ont une claire conscience de leurs tâches. Mais ce n'est pas un défaut, c'est la normale. Exercer le pouvoir, la masse l'apprend en exerçant le pouvoir. Il n'est pas d'autre moyen de lui en inculquer la science.

Nous avons heureusement dépassé l'époque où l'on disait : il faut que le prolétariat passe par l'école du socialisme. Il semble que pour les marxistes de l'école Kautsky ces temps-là existent encore. D'après eux, l'école du socialisme pour les masses prolétaires, c'est leur faire des conférences, diffuser des tracts et des brochures. Non, l'école socialiste des prolétaires n'a pas besoin de tout ça. Ils seront à l'école en se mettant à l'action. (*Très juste*)

Camarades, ici la devise est : « Au commencement était l'action », et l'action, c'est que les conseils d'ouvriers et soldats sentent leur vocation et apprennent à devenir le seul pouvoir dans toute l'Allemagne. Pas d'autre façon de pouvoir miner le terrain de manière qu'il soit mûr pour le renversement qui doit alors couronner notre œuvre. Voilà pourquoi, camarades, ce n'était pas sans avoir clairement étudié, sans nous être fait une idée bien claire, que nous venions vous dire hier, qu'en particulier je vous disais : ne vous rendez pas ainsi la besogne si facile ! Quelques camarades ont mal compris, pensant que je les accusais de vouloir, en boycottant l'Assemblée nationale, rester les bras croisés. Pas même en songe cela ne m'est venu à l'esprit.

Seulement, je ne pouvais entrer dans cette question plus à fond ; j'en ai la possibilité aujourd'hui, dans le cadre et le contexte où nous sommes. Ce que je veux vous dire, c'est ceci : l'Histoire ne nous rend pas la besogne aussi facile qu'elle l'était dans les révolutions bourgeoises, quand il suffisait de renverser au centre le pouvoir officiel et de le remplacer par telle ou telle douzaine d'hommes nouveaux.

C'est d'en bas qu'il nous faut travailler, et cela correspond bien au caractère de masse de notre révolution étant donnés les buts qui visent le fond, le sol même de la constitution de la société ; cela correspond à ce qu'est le caractère de la révolution prolétarienne d'aujourd'hui, à notre devoir de faire la conquête du pouvoir politique, non d'en haut, mais d'en bas. Le 9 novembre a été la tentative d'ébranler les pouvoirs publics, la domination de classe – tentative faible, incomplète, inconsciente, chaotique. Ce qui est à faire maintenant, c'est de pointer en pleine conscience la totalité des forces du prolétariat sur les fondements de la société capitaliste. À la base où le patron individuel est en face de ses esclaves salariés ! À la base où l'ensemble des organes exécutifs de la domination politique de classe est en face des objets de cette domination, en face des masses ! C'est là que nous devons, pied à pied, arracher aux maîtres les instruments de leur pouvoir pour les prendre, nous, en main.

Telle que je vous le dépeins, le processus peut paraître de plus longue durée que l'on ne serait porté à se le représenter au début. Je crois qu'il est sain que nous fassions défiler sous nos yeux en pleine clarté toutes les difficultés, toutes les complications de cette révolution. Car j'espère bien que, de même que sur moi, sur aucun de vous, le tableau des grandes difficultés, des besognes ainsi dressées devant nous, n'a pour effet de paralyser ni votre ardeur, ni votre énergie ; tout au contraire, plus grande est la tâche, plus nous rassemblerons toutes nos forces, et nous n'oublierons pas que la Révolution s'entend à accomplir ses œuvres avec une extraordinaire rapidité. Je ne me charge pas de prédire combien de temps elle exige. Qui de nous fait ce compte ? Qui s'en préoccupe ? Si seulement notre vie doit suffire à en venir à bout ! Ce qui importe seulement, c'est que nous sachions avec clarté, avec précision, ce qui est à faire ; et ce qui est à faire, j'espère, avec mes faibles forces, vous l'avoir exposé à peu près dans les grandes lignes.

Les Amis de Spartacus

L'association «Les Amis de Spartacus» a été constituée en 1979 pour assurer la continuité des éditions des «Cahiers Spartacus» fondées en 1936 par René Lefeuvre, leur principal animateur jusqu'à sa mort survenue en 1988. Elle rassemble des individus, bénévoles, unis dans le projet d'offrir au lecteur un certain nombre de textes oubliés, méconnus ou apportant un éclairage nouveau, pour contribuer, sur des bases non sectaires, au débat nécessaire entre tous ceux qui ne se résignent pas à accepter le monde tel qu'il est et n'ont pas perdu l'espoir d'un changement social radical.

Au sein de l'association fonctionne un «collectif de travail» qui prend en charge les tâches matérielles, la gestion du fonds d'édition, lequel comprend plus de 100 titres. Ce «collectif» fonctionne aussi comme «comité de lecture» responsable du choix des textes à éditer.

Spartacus publie quelques ouvrages par an et assure une diffusion multiple : abonnés, librairies, ventes directes.

L'association est ouverte à tous les individus de bonne volonté, en accord avec son projet, et la rejoindre est encore le meilleur moyen d'assurer l'avenir des éditions Spartacus, des éditions pas comme les autres.

Liste des ouvrages disponibles

Les titres précédés d'un astérisque sont en quantités limitées.

Épisodes révolutionnaires

Nombreuses sont les révolutions mais rares celles qui, au-delà du remplacement des détenteurs du pouvoir gouvernemental, débouchent sur un changement du régime de propriété et de la place des producteurs dans la société, ou tentent de le faire. C'est de celles-ci qu'il s'agit ici.

Jusqu'en 1914

B161	*Spartacus, la liberté ou la mort* ! Marcel Ollivier	9,91 €
B149	*Enragés et curés rouges en 1793.* Maurice Dommanget	13,00 €
B175	*Babeuf et la conjuration des Égaux.* Maurice Dommanget	9,00 €
B184	*Le Curé rouge. Vie et mort de Jacques Roux.* Dominic Rousseau	13,00 €
B190	*Gracchus Babeuf – Pour le bonheur commun.* Jean-Marc Schiappa	13,00 €
B177	*La révolte des canuts 1831 – 1834.* Jacques Perdu	9,00 €
B155*	*Juin 1848.* Victor Marouck	12,00 €
B173	*La Commune de 1871.* C. Talès	12,00 €

La révolution russe de 1917

A50	*Les racines d'Octobre 17. La gauche polonaise.* P. I. C	5,00 €
B77	*Brest-Litovsk, stop à la révolution.* Guy Sabatier	6,00 €
B122	*Les socialistes-révolutionnaires de gauche dans la révolution russe.* Isaac Steinberg	8,00 €
B168	*L'épreuve du pouvoir, Russie 1917.* Jean Michel Kay	12,00 €
B180	*La makhnovchtchina, l'insurrection révolutionnaire en Ukraine 1918-1921.* Archinov…	15,00 €
B87	*La Commune de Cronstadt.* Ida Mett	6,00 €
B191	*Un ouvrier limousin au cœur de la révolution russe.* Marcel Body	18,00 €

La révolution allemande

B83	*Spartacus et la commune de Berlin.* André et Dori Pruhommeaux	7,00 €
B141	*Un rebelle dans la révolution. Allemagne 1918-1921.* Max Hölz	13,00 €
B158	*La révolution des conseils de Bavière.* Erich Mühsam	14,94 €

La révolution espagnole

B171	*Révolutionnaires en Catalogne, 1936-1937.* Groupe DAS, Marcel Ollivier	9,00 €
B85	*Guerre de classes en Espagne.* Camillo Berneri	6,00 €
B110	*Chronique de la révolution espagnole.* Henri Chazé	7,00 €
B176	*Barricades à Barcelone 1936-1937.* Agustín Guillamón	15,00 €
B188	*Espagne 1937 – Josep Rebull, la voie révolutionnaire.* Agustín Guillamón	12,00 €

Depuis 1945

B172	*La grève généralisée en France, Mai-juin 68.* I. C. O	10,00 €
B179*	*D'Alger à mai 1968, mes années de révolution.* François Cerutti	13,00 €
B68	*L'expérience portugaise : la conception putschiste de la révolution.* Charles Reeve	4,00 €

Artisans et doctrines de la révolution sociale

L'action et la réflexion de militants engagés, à différentes époques et de différentes manières, dans le combat pour un changement social radical.

Naissance des mouvements et doctrines

- B37 *Luttes sociales et grèves sous l'ancien régime.* Jean-Jacques — 7,00 €
- B189 *Marx et Engels poètes romantiques.* Marcel Ollivier — 12,00 €
- B84 *Textes philosophiques de jeunesse.* Karl Marx — 7,00 €
- A36 *La confession de Karl Marx.* Riazanov, Engels, Luxemburg — 3,00 €
- B159 *Les trois sources de la pensée de Marx.* Karl Kautsky — 6,10 €
- B98 *Capital et Gemeinwesen. Le 6e chapitre inédit du Capital.* Jacques Camatte — 11,00 €
- A8 *Idéalisme et matérialisme.* Jean Jaurès, Paul Lafargue — 3,00 €
- B13* *Collectivisme et révolution.* Jules Guesde — 7,00 €

Rosa Luxemburg

- B192 *Le but final – textes politiques.* Rosa Luxemburg — 15,00 €
- B169 *Églises et socialisme.* Rosa Luxemburg, Jean Jaurès — 6,00 €
- B150 *La crise de la social-démocratie.* Rosa Luxemburg — 13,00 €
- B83 *Spartacus et la commune de Berlin.* André et Dori Pruhommeaux — 7,00 €
- B28* *Mon amie Rosa Luxembourg.* Louise Kautsky — 6,00 €
- B118 *Rosa Luxemburg et la spontanéité révolutionnaire.* Daniel Guérin — 8,00 €
- B32 *Le luxemburgisme aujourd'hui.* Alain Guillerm — 5,00 €
- B182 *Rosa Luxemburg.* John Peter Nettl. Édition abrégée par l'auteur — 28,00 €

Anarchisme et syndicalisme révolutionnaire

- C33 *Autonomie individuelle et force collective.* Alexandre Skirda — 16,00 €
- B132 *Anarchisme et organisation.* Rudolf Rocker — 5,00 €
- B170 *Haymarket, pour l'exemple.* Albert Parsons, August Spies — 9,00 €
- B166 *I. W.W., le syndicalisme révolutionnaire aux États-Unis.* Larry Portis — 12,00 €
- B167 *La révolution mexicaine de Ricardo Flores Magón.* A. A. E. L — 12,00 €
- B162 *Jeanne Humbert et la lutte pour le contrôle des naissances.* Roger-Henri Guerrand et Francis Ronsin — 15,00 €
- B157 *L'anarchisme aujourd'hui.* Jean Barrué — 9,15 €
- B99 *L'effort libertaire : le principe d'autonomie.* André Prudhommeaux — 7,00 €
- B164 *Pour le communisme libertaire.* Daniel Guérin — 10,00 €

La lutte contre la guerre 1914-1939

- A38 *Lettre ouverte à Boris Souvarine.* Lénine — 3,00 €
- B186 *Militants contre la guerre, 1914-1918.* Julien Chuzeville — 10,00 €
- B124* *Pacifisme et anti-militarisme dans l'entre-deux-guerres.* Nicolas Faucier — 13,00 €

Depuis 1945

- B178 *Les conseils ouvriers* (T. I). Anton Pannekoek — 15,00 €
- B119 *Les conseils ouvriers* (T. II). Anton Pannekoek — 10,00 €
- B185 *Homosexualité et révolution.* Daniel Guérin — 9,00 €
- B75 *Pour l'abolition du salariat, l'associationnisme.* Claude Berger — 4,00 €

A54	*Perspectives sur les conseils.* Pierre Nashua	3,00 €
B116	*Au-delà du parti, évolution du concept de parti depuis Marx.* Collectif Junius	8,00 €
B123	*Le marxisme hier, aujourd'hui et demain.* Paul Mattick	10,00 €
B129	*De l'usage de Marx en temps de crise.* Collectif	8,00 €
B151	*Le communisme n'a pas encore commencé.* Claude Bitot	20,00 €
B183	*Repenser la révolution.* Claude Bitot	13,00 €

Socialisme critique

Depuis son origine au XIXe siècle, le socialisme s'est construit non seulement en approfondissant sa critique du capitalisme, dont il prépare la disparition, mais aussi celle de ses précurseurs, puis de ceux qui, au XXe siècle, ont prétendu le réaliser. Projet social et collectif, le socialisme n'a pas d'avenir s'il ne procède pas constamment à l'analyse la plus rigoureuse de l'évolution de la société et des forces qui la modèlent, y compris de celles qui se réclament de lui.

L'expérience russe

B187	*Le socialisme des intellectuels.* Jan Waclav Makhaïski, Alexandre Skirda	18,00 €
B109	*Réponse à Lénine, la maladie infantile du communisme.* Hermann Gorter	7,00 €
B154	*Les soviets trahis par les bolcheviks.* Rudolf Rocker	10,00 €
B50	*Le nouvel impérialisme russe. L'URSS est-elle socialiste ?* Victor Serge	7,00 €
B91	*Lénine, Staline et le pouvoir.* Boris Souvarine, Kostas Papaioannou	6,00 €
B113	*Trotski, Staline manqué.* Willy Hühn	8,00 €
B14*	*L'U.R.S.S. concentrationnaire.* Guy Vinatrel	7,00 €
B40	*Un pot-pourri de Krouchtchev.* Boris Souvarine	4,00 €
B134	*Rapports de production après la révolution soviétique.* Amedeo Bordiga	15,00 €
C30	*Communisme et question russe.* Jean Barrot	9,00 €
B62	*Parti-État, stalinisme, révolution.* Georges Munis	7,00 €

L'effondrement du mouvement ouvrier

B165	*1933 : la tragédie du prolétariat allemand.* Juan Rustico	9,00 €
B152	*La peste brune.* Daniel Guérin	10,00 €
B163	*Le nazisme, son ombre sur le siècle.* Jean-Louis Roche	20,00 €
A53	*La communauté.* Raoul Brémond	4,00 €
B174	*De la conscience en politique.* Wilhelm Reich, Maurice Brinton	13,00 €

Interrogations sur les forces en présence

A18	*Qui succédera au capitalisme ?* P.L. Tomori	3,00 €
E3	*Révolution socialiste ou révolution directoriale ?* Léon Blum	1,00 €
B6*	*L'ère de l'impérialisme.* Robert Louzon	7,00 €
B8*	*Déchéance de l'Europe.* Lucien Laurat	7,00 €
B46	*Le marxisme en question.* Dwight MacDonald	7,00 €
A3	*Socialisme et bolchevisme en France.* Charles Alligier	6,00 €
B45	*La classe ouvrière est en expansion permanente.* Simon Rubak	7,00 €
B106	*Classes laborieuses et révolution.* Simon Rubak	8,00 €
B125	*Ouvriers et robots.* Michel Kamps	7,00 €
B148	*Les socialismes : l'Histoire sans fin.* André Fontaine	15,00 €

Regards sur les luttes et leurs débouchés depuis 1945

B48	*Le tigre de papier. Sur le développement du capitalisme en Chine.* Charles Reeve	7,00 €
B60	*Capitalisme et lutte de classe en Pologne (1970-1971).* I. C. O.	10,00 €
A52	*Le 25 juin 1976 en Pologne.* Henri Simon	5,00 €
B112	*Pologne 1980-1981, Solidarité enchaînée.* Charles Reeve	4,00 €
B117	*Pologne : lutte de classes et crise du capital (1980-1982).* Henri Simon	7,00 €
B144	*Chroniques d'une société clandestine.* Solidarité combattante	15,00 €
A55	*Lordstown 72.* Pomerol et Médoc	3,00 €
B88	*Le nouveau mouvement ouvrier américain.* Root and Branch	8,00 €
A45	*Moyen-Orient, un abcès de fixation.* P. I. C.	4,00 €
B142	*Le capitalisme high-tech.* Jean-Pierre Garnier	9,00 €
B138	*La farce tranquille. Normalisation à la française.* Alain Bihr	13,00 €
B147	*Les dissidents du monde occidental.* Louis Janover	13,00 €
B181	*Venezuela : révolution ou spectacle ?* Rafael Uzcátegui	14,00 €

CONDITIONS EXCEPTIONNELLES D'ABONNEMENT

Le prix de l'abonnement aux éditions Spartacus est de 50 €.
Ces 50 € donnent droit à 70 € de nouvelles publications au prix public, et l'abonnement reste donc valable pour une période plus ou moins longue selon le rythme et le prix des nouvelles parutions.
L'abonné bénéficie en outre d'une remise de 30 % sur ses commandes de titres anciens d'un total de moins de 152 €, et d'une remise de 50 % sur ses commandes de titres anciens de 152 € et plus (frais de port en supplément dans ce cas).
La demande d'abonnement comportant nom et adresse est à envoyer à l'association des Amis de Spartacus, 8, impasse Crozatier, 75012 Paris.

Le règlement peut en être effectué d'une des façons suivantes :

- par chèque bancaire à l'ordre des Amis de Spartacus
- par virement à la Banque postale au compte n° FR15 2004 1000 0114 3861 1N02 033, à l'ordre des Amis de Spartacus
- par mandat postal à l'ordre des Amis de Spartacus

De l'étranger, si le règlement n'est pas effectué par virement ou par émission d'un chèque bancaire payable par une agence située en France, ajouter 10 € pour les frais d'encaissement.

L'abonnement peut partir d'un numéro déjà paru choisi dans la série B. En ce cas, bien l'indiquer. L'abonné recevra alors tous les titres disponibles suivant le numéro choisi jusqu'à épuisement de l'abonnement. La livraison comprendra les éventuelles nouveautés des autres séries. Par défaut, l'abonnement commence à la prochaine parution.

BULLETIN D'ABONNEMENT

Nom.. Prénom..

Adresse...

Règlement par virement, chèque bancaire ou mandat à l'ordre des « Amis de Spartacus ». Banque postale compte 14 386 11 N Paris. De l'étranger, réglez de préférence par virement à notre compte (BIC : PSSTFRPPPAR. IBAN : FR15 2004 1000 0114 386 11 N02 033), par mandat, ou tenez compte des frais d'encaissement de votre chèque (environ 10 €).

Les Amis de Spartacus
8, impasse Crozatier,
75012 Paris